革命文獻與民國時期文獻
保護計劃

成果

革命文献与民国时期文献整理出版
学术顾问

（按姓氏笔画排序）

新宁铁路档案资料汇编

（一）

叶 娟 张馨文 编著

暨南大學出版社
JINAN UNIVERSITY PRESS

中国·广州

图书在版编目（CIP）数据

新宁铁路档案资料汇编．一／叶娟，张馨文编著．—广州：暨南大学出版社，2020.11
ISBN 978－7－5668－3017－3

Ⅰ．①新…　Ⅱ．①叶…②张…　Ⅲ．①铁路线路—史料—广东—近代　Ⅳ．①F532.865

中国版本图书馆 CIP 数据核字（2020）第 213926 号

新宁铁路档案资料汇编（一）

XINNING TIELU DANGAN ZILIAO HUIBIAN（YI）

编著者：叶　娟　张馨文

出 版 人：张晋升
策划编辑：黄圣英
责任编辑：雷晓琪
责任校对：张学颖　武颖华
责任印制：汤慧君　周一丹

出版发行：暨南大学出版社（510630）
电　　话：总编室（8620）85221601
营销部（8620）85225284　85228291　85228292　85226712
传　　真：（8620）85221583（办公室）　85223774（营销部）
网　　址：http：//www.jnupress.com
排　　版：广州市天河星辰文化发展部照排中心
印　　刷：深圳市新联美术印刷有限公司
开　　本：787mm×1092mm　1/16
印　　张：12.25
字　　数：315 千
版　　次：2020 年 11 月第 1 版
印　　次：2020 年 11 月第 1 次
定　　价：78.00 元

前 言

新宁铁路是台山籍旅美华侨陈宜禧先生创建的全国最长的侨办民营铁路。该铁路从1906年破土动工至1920年全线建成，历时14年，铁路全长133公里，共有车站45个，并先后建成公益码头、北街码头、公益机器厂、牛湾船务等一大批工程。新宁铁路前后经营30多年，抗战期间，铁路遭到日军严重破坏，后被国民政府下令拆除，现保存完整的车站仅存北街火车站旧址。

在中国铁路权被争夺最严重的历史时期，陈宜禧先生在逆境中冲破万难创建新宁铁路，并在多重势力的夹缝中生存，虽然只经营30多年，却是20世纪早期华侨在祖国最成功的投资事业。新宁铁路作为中国最长的侨办民营铁路，从筹划、设计、建造、经营到管理等一系列工作都是由中国人独立负责，其设计工艺和建造流程都是当时顶尖铁路建筑水平的代表，在中国交通史特别是铁路建设史上有着重要的位置。

新宁铁路不仅代表了江门五邑地区近代工业文明的成果，也是中国人民血泪史和奋斗史的一个缩影，同时它还承载着五邑侨乡的历史记忆。它从侧面反映了广大华侨建设家乡、富强祖国的强烈爱国之心。新宁铁路的建成促进了当时江门五邑地区之间人口、物资、技术和文化的交流，对江门五邑侨乡社会经济繁荣发展和社会进步产生了深远影响，形成了以台城为交通枢纽，以新宁铁路为干线的水陆交通网络，实现了五邑侨乡在近代的交通繁荣，带来了墟市商业的兴旺，促进了侨乡的经济发展。

新宁铁路是粤港澳大湾区建设中文化遗产资源的重要组成部分，其建设规模和经济价值在中国铁路建设史上占有重要地位。本书对新宁铁路的修建背景、管理及运营模式、历史功能及价值等方面进行研究梳理，并向读者展示江门市博物馆新宁铁路文物的馆藏概况，以供有兴趣的读者深入研究，实乃笔者拳拳之心，殷殷之望。

本书旨在较为系统地挖掘新宁铁路历史及江门五邑地区侨乡的文化内涵，传承弘扬华侨文化和侨乡文化，更好地开展新宁铁路文化遗产保护工作。新宁铁路遗产价值颇高，遗产内涵十分丰富，笔者水平和所掌握的文献资料有限，错漏之处在所难免，恳请读者批评指正。

叶　娟　张馨文

2020 年 10 月

目录

contents

上编

新宁铁路历史概况

第一章　新宁铁路的修建背景

江门五邑为全国著名华侨之乡，五邑华侨人数以台山为最。台山旧称新宁，清光绪末年，新宁县开始修建一条纵贯县境以达新会县、江门北街的铁路，命名为新宁铁路。新宁铁路是全国最长的侨办民营铁路，同时亦为我国铁路史上仅次于潮汕铁路的第二条商办铁路。新宁铁路之所以能够顺利建成，与清朝末年、民国初年的社会背景、相关政策及侨乡社会状况息息相关。

一、清末中国铁路发展

铁路是人类文明进步的重要里程碑，1840 年后，其相关知识传入中国，但由于清政府顽固保守，中国早期铁路多为外国修建；1898 年后，中国铁路权益更是被帝国主义国家疯狂瓜分；随着对帝国主义国家侵略本质的认识加深，国人爱国护路的意识不断增强，自 1903 年起，爆发了收回路权的斗争运动，自筹自办铁路成为激励人心的爱国行动。

图 1－1　吴淞铁路修建于 1876 年，是中国第一条营业性窄轨铁路。图为吴淞铁路通车典礼

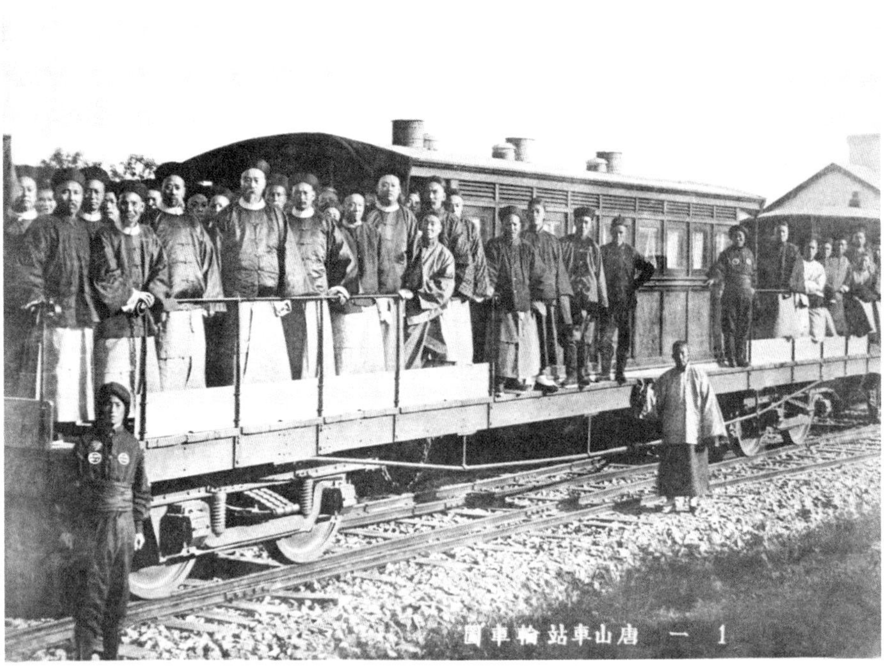

图 1-2　唐胥铁路修建于 1881 年，是中国第一条自建铁路，当时还建造了中国第一台蒸汽机车——“龙车”。图为通车后，清直隶总督李鸿章率幕僚乘车视察

表 1-1　晚清铁路大事年表

年份	事件
1865	英商在北京宣武门外铺设一里长铁路试行小火车，后被步兵统领衙门下令拆除
1874	英国商人在伦敦登记成立“吴淞铁路有限公司”
1876	吴淞铁路开工建设，同年建成并通车运营
1881	唐胥铁路开工建设，同年建成并通车运营
1886	铁路事务划归总理海军事务衙门，同年官督商办的开平铁路公司成立
1891	清政府设立北洋官铁路局，筹建中国第一条官办铁路——关东铁路
1894	中国第一座铁路特大桥——滦河铁路大桥开工建设
1895	铁路事务划归总理各国事务衙门掌管
1897	中国铁路总公司在上海成立
1898	清政府设立矿务铁路总局，这是中国首次设立专门管理全国铁路事务和矿山事务的中央行政机构。同年，淞沪铁路竣工通车
1903	铁路事务划归商部通艺司管理，同年商部颁布《铁路简明章程》，推动中国商办铁路的兴建
1904	中国第一条商办铁路——潮汕铁路开工兴建
1905	清政府决定修建京张铁路。同年，中美签订《收回粤汉铁路美国合兴公司售让合同》，成为收回利权运动的开端

（续上表）

年份	事件
1906	商部奏准确定全国铁路轨距一律以 1 435 毫米为标准。同年，潮汕铁路建成通车，新宁铁路开工建设，铁路事务划归邮传部管理
1909	京张铁路建成通车运营
1911	邮传部路政司长兼任全国铁路督办。同年，清政府宣布各省设立公司集股商办的干线，由国家收回，导致四川保路运动，并使其成为武昌起义的导火索

表 1－2　19 世纪末 20 世纪初中国铁路部分外债情况

年份	债款名称	债权者	借款额
1887	津沽铁道借款	英国怡和公司、德国德华银行	1 076 000 两
1898	关内外铁路借款	英国中英公司	2 300 000 镑
1898	卢汉铁路借款	比国银行工厂公司	4 500 000 镑
1900	粤汉铁路借款	美国合兴公司	3 000 000 美元
1902	正太铁路借款	华俄道胜银行	40 000 000 法郎
1903	沪宁铁路借款	英国中英公司	2 900 000 镑
1905	粤汉铁路借款	港英政府	1 100 000 镑
1905	道清铁路借款	英国福公司	800 000 镑
1907	广九铁路借款	英国中英公司	15 000 000 镑
1908	平汉铁路借款	英国汇丰、汇理两银行	5 000 000 镑
1908	新奉铁路借款	日本南满铁道会社	320 000 日元
1908	吉长铁路借款	日本南满铁道会社	2 150 000 日元
1910	平汉赎路债券	英国麦伦银行、费查公司	450 000 镑
1910	平汉赎路债券	日本横滨正金银行	2 200 000 日元

图 1－3　张之洞

19 世纪末，由于西方列强疯狂掠夺在中国修建铁路的利权，仅仅在 1898 年前后几年期间，就争夺了 59 项，共长 3 万多公里的铁路修筑权与借款权。[①] 为了进一步抵制西方列强抢夺中国铁路的利权，20 世纪初中国各省爆发了收回中国路权的运动，这种社会环境激发了新宁铁路的创办。

中法战争后，总理衙门将修建铁路列为要事。张之洞督鄂后，奏请清廷修筑卢（卢沟桥）汉（汉口）铁路获准。此线路后改称京汉铁路，至今仍为我国铁路交通的主要干线。后张之洞又主持粤汉、川汉铁路的修建工作。

为收回被美国控制的粤汉铁路筑路权，张之洞进行了艰难持续的努力，掀起了更大规模的收回路权热潮。

① 陈晖．中国铁路问题［M］．北京：生活·读书·新知三联书店，1955：30－31.

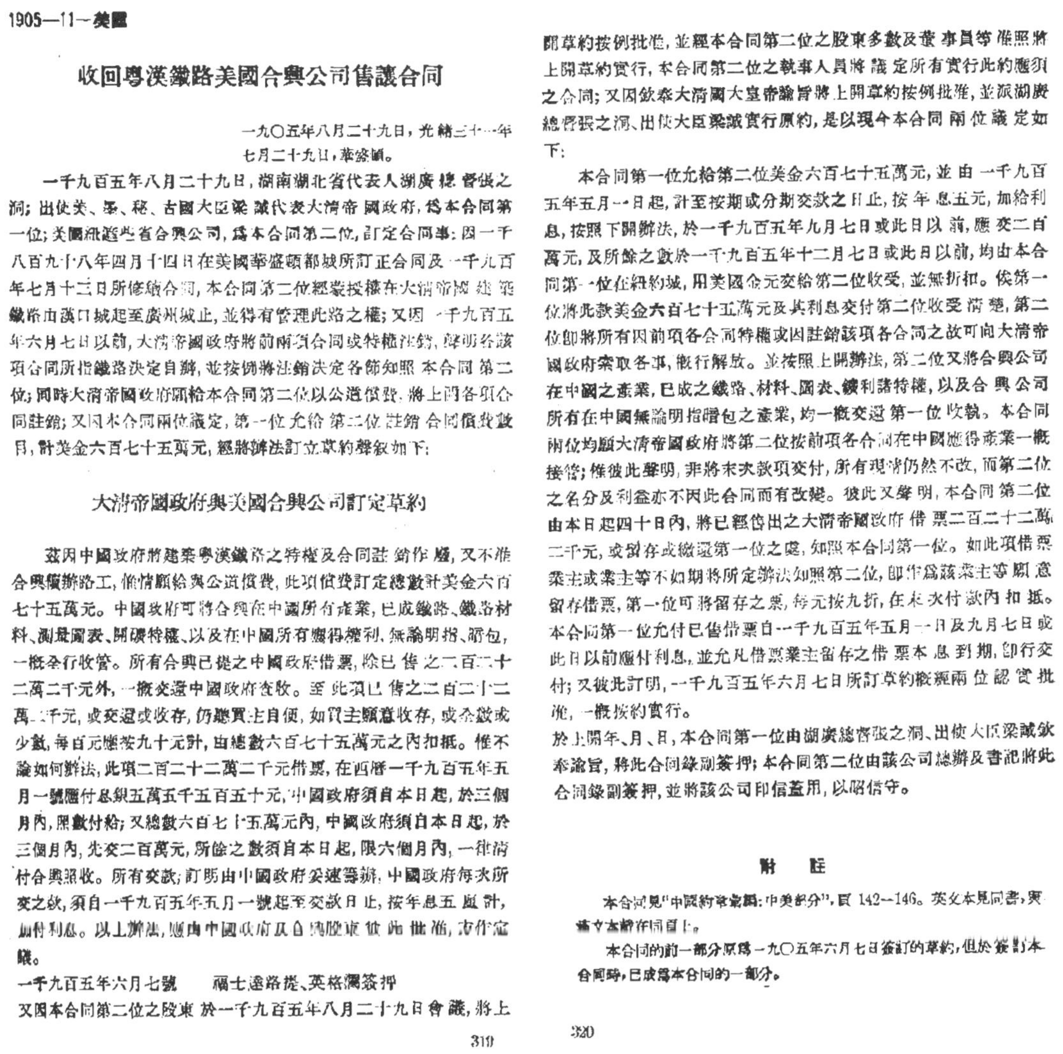

1905—11—美國

收回粵漢鐵路美國合興公司售讓合同

一九〇五年八月二十九日，光緒三十一年七月二十九日，華盛頓。

一千九百五年八月二十九日，湖南湖北省代表人湖廣總督張之洞；出使美、墨、秘、古國大臣梁誠代表大清帝國政府，爲本合同第一位；美國紐遮些省合興公司，爲本合同第二位，訂定合同事：因一千八百九十八年四月十四日在美國華盛頓都城所訂正合同及一千九百年七月十三日所修續合同，本合同第二位經蒙授權在大清帝國建築鐵路由漢口城起至廣州城止，並得有管理此路之權；又因一千九百五年六月七日以前，大清帝國政府將前兩項合同或特權注銷，聲明各該項合同所指鐵路決定自辦，並按例將注銷決定各節知照本合同第二位；同時大清帝國政府願給本合同第二位以公道償費，將上開各項合同註銷；又因本合同兩位議定，第一位允給第二位註銷合同償費數目，計美金六百七十五萬元，經將辦法訂立草約聲敘如下：

大清帝國政府與美國合興公司訂定草約

茲因中國政府將建築粵漢鐵路之特權及合同註銷作廢，又不准合興續辦路工，惟情願給與公道償費，此項償費訂定總數計美金六百七十五萬元。中國政府可將合興在中國所有產業，已成鐵路、鐵路材料、測量圖表、開礦特權、以及在中國所有應得權利，無論明指、暗包，一概全行收管。所有合興已提之中國政府借票，除已售之二百二十二萬二千元外，一概交還中國政府查收。至此項已售之二百二十二萬二千元，或交還或收存，仍聽買主自便，如買主願意收存，或全數或少數，每百元應按九十元計，由總數六百七十五萬元之內扣抵。惟不論如何辦法，此項二百二十二萬二千元借票，在西曆一千九百五年五月一號應付息銀五萬五千五百五十元，中國政府須自本日起，於三個月內，照數付給；又總數六百七十五萬元內，中國政府須自本日起，於三個月內，先交二百萬元，所餘之數須自本日起，限六個月內，一律清付合興照收。所有交款，訂明由中國政府妥速籌辦，中國政府每次所交之款，須自一千九百五年五月一號起至交款日止，按年息五厘計，加付利息。以上辦法，應由中國政府及合興股東彼此批准，方作定議。

一千九百五年六月七號　福士達路提、英格潤簽押

又因本合同第二位之股東於一千九百五年八月二十九日會議，將上開草約按例批准，並經本合同第二位之股東多數及董事員等准照將上開草約實行，本合同第二位之執事人員將議定所有實行此約應須之合同；又因欽奉大清國大皇帝諭旨將上開草約按例批准，並派湖廣總督張之洞、出使大臣梁誠實行原約，是以現今本合同兩位議定如下：

本合同第一位允給第二位美金六百七十五萬元，並由一千九百五年五月一日起，計至按期或分期交款之日止，按年息五元，加給利息，按照下開辦法，於一千九百五年九月七日或此日以前，應交二百萬元，及所餘之數於一千九百五年十二月七日或此日以前，均由本合同第一位在紐約城，用美國金元交給第二位收受，並無折扣。俟第一位將此款美金六百七十五萬元及其利息交付第二位收受清楚，第二位即將所有因前項各合同特權或因註銷該項各合同之故可向大清帝國政府索取各事，概行解放。並按照上開辦法，第二位又將合興公司在中國之產業，已成之鐵路、材料、圖表、鑛利諸特權，以及合興公司所有在中國無論明指暗包之產業，均一概交還第一位收執。本合同兩位均願大清帝國政府將第二位按前項各合同在中國應得產業一概接管；惟彼此聲明，非將末次款項交付，所有現情仍然不改，而第二位之名分及利益亦不因此合同而有改變。彼此又聲明，本合同第二位由本日起四十日內，將已經售出之大清帝國政府借票二百二十二萬二千元，或留存或繳還第一位之處，知照本合同第一位。如此項借票業主或業主等不如期將所定辦法知照第二位，即作爲該業主等願意留存借票，第一位可將留存之票，每元按九折，在末次付款內扣抵。本合同第一位允付已售借票自一千九百五年五月一日及九月七日或此日以前應付利息，並允凡借票業主留存之借票本息到期，即行交付；又彼此訂明，一千九百五年六月七日所訂草約較經兩位認實批准，一概按約實行。

於上開年、月、日，本合同第一位由湖廣總督張之洞、出使大臣梁誠欽奉諭旨，將此合同錄副簽押；本合同第二位由該公司總辦及書記將此合同錄副簽押，並將該公司印信蓋用，以昭信守。

附　註

本合同見"中國約章彙編：中美部分"，頁142—146。英文本見同書，其英文本附存同頁上。

本合同的前一部分原爲一九〇五年六月七日簽訂的草約，但於簽訂本合同時，已成爲本合同的一部分。

319　　320

图 1－4　清政府与美国合兴公司签订的收回粤汉铁路合同

潮汕铁路是中国第一条由华侨出资兴办的铁路，自潮州西门外起至汕头厦岭，由当时爪哇华侨张榕轩兄弟集资兴办。1904 年 3 月开工，1906 年 10 月竣工，全长 42 公里。抗战全面爆发后为了不让铁路落入日军手中，该路于 1939 年被迫拆除。

图 1－5　张榕轩（1851—1911），名煜南，广东省梅州市梅县区松南乡圳头村人，潮汕铁路创办者之一

二、清末新政的影响

20 世纪初，清政府为了维护其腐朽没落的封建统治，陆续实行了一些改革措施。对华商兴办

实业予以支持和奖励，特别对办铁路给予了大力支持。先后设立了商部和邮传部，并颁布了《铁路简明章程》等一系列奖励民营铁路的章程。

自从1903年12月清政府颁布《铁路简明章程》，铁路的兴办权就由政府转化为私人。《铁路简明章程》主要明确了兴办铁路的细则：关于铁路的修筑权，章程指出只要经过商部的核准，官、华商、洋商都有资格申请筹办铁路，按照规定的相关流程办理即可；关于资金的额数限制，章程规定华商的股份应占总股份的一半，要是洋商申请的铁路，华商投资的股份额需占十分之三，这在一定程度上促进了华股的投入，而抑制了洋股的投入。这是清政府颁布的首个与铁路相关的法律条例，它以法律的形式保证了商办铁路存在的合法性。随后全国各省如雨后春笋般相继筹办铁路。潮汕铁路成为首条受益的商办铁路，为新宁铁路的筹建提供了许多借鉴。1906年，清政府颁布了《奖励商勋章程》，第二年，又先后颁行了《华商办理实业爵赏章程》和《奖励华商公司章程》，为华商在国内兴办实业设立奖励规则和条件，一定程度上刺激了华商实业的发展。

图1－6　潮汕铁路

图1－7　潮汕铁路通车时嘉宾合影

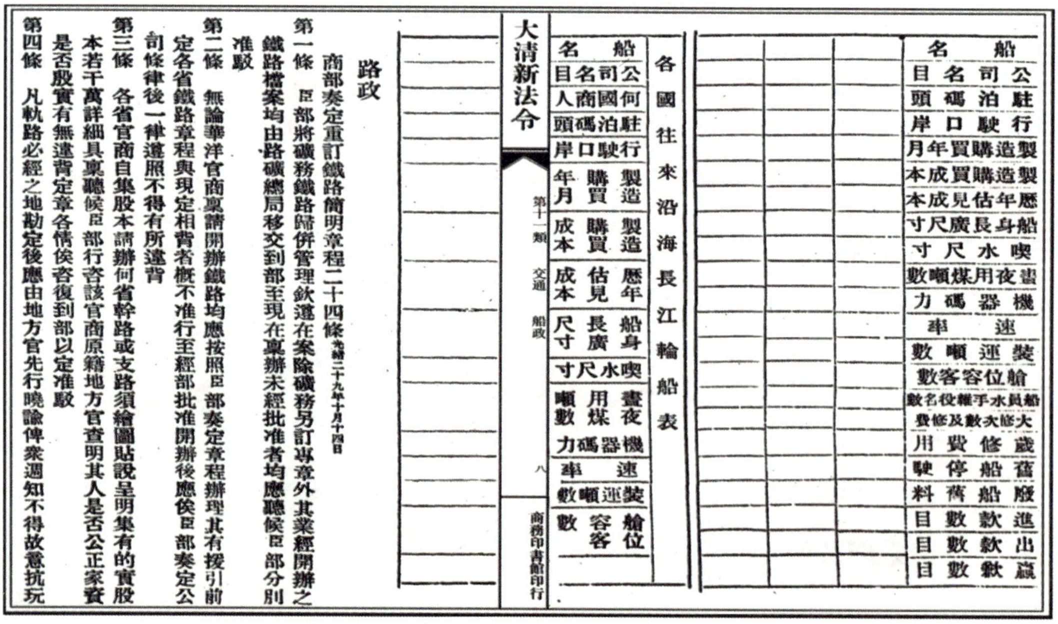

路政

商部奏定重訂鐵路簡明章程二十四條光緒二十九年十月十四日

第一條　臣部將礦務鐵路歸併管理欽遵在案除礦務另訂專章外其業經開辦之鐵路檔案均由路礦總局移交到部至現在稟辦未經批准者均應聽候臣部分別准駁

第二條　無論華洋官商稟請開辦鐵路均應按照臣部奏定章程辦理其有援引前定各省鐵路章程與現定相背者概不准行至經部批准開辦後應俟臣部奏定公司條律後一律遵照不得有所違背

第三條　各省官商自集股本請辦何省幹路或支路須繪圖貼說呈明集有的實股本若干萬詳細具稟聽候臣部行咨該官商原籍地方官查明其人是否公正家資是否殷實有無違背定章各情俟咨復到部以定准駁

第四條　凡軌路必經之地勘定後應由地方官先行曉諭俾衆週知不得故意抗玩

大清新法令

第十一類　交通　船政　八

商務印書館印行

各國往來沿海長江輪船表

船名 | 公司名目 | 何國商人 | 駐泊碼頭 | 行駛口岸 | 製造購買年月 | 製造購買成本 | 歷年估見成本 | 船身長廣尺寸 | 喫水尺寸 | 晝夜用煤噸數 | 機器碼力 | 速率 | 裝運噸數 | 艙位容客數

船名 | 公司名目 | 駐泊碼頭 | 行駛口岸 | 製造購買年月 | 製造購買成本 | 歷年估見成本 | 船身長廣尺寸 | 喫水尺寸 | 晝夜用煤噸數 | 機器碼力 | 速率 | 裝運噸數 | 艙位容客數 | 船員水手雜役名數 | 大修次數及修費 | 歲修費用 | 舊船停駛 | 廢船舊料 | 進款數目 | 出款數目 | 贏款數目

图1－8　1903年清政府颁布《铁路简明章程》，允许组织商办公司修建铁路（1）

至公司買地應由地方官估定公平價值毋許高擡應完地租由公司按年認繳不得拖欠遇有廬墓所在苟有繞越自應設法以順民情若軌路萬難繞避應由地方官斷給遷費以免爭執阻礙

第五條　華商請辦鐵路如係附搭洋股者除具稟臣部批示外應稟由外務部查核至洋商出名請辦除遞呈外務部聽候批示外仍應稟由臣部察奪

第六條　集股總以華股獲占多數爲主不得已而附搭洋股則以不逾華股之數爲限具稟時須聲明洋股實數若干毫無遁飾字樣並不准於附搭洋股外另借洋款以杜朦混而愼名實倘有朦混開辦一經查實隨時註銷撤辦

第七條　凡中國各省鐵路卽使由洋商遞呈稟准開辦而中國商民自應得有公共利益方爲平允嗣後洋商請辦無論集股若干總須留出股額十分之一任華人隨時照原價附股

第八條　無論華公司附搭洋股者洋公司附搭華股者地方官均應一體保護惟不得干預公司辦事之權至公司遇有虧蝕應悉照中國　國家所定條律辦理　國家例不償補

第九條　華人請辦鐵路如係獨立資本至五十萬兩以上查明路工實有成效者由臣部專摺請　旨給予優獎以資鼓勵其招集華股至五十萬兩以上者俟路工告竣卽按照臣部奏定十二等奬勵章程核辦

大清新法令　第十一類　交通　路政　九　商務印書館印行

第十條　華人請辦鐵路應先統估該路全工用款若干以定集股額則至開辦路工後若因工艱費鉅集股時意計不到致有不敷無可續集股本者應准該公司以機器房產抵借洋款概不准以地作抵惟借款至多之數按照原估用款不得過十成之三並須先行稟呈臣部聲明所借實數商借商還　國家概不擔承字樣候部核准方可議借其議借合同應加繕一分呈部存案

第十一條　集股如全係華股業將請辦路工悉數辦竣續請展辦他路而原集之股本固已罄盡擬添借洋款以資接展應具稟臣部聽候酌核情勢分別准駁

第十二條　嗣後華人請辦鐵路如與洋商私訂合同以請辦之路抵借洋款一時朦准或於開辦後將該路工私賣與他人以上情事如經臣部覺察或有地方督撫查明除將路工充公註銷全案外應視案情關繫輕重酌罰

第十三條　凡經臣部批准承辦鐵路者無論華洋人應自批准日期限於六個月內勘路勘畢再限六個月內開工造路兩軌相距須照英尺寬四尺八寸半與現行之路一律並將開辦日期報部逾限不報卽將批准之案撤銷以杜集股不實藉股招搖等弊如實有意外事端亦須預行呈明臣部查無欺飾者方可酌准展限

第十四條　各省辦理鐵路地方遇地主擡價阻擾工役恃衆把持等事准公司報明該地方官切實曉諭彈壓並嚴禁胥吏訛索諸弊須知鐵路爲興商利運之基址國家應辦之要工該地方官如保護不力推諉膜視查實從嚴參處

第十五條　凡勘路估價監造軌路目前中國尙少專家應准公司聘用洋員其經過地方及駐紮處所各該地方官均須愼加保護勿使稍有意外之虞若該洋員不自守禮蕩檢踰閑准地方官知會該公司預爲斥退不得偏袒徇庇調赴他路當差其甚者准稟明臣部移會各國領事存案不准在中國地方旅寓

第十六條　無論華人洋人如於各直省督撫衙門遞呈請辦鐵路者應由該督撫查明此路確於我國商運有所裨益且於現定章程無所違背者卽咨會臣部酌核辦理

第十七條　凡公司遇有爭執或因他事有礙公司利益者若係華人公司就近地方官亦可持平判斷不使兩有傷損倘判斷不能公允准具呈臣部核辦以示保護其華洋商遇有爭執應由兩造各舉一人理論判斷如判斷人意見仍有未洽再合舉一公正人不論局內局外皆可秉公調處兩國國家均不干預其事

第十八條　路礦本係兩事應行各守專章分別辦理所有請辦鐵路者不得牽請與礦務合辦鐵路公司前有沿路開礦章程嗣後不准援引此案若就近既無煤料轉運又苦艱阻公司因此致欲虧蝕應隨時具稟陳明聽候臣部體察情形分別准駁之後不得再行呈請以杜牽混

大清新法令　第十一類　交通　路政　十　商務印書館印行

第十九條　礦務鐵路總局前定有表譜格式現將此項表譜仍由部頒發各公司每屆年底將辦理一切詳情如式塡寫呈部查核存案

第二十條　稟請辦理鐵路業經批准後該公司卽可訂立合同如有未盡事項應行具載者准其酌增惟不得與上列各條有所違礙訂立時並照繕一分呈部核准方可簽押至路工完竣後有應設關徵稅之處由臣部會同戶部酌核辦理

第二十一條　華洋商人承辦鐵路如遇有軍務中國　國家調遣兵丁轉運餉械及軍營用物須儘先載運車價減半

第二十二條　興造鐵路或鐵路已經造成後如須用彈壓巡丁准其每一里雇用華人一名仍不准帶用軍器如需用護路兵勇必須稟由臣部及各省將軍督撫酌派不得擅自僱用所有工食費用由鐵路發給

第二十三條　鐵路郵政相輔而行凡承辦鐵路應代寄中國郵政書信包件所有詳細章程屆時另訂

第二十四條　以上各條係承辦鐵路大概章程此外未盡事宜俟批准及訂立合同時詳細增補

商部奏請釐正各省鐵路軌道摺

图 1-9　1903 年清政府颁布《铁路简明章程》，允许组织商办公司修建铁路（2）

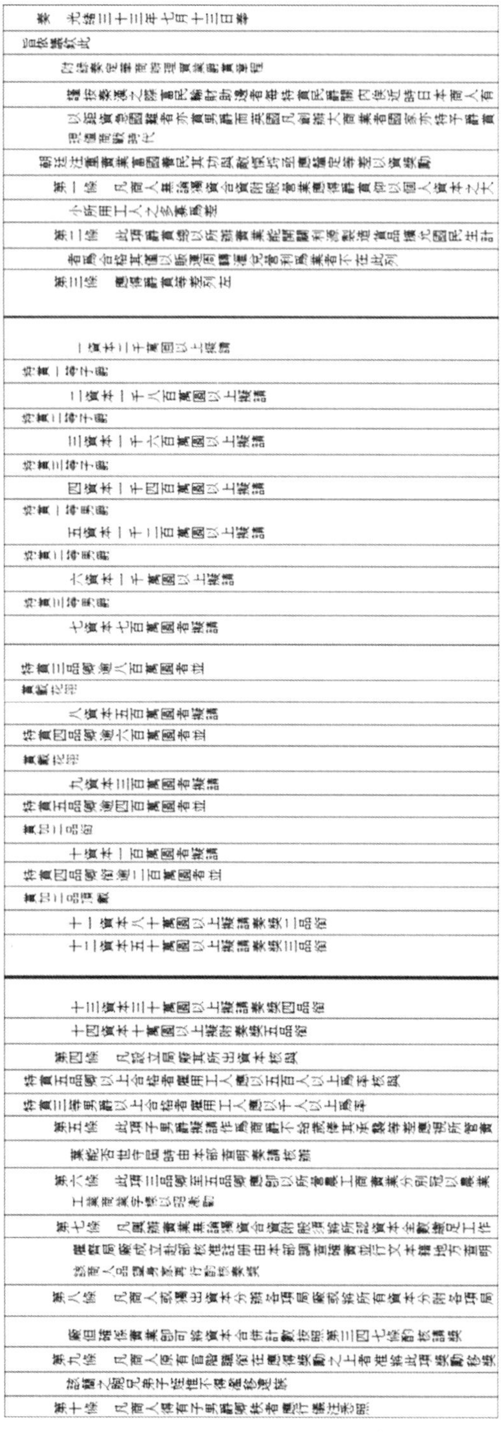

图1－10 1907年《华商办理实业爵赏章程》

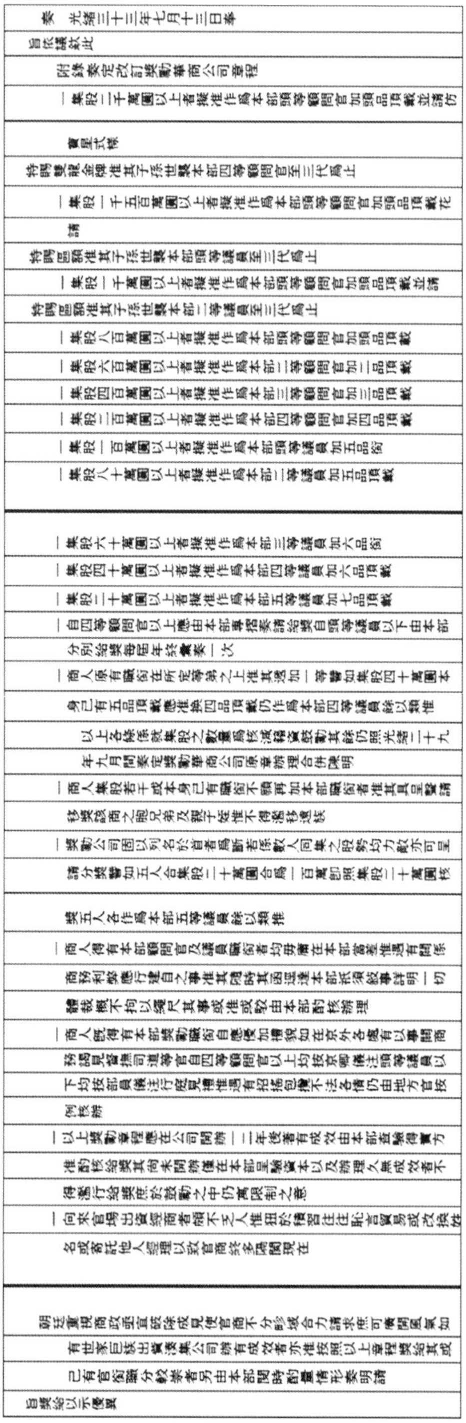

图1－11 1907年《奖励华商公司章程》

三、台山侨乡社会的形成

19 世纪中叶开始的移民运动使五邑地区逐渐成为侨乡，海外华人与家乡的紧密联系，促进了五邑地区的经济、社会发展，也产生了发展现代交通运输事业的需求，而五邑华侨雄厚的经济实力以及在美、加修建铁路的丰富经验，为在五邑侨乡修建铁路奠定了基础。

数据显示，“1876 年居住在美国的台山华侨约 8 万人，占美国全部华侨的 1/2，之后由于美国的排华政策导致华侨人数略有减少，但直到 1900 年，居住在美国的台山华侨仍然有 12 万人，加上居住在其他国家的台山籍华侨，台山华侨总人数达到 20 万人左右”①。随着台山侨乡社会的发展，越来越多的华侨和其眷属经常回乡以及外出，台山地区的外地出行需求逐渐增加，可是台山一直以来都没有一条公路可用来通行，“吾邑山岳横亘，河流短浅，交通之便，全赖乎道路”②，而台山华侨对西方先进的交通运输技术有着深切的感受，他们认为发展现代化的交通运输业，有利于带动家乡的经济发展，加强家乡与海外的联系，所以强烈要求改变台山地区长期交通闭塞、经济落后的现实困境。

图 1－12　华工在美、加修筑铁路，山势陡峭，筑路环境恶劣

① 郑德华，成露西. 台山侨乡与新宁铁路［M］. 广州：中山大学出版社，1991：13－17.

② 钟治. 新宁地理［J］. 新宁杂志，1901（31）：3.

图 1－13　华工在美、加修筑铁路

图 1－14　华工修筑铁路

图 1－15　华工在美、加修筑铁路，其中大部分华工是五邑籍

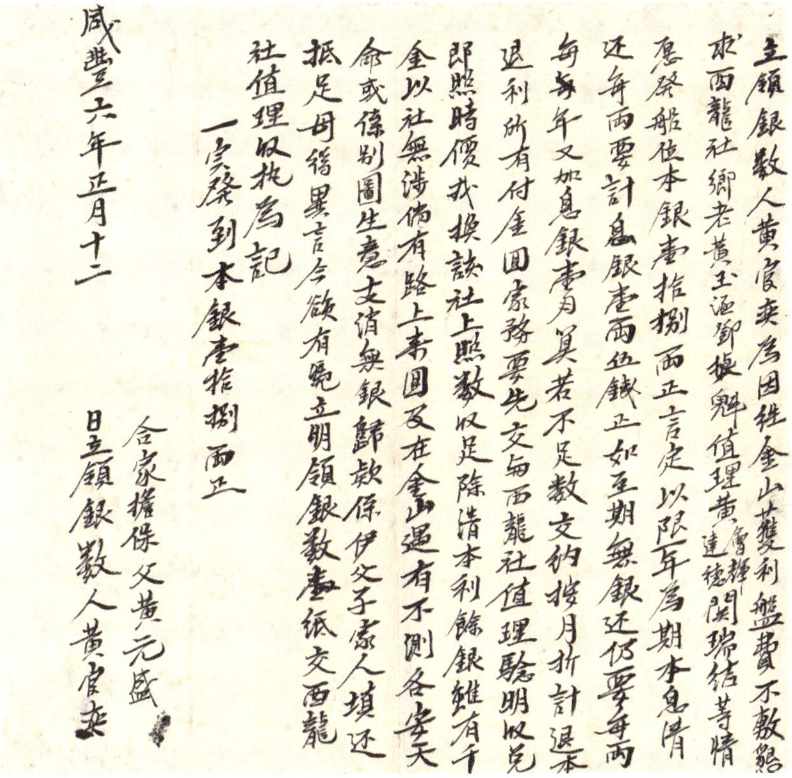

立領銀數人黃宦爽為因往金山獲利盤費不敷懇求西龍社鄉老黃玉涵鄧振雅值理黃會輝達德閱瑞鋕等情愿發船但本銀壹拾捌両正言定以限年為期本息清还每両要計息銀壹両伍錢正如至期無銀还仍要每両每年又加息銀壹月算若不足數交納按月折計退本退利所有付金回家務要先交与西龍社值理驗明收兑即照時價找換該社上照數收足除清本利餘銀雖有千金以社無涉倘有路上来回及在金山遇有不測各安天命或係別圖生意支消無銀歸款係伊父子家人填还抵足毋得異言今欲有憑立明領銀數壹紙交西龍社值理收執為記

一實發到本銀壹拾捌両正

合家擔保 父黃元盛

日立領銀數人黃宦爽

咸豐六年正月十二

图 1－16　1856 年，五邑华工出洋的借款契约

图 1－17　华工乘船出洋情形

图 1－18　开平碉楼与村落世界遗产点——开平市蚬冈镇锦江里碉楼群

图 1－19　描写美国内华达州华人生活情景的漫画

图 1－20　开平市赤坎镇英村宏裔楼

四、20 世纪初抵制美货的爱国运动

1905 年发生了一场抵制美货的爱国运动，这次运动主要是由于美方残忍伤害华工而起。1894 年，清政府与美国签署《中美会订限制来美华工保护寓美华人条款》，这项条约赤裸裸地承认了美国政府对华工的迫害。1904 年 12 月，辱华条约的期限结束，全国人民和美籍华人强烈要求废除这一虐待华人的苛刻条约，但被蛮横的美国政府强行拒绝，于是全国各地掀起了一场抵制美货、反对美帝国主义的爱国运动。① 长期以来深受美国种族主义残害的美籍华人迅速作出回应，并积极投身到这场反美的斗争中。他们希望中国能成为他们坚实的后盾，因而渴望中国能够强大、繁荣和昌盛，他们认为支持祖籍国建设，改造家乡的落后面貌实际上就是一种反抗美帝国主义的具有正义性的行动。

五、旅美侨领陈宜禧

陈宜禧（1844—1929），台山斗山镇朗美村人，少年赴美，后参加美国铁路建设，成为铁路工程师。1889 年组建广德公司，自任总理，经营“广德号”，参与了许多西雅图的城建工程，成为有影响的华商。美国排华期间，陈宜禧不畏强暴，为维护华人权益积极奔走，团结组织同胞奋勇抗争，受到侨胞的钦佩和爱戴，成为颇具影响力的侨领。陈宜禧有着强烈的爱国情怀，他先后在美国从事铁路建设达 40 年之久，筑路经验丰富。他在年老之际，心系祖国铁路建设，毅然回到祖国，决心修建新宁铁路，实业救国，建设家乡。

图 1－21　陈宜禧

① 广东省中山图书馆参考研究部．1905 年广东人民反美运动大事记［J］．广东历史资料，1959（2）：42－62．

图 1－22　广东省文物保护单位：台山陈宜禧故居——畅庭书室

图 1－23　陈宜禧故居主楼

第二章 新宁铁路的筹建及修筑

第一节 新宁铁路的筹建

一、新宁铁路的立案

1904 年，收回路权的热潮席卷全国，已 60 岁的陈宜禧也在这一年回到故乡台山，他要像在美国修筑太平洋铁路那样，在家乡修筑一条铁路。这条铁路往北要连上粤汉铁路，把广袤的内地纳为腹地；往南要通达铜鼓湾，那里港口水深，可以建设为连通世界的超级港口。回到家乡后，陈宜禧倡建新宁铁路，并提出“不招洋股，不借洋债，不雇洋工，工程由本县人自办”的原则开展集股活动，得到广大侨胞鼎力支持。虽立案初期颇受阻挠，但在开明绅士的帮助下，通过与封建官僚势力的有力斗争，终立案成功，并开始募股筹集资金。

图 2－1　陈宜禧官服像。陈宜禧为方便筑路事宜，捐了一个“花翎盐运使衔”

图 2－2　两广总督岑春煊，拒绝批准新宁铁路备案

1904 年，陈宜禧从西雅图回国后，原本设想在香港经营纺织厂生意，但当回到自己的故乡台山时，他最初的想法便彻底改变了，他认为："路权为国家富强之根本，感叹祖国的实业未能兴盛。"① "他对我国的路权多被外国人所掌握而感到愤怒，于是不忖绵薄，倡议修筑宁路。"② 他认为自己有责任建设自己的家乡，而且当时又正值民营潮汕铁路动工，他便倡议筹集商股修筑一条由新宁到达阳江的铁路。在当地多名绅商的支持下，陈宜禧立即议定了《筹办新宁铁路有限公司草定章程》，且被股东推选为公司的总理并兼任总工程师一职，他向清政府申请立案时已坚定了"不对外招洋股，不对外借洋款，不对外招洋工，防止权利外溢"的立场，表明了振兴祖国的迫切愿望和强烈的决心。他的决心影响了众多华侨商人，这些华侨商人对陈宜禧的决定表示支持，纷纷为新宁铁路捐款。

图 2－3　《法律章程：商部奏定新宁铁路章程》

---

① 朱寿朋．光绪朝东华录［M］．上海：上海集成图书公司，1909：12.

② 林金枝，庄为玑．近代华侨投资国内企业史资料选集：广东卷［M］．福州：福建人民出版社，1989：435－436.

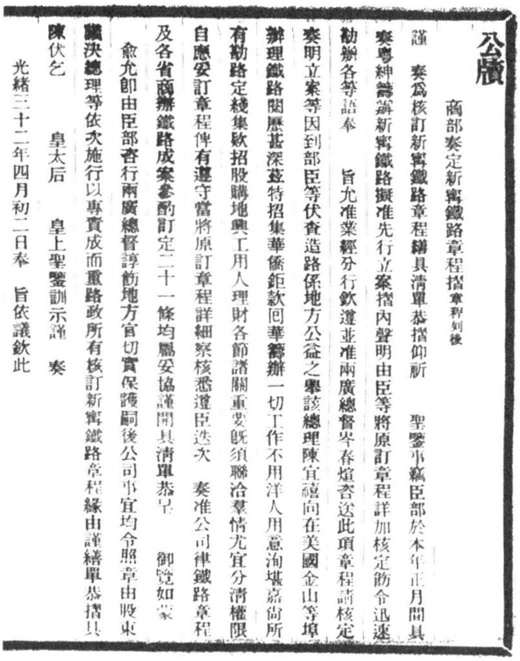
公牍

商部奏定新寧鐵路章程摺（章程列後）

謹 奏為核訂新寧鐵路章程繕具清單恭摺仰祈 聖鑒事竊臣部於本年正月間具
奏粵紳籌辦新寧鐵路擬准先行立案摺內聲明由臣等將原訂章程詳加核定飭令迅速
勸辦各等語奉 旨允准業經分行欽遵並准兩廣總督岑春煊咨送此項章程請核定
奏明立案等因到部臣等伏查造路係地方公益之舉該總理陳宜禧向在美國金山等埠
辦理鐵路閱歷甚深茲特招集華僑鉅款回華籌辦一切工作不用洋人用意洵堪嘉尚所
有勘路定綫集欵招股購地興工用人理財各節諸關重要既須聯洽羣情尤宜分清權限
自應妥訂章程俾有遵守當將原訂章程詳細察核悉遵臣迭次 奏准公司律鐵路章程
及各省商辦鐵路成案參酌訂定二十一條均屬妥協謹開具清單恭呈 御覽如蒙
俞允即由臣部咨行兩廣總督諄飭地方官切實保護嗣後公司事宜均令照章由股東
議決總理等依次施行以專責成而重路政所有核訂新寧鐵路章程緣由謹繕單恭摺具
陳伏乞 皇太后 皇上聖鑒訓示謹 奏
光緒三十一年四月初二日奉 旨依議欽此

图 2－4 《公牍：商部奏定新宁铁路章程折》

修建新宁铁路之前的一系列准备工作遭遇了重重波折，并不是一帆风顺的。陈宜禧向华商募集到一定的资金后，踏上了到处奔波的征途，他的目的是想取得清政府的支持。1905 年 3 月，新宁铁路公司副总理余灼将筹建的情况向新宁知县陈益汇报，请求他向商部立案，陈益却想私自占有铁路的修筑权，于是另外起草了一份粗糙的章程，但因章程内容简略被两广总督岑春煊拒绝批准。7 月，广东商务提调余乾耀看中了新宁铁路的前景，单独起草了一份《宁阳铁路有限公司详细章程》22 条，他怕自己的立案不被商部批准，甚至污蔑陈宜禧的行为有失分寸，告他“未按商部的规定办事，未等候督宪的批示，擅自集议，不能担任总办的职位”。陈宜禧向粤督岑春煊申请备案，但被其幕客勒索巨款，从中作梗。① 岑春煊勒索不成，竟以“无碍田园庐墓，始得筑路”为由，不予批准。②

陈宜禧前往香港准备寻找解决立案失败的对策，正好赶上清朝商部右丞王清穆到香港考察商务，陈宜禧当即抓住时机，向其申诉，商部右丞对其表示支持，坚决请商部核定奏准立案。另外，驻美大臣梁诚致电商部，强烈推荐陈宜禧筹办新宁铁路的决定，认为他“拥有十足的把握，不能受他人的干扰，应该尽快处理专办铁路之事”。③ 清政府对陈宜禧“以本邑之资财，办本邑之铁路”给予赞可，因此批示了商部的上奏，同意开办新宁铁路。④

陈宜禧排除万难终于解决了此次立案风波。陈宜禧同陈益、余乾耀的斗争，首先反映了海外华人与封建官僚势力的矛盾，是进步势力反抗封建势力的表现，其次反映了地方官僚争夺修筑铁路权的野心。

---

① 李齐念．广州文史资料存稿选编：第 9 辑［M］．北京：中国文史出版社，2008.
② 梅伟强，关泽锋．广东台山华侨史［M］．北京：中国华侨出版社，2010：304.
③ 蒋良骐．光绪朝东华续录［M］．上海：上海古籍出版社，2003：12.
④ 蒋良骐．光绪朝东华续录［M］．上海：上海古籍出版社，2003：5.

图 2－5　王清穆，时任清政府商部右丞

图 2－6　梁诚

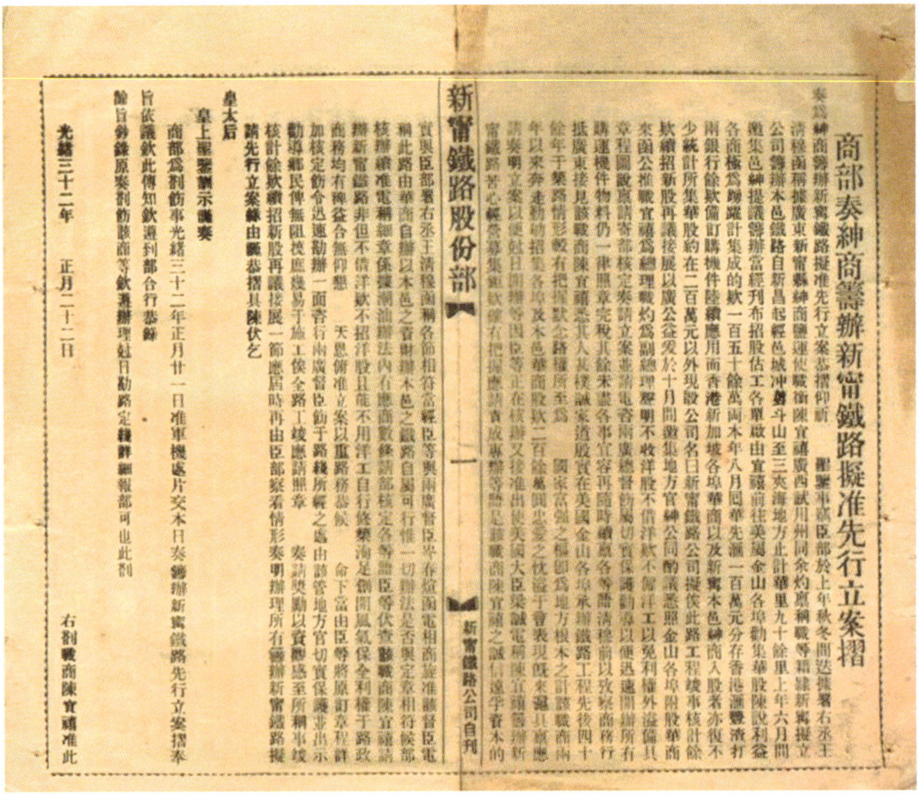

商部奏紳商籌辦新甯鐵路擬准先行立案摺

奏爲紳商籌辦新甯鐵路擬准先行立案恭摺仰祈 聖鑒事竊臣部於上年秋冬間迭據署右丞王清穆函稱據廣東新甯縣紳商鹽運使職銜陳宜禧廣西試用州同余灼京卿職等稟稱籌辦新甯擬立公司籌辦本邑鐵路自新昌起經邑城冲蔞斗山至三夾海地方止計華里九十餘里上年六月間邀集邑紳提議籌辦富經列布招股估工各單繳由宜禧前往美國金山各埠勸集華股陳說利益各商極爲踴躍計集成的款一百五十餘萬兩本年八月回華先滙一百萬元分存香港滙豐渣打兩銀行餘款備訂購機件陸續應用而香港新加坡各埠華商以及新甯本邑紳商入股者亦復不少統計所集華股約在二百萬元以外現設公司名曰新甯鐵路公司擬俟此路工程竣事核計餘款續招新股再議接展以廣公益爰於十月間邀集地方官紳公同酌議悉照金山各埠附股華商來函公推職宜禧爲總理職灼爲副總理聲明不收洋股不借洋款不僱洋工以免利權外溢備具章程圖說呈請咨部核定奏請立案並請電咨兩廣總督飭屬切實保護勸導以便迅速開辦所有購運機件物料仍一律照章完稅其餘未盡各事宜容再隨時稟商各等語請據前以致察商務行抵廣東接見該職商陳宜禧悉其人甚樸誠家道殷實在美國金山各埠承辦鐵路工程先後四十餘年于築路情形較有把握款亦所至爲 國家富強之福固爲地方根本之計該職商向年以來奔走勸招集各埠及本邑華商股款二百餘萬圓忠愛之忱溢于言表現既來歸具稟懇請奏明立案以便剋日開辦等因臣等正在核辦又接准出使美國大臣梁誠電稱陳宜禧籌辦新甯鐵路苦心經營募集鉅款確有把握應請賞成專辦等語是該職商陳宜禧之誠信遠孚資本的實與臣部署右丞王清穆函稱各節相符富經臣等與兩廣督臣岑春煊函電相商旋准該督臣電稱此路由華商自辦以本邑之資辦本邑之鐵路自屬可行惟一切辦法是否與定章相符候部核辦續准電稱細章係仿潮汕辦法內有應商數條請部核定各等語臣等伏查該職商陳宜禧請辦新甯鐵路非但不借洋款不招洋股且能不用洋工自行修築海足創開風氣保全利權于路政商務均有裨益合無仰懇 天恩俯准立案以重路務恭候 命下當由臣等將原訂章程詳加核定飭令迅速勸辦一面咨行兩廣督臣飭于路綫所經之處由該管地方官切實保護並出示勸導鄉民俾無阻撓庶幾易于施工俟全路工竣應請照章 奏請獎勵以資觀感至所稱事竣核計餘款續招新股再議接展一節應屆時再由臣部察看情形奏明辦理所有籌辦新甯鐵路擬請先行立案緣由謹恭摺具陳伏乞

皇太后

皇上聖鑒訓示謹奏

商部爲劄飭事光緒三十二年正月廿一日准軍機處片交本日奏籌辦新甯鐵路先行立案摺奉

旨依議欽此傳知欽遵到部合行恭錄

諭旨鈔錄原奏劄飭該商等欽遵辦理剋日勸路定綫詳細報部可也此劄

右劄職商陳宜禧准此

光緒三十二年　正月二十二日

新甯鐵路股份部　一

新甯鐵路公司自刊

图 2－7　1906 年《商部奏绅商筹办新宁铁路拟准先行立案折》①

① 图片来源：台山市档案馆提供。

二、新宁铁路资金来源

台山海外华人所具有的经济力量，使新宁铁路的资金筹集有了实现的可能性。新宁铁路的资金来源采取对外公开招股、自由认股的方式。新宁铁路公司预计总共筹集股银250万元，每股为5元，周利息为1分。①

新宁铁路入股人数众多，以中小股本居多，资金的来源主要是美国华侨资金，只有少部分其他地区华侨资本；并主要是台山的华侨资本，只有少部分非台山籍华侨资本。1905年2月，陈宜禧前往美国旧金山进行集股活动，通过侨报、广告和演讲的方式集股，打着“勉图公益，振兴利权”的旗号，最终集得股银10万元。随后，陈宜禧又到纽约等地集股，半年后，他离开美国回国时已集股150多万，每股5元，另收登报费。他先拿出100万元存在香港汇丰银行和渣打银行，余款就拿来订购一些之后要用的造铁路的机件和器材。至1905年底，加上新加坡、香港、台山、温哥华、维多利亚、西雅图等地的集股，共集股2 743 450元，加上登报费14 962元，总计收到2 758 412元，超过原定招股计划4倍多，当中有1 908 800元来源于美国华侨的资本，占69%，余下的约85万元来自东南亚、港澳台地区的绅商投资。② 从1906年到1908年依据每年4厘的股息发放，总共有23万余元。③

新宁铁路工程分为三期，第一期筑路工程完成后，剩下价值7.8万元的器材，只要再续招股金100余万元，便可完成第二期的修筑工程。但首期工程仅结余10余万元，而初期认股投资只有30余万元，为了不耽误工程的进度，只好通过借款和继续招新股缓解资金短缺的问题。于是，拟定了一份《新宁铁路有限公司续招新股创办人及借款合同》，合同中明确规定了股额的利息、借款的期限、股东的权力，合同出来后有23名新股东同意投资此项工程，但资金还是远远不够预期的金额。此时，公司已经出现了严重的资金短缺危机，陈宜禧向交通银行贷款30万元解燃眉之急，定于1911年6月新宁铁路第一期工程通车后分期偿还，然而这些资金还是未能让新宁铁路公司从经济危机中脱离出来；陈宜禧迫于无奈，请求两广总督批准公司向外国贷款60万元，两广总督以“订借洋款与新宁铁路公司章程不一致”不予准奏，并向邮传部请示资金问题，邮传部命令交通银行将借款期限延长两年，同时让官银钱局及银行借款30万元帮助新宁铁路公司渡过难关。第二期工程从公益至会城这一段铁路实际上招股562 370元，但由于股本入不敷出，借、欠款项目已达1 035 144元。④

第三期展筑白沙支线工程，招集股银30万元，向外借款百万，原本计划从台城直接抵达阳江墟，后因为款项不够，修到白沙墟就结束。台城至白沙这段铁路预计需投资70.9万元，新宁铁路公司深知去海外招股已经面临困难，便采取两种方式在县内进行招股。第一种是按照铁路沿线所占用的土地价格，折算成股银；第二种是号召沿线侨墟村民捐股，依据村民的姓氏宗族进行集股。在很短的时间内，便在当地集到股银50万元，其中白沙

---

① 林金枝，庄为玑. 近代华侨投资国内企业史资料选集：广东卷［M］. 福州：福建人民出版社，1989：39.

② 郑民，梁初鸣. 华侨华人史研究集：一［M］. 北京：海洋出版社，1989：260－262.

③ 金士宣，徐文述. 中国铁路发展史：1876—1949年［M］. 北京：中国铁道出版社，1986：198－199.

④ 商办广东新宁铁路公司发布［N］. 中西日报，1913－09－09.

墟的马氏宗族集股金额最大，股银 25 万元，三合墟集股 9 万元，水南墟集股 6 万元，筋坑墟集股 5 万元，其余地区零零散散集股 5 万元。[①] 这种满足当地村民利益的集股方式迅速解决了筑路的资金困难。

新宁铁路公司从第一期至第三期工程，总共筹集股本 3 658 595 元。[②] 根据 1918 年《广东新宁铁路实业估值统计册》里的数据信息，“全部不动产价值 3 859 808. 54 元，动产价值 1 505 952. 07 元，即共价值 5 365 760. 61 元，总资产大约 800 多万元”。

新宁铁路之所以前期招股如此顺利，主要是因为华侨根深蒂固的爱国思想，他们虽身处异国，但心念家乡。海外华侨的资本是纯粹的民族资本，代表了民族资本进步的一面。新宁铁路的股东多达上千人，但投资新宁铁路千股以上的大股东并不多，金额为 1 000 ~ 10 000元的有 125 人，600 ~ 999 元的有 36 人，大股东只占总数的 2. 6%；投资新宁铁路者大多是中小股东，300 ~ 599 元的 731 人，100 ~ 299 元的有 3 731 人，两者约占 72%；10 ~ 99 元的有 1 564 人，约占 25. 2%（如表 2 – 1）；其余的投资者还有只购一二股的贫苦侨工。投资者除了台山本邑华侨以外，还有来自开平、恩平、新会、鹤山、香山等周边地方的。

到了修筑第二期工程时，投股者之所以热情冷却下来了，一方面是由于当时经常听闻银行倒闭的消息，市面上的银子不值钱等；另一方面是由于粤汉铁路公司一再反对新宁铁路公司修筑这段铁路，动摇了海内外华人的投资欲望；再加上新宁铁路第一期工程并没有给投资者带来实际的利益，所以，海外华人响应者大为缩减。

其实，作为投资者来说，除了爱国爱乡的热情外，他们还要考虑投资的价值，即希望通过投资有所收益，但陈宜禧及其他筹办者一开始并没有把铁路作为一个近代化的企业来办的意向，他们用一种办慈善事业的心理来兴办新宁铁路，因此投资者不可能与陈宜禧的铁路工程长期合作。后期的资金来源基本上是向银行贷款和采取其他方式在县内招股，即由当地绅商筹集资金。新宁铁路资本来源的变化从侧面印证了中国早期近代化道路的艰难曲折，在现实层面也具有一定的借鉴意义，对当今的经营管理产生了很大的影响。

---

① 交通、铁道部交通史编纂委员会. 交通史路政编：第 16 册［M］. 南京：中华民国交通部，1937：390 – 392.

② 广东省地方史志编纂委员会. 广东省志 · 铁路志［M］. 广州：广东人民出版社，1996：348 – 349.

表 2－1 1905 年新宁铁路集股情况表①

时间	收款地点	人数																			
金额（元）		10 000 或以上	5 000 ~ 9 999	2 000 ~ 4 999	1 000 ~ 1 999	800 ~ 999	600 ~ 799	400 ~ 599	300 ~ 399	200 ~ 299	100 ~ 199	70 ~ 99	60	50	40	30	25	20	15	10	合计
2 月 24 日	大埠	1		1	2		1	26	3	12	7			1		1					55
2 月 27 日	大埠				3			7	4	3	4										21
4 月 11 日	舍路	1			1			2		2	2			3							11
5 月 23 日	不详	1	1	1	6		1	48	36	105	192		3	78	1	1	2	8		7	491
6 月 9 日	不详			2	29	1	10	84	64	237	603		8	286	9	21	15	35	3	16	1 423
6 月 9 日	舍路			1	1			2	2		3			6				2		1	18
6 月 10 日	不详			2	31		10	88	65	237	598	1	7	290	10	23	15	35	3	16	1 431
6 月 10 日	舍路			1	1			3	2		3			6				2		1	19
6 月 20 日	不详				8		2	28	16	91	256	1	1	114	1	3	13	14	3	6	557
6 月 20 日	砵仑				5		1	5	5	22	62		1	17				1			119
6 月 20 日	舍路				1					1	8			3			2			1	16
7 月 10 日	不详			2	13		6	78	47	186	404	2		137	1	7	19	12	2	14	930
7 月 10 日	舍路							4	7	15	44			18	1		2				91
7 月 22 日	不详			2	8		2	48	35	118	381	3	1	183	1	8	8	26		6	830
7 月 22 日	不详						1	7	11	32	75			12		1		2		1	142
7 月 22 日	不详						1	3	1	4	24										33
合计		3	1	12	109	1	35	433	298	1 065	2 666	7	21	1 154	24	65	76	137	11	69	6 187

① 资料来源：郑德华整理自《中西日报》1905 年 2 月 24 日、27 日，4 月 11 日，5 月 23 日，6 月 9 日、10 日、20 日，7 月 10 日、22 日。

第二节 新宁铁路的修筑

1906 年，新宁铁路动工，前后分三期工程，1920 年全线建成，历时 14 年。线路以台山为汇集点，向南直抵斗山，向北直达北街，向西直至白沙；总路线长约 133 公里，总投入资金 800 多万元，全线建有站点 45 处，干线桥涵 353 座。[①] 新宁铁路所用钢轨、铁板、枕木全从美国进口，火车头及车厢购自美国和德国。[②] 建筑之初，向德国购大机车 3 辆，美国购大机车 9 辆，小机车 4 辆，本路工厂自造小机车 2 辆，又购入头等座车 8 辆，二等座车 8 辆，三等座车 30 辆，有盖货车 47 辆，无盖天平车 43 辆，无盖铁栏货车 27 辆，手摇车 50 辆，耗费资本约为 100 万元。1927 年后，先后完成北街、台城等车站改建，并拟建设公益桥、修改绕行路线等，但未能完成。

图 2－8 新宁铁路示意图

① 台山交通志编纂委员会. 台山交通志［M］. 台山：台山交通志编纂委员会，2000：101－102.

② 台山交通志编纂委员会. 台山交通志［M］. 台山：台山交通志编纂委员会，2000：97－101.

图 2－9　建设中的新宁铁路

图 2－10　新宁铁路技术工人

第一期工程：公益至斗山。1906 年 5 月 30 日，首期工程公益到斗山一段开工，1909 年 3 月 1 日竣工，修建时限不到 3 年。全线长约 53 公里，设 19 个车站，分别为公益站、万福站（万福寺站）、大江站、陈边站、水步站、东坑站（东坑堡站）、板岗站、宁城站、东门站、大亨站、松朗站（松子朗站或松仔萠站）、五十站、下坪站、四九站、大塘站、红岭站、冲蒌站、六村站、斗山站。[①] 新宁铁路公司投资3 591 369元的公益机器厂也建造完成，并初具规模。首期工程原计划是从新昌修至斗山，但由于地方封建势力甄氏家族的阻挠，只好改变线路，将终点站设为公益站，导致线路出现 39 处多余的弯轨，因此提高了工程的造价成本，降低了行车的速度，不利于行驶安全。在不到三年时间里，新宁铁路凭借本地的技术力量与工人修建完成了第一期工程，因此受到了清政府的褒奖，商部检察官在 1910 年的验收报告中坦承："新宁铁路各车站整齐；水塔、车厂等设施都很理想，尤其是煤仓的建设和装卸火车过程中用煤的方法，不耗费人力，实属先进；涵洞、管道、桥梁之架设，亦甚得法。"[②] 这些都引起了海外的反响。

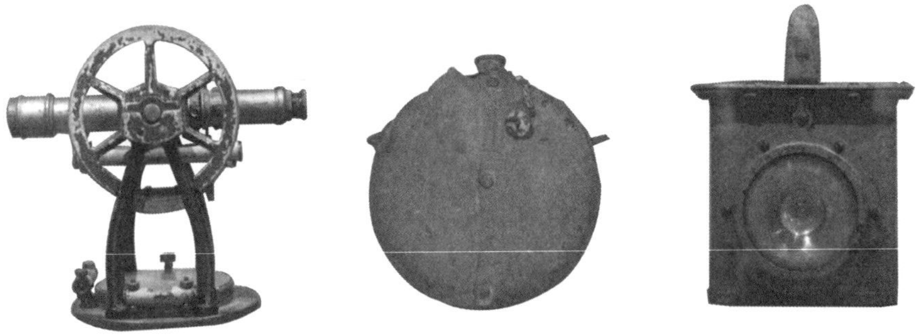

图 2－11　新宁铁路测量工具

图 2－12　1909 年 3 月 21 日，新宁铁路第一期工程建成，举行了盛大的通车典礼

---

① 商办广东新宁铁路公司发布［N］. 中西日报，1913－09－09.

② 胡朝栋等查验福建、潮汕、新宁各路之报告［J］. 新宁杂志，1910（9）.

图 2－13 新宁公益（埠）车站

图 2－14 新宁铁路公益至斗山线运行的火车①

① 图片来源：台山市档案馆提供。

大江车站

万福车站

五十车站

冲蒌车站

宁城车站

公益车站

斗山车站

六村车站

红岭车站

松朗车站

下坪车站

东坑车站

四九车站

大塘车站

陈边车站

图 2－15　新宁铁路第一期工程部分车站图[①]

① 新宁铁路车站的命名，早期老照片上所显示的站名是以当地的建筑或俗名来命名，例如，万福寺站、东坑堡站、松子朗站，后来随着新宁铁路的运营，大家约定俗成将部分车站名简化，例如：新宁铁路线路图及行车时刻表上均标注为万福站、东坑站、松朗站。

第二期工程：公益至北街。原本计划让该段铁路从公益穿过新会、鹤山、南海，与经过佛山的广三铁路相连接，并把名字改为宁佛铁路公司，但这个计划遭到粤汉铁路公司的坚决反对，政府当局也不支持，而且受到新会、开平一些乡绅的抵制，因此将路线改为从公益至新会再至北街，目的在于接通粤中地区的交通要道江门。新宁铁路公司通过上书邮传部，申请批准立案，获得核准后，随即组织力量勘测路线。1910 年 1 月 21 日，公益到新会县城会城线开工；1911 年 10 月 21 日，公益至会城线竣工。1913 年 4 月 26 日，会城通往江门北街线建造完成，这一条线路总长约 46 公里，站点有 16 个：浔阳站、麦巷战、牛湾站、大王市站、司前站、白庙站、沙冲站、南洋站、大泽站、莲塘站、汾水江站、惠民门站、会城站（都会站或会东站）、江门站、白石站、北街站。整段线路耗费金额竟达 3 273 280 元，新宁铁路公司因修这段铁路欠了许多债款。其中，牛湾附近须过潭江，因有船只往来，建桥工程艰巨，于是造渡船一艘，长 350 英尺，宽 55 英尺，以长 1 800英尺铁链连接在两岸，装渡列车往返。渡船在香港定制，价格约为 20 万元，为我国第一艘铁路轮渡，这也是此工程的特点之一。[①] 在技术层面上，新宁铁路在中国铁路史上有两个首创。一个是斗山站的“转车盘”，机车停靠在它上面，能原地旋转 180 度，省去机车掉头的占地；另一个是在牛湾站，用轮渡载火车过潭江，这在当时是中国唯一的火车渡江奇观，它比琼州海峡火车轮渡早了 90 年。巴金先生在他的散文《机器的诗》中以浓墨重彩，生动地描写了这一情景，盛赞这是新宁铁路上最美丽的一段工程，孙中山先生也于 1908 年在牛湾约见陈宜禧。

图 2－16　巴金（1933 年，巴金乘坐新宁铁路火车轮渡过潭江，写下了著名的散文《机器的诗》）

公牘二

稟呈類

新甯鐵路總理呈本部展築新會枝路預估工程期限各情稟 宣統二年正月初五日

敬稟者竊照甯路公司展築由公益至新會縣城枝路一段原擬於本年八月十六日興工先經稟明在案仰蒙鈞部電咨督憲轉飭新甯新會開平各縣地方官嚴示曉諭切實保護並與該公司接洽妥爲照料以重路政而便交通等因奉此當開辦伊始各處鄉民紛紛以禾稻成熟央求緩辦爲詞公司許以測勘路綫時如有踐踏禾稻均照補價值堅不允許再四考察輿情始知爲新會縣舉人劉金華等所煽惑主使暗用阻撓之計查劉金華等前於五月間串慫開平縣紳關以鏞等憤爭路權電請劃縣分辦經奉鈞部批斥並電咨督憲飭屬傳諭劉金華等毋許恃衆撓築如有滋生事故定惟該紳商是問並希飭催新甯公司遵照部批迅築由公益至新會縣城一段爲要各等

交通官報　公牘二　稟呈類　十

图 2－17　1910 年，新宁铁路总理陈宜禧呈报新宁铁路公益至会城段建设情况

① 凌鸿勋. 中华铁路史［M］. 北京：商务印书馆，1981：308－309.

图 2－18　新宁铁路斗山站①

图 2－19　新宁铁路公益站②

① 图片来源：台山市档案馆提供。
② 图片来源：台山市档案馆提供。

图 2－20　新宁铁路江门站的街景

图 2－21　新宁铁路牛湾火车轮渡①

图 2－22　新宁铁路火车在牛湾轮渡过江场景

第三期工程：台城至白沙段。1917 年 2 月 1 日开始修筑台城至白沙支线，1920 年 3 月，台城到白沙这段线路修建完成。这段路线长约 28.5 公里，分设 11 站：宁城站、筋坑站、水南站、官步站、三合站、黎洞站、上马石站、东心坑站、长江站、田坑站、白沙站。全线费用约 200 万元。此段铁路沿线均为较富庶的乡村墟镇，对于客货运需求量较大，新宁铁路公司准备先集中财力完成这段工程，日后再向开平、恩平延伸，通往阳江，以方便开平、恩平两县煤矿开发和阳江等县的粮食、农副产品、山货、海鲜、建筑材料的输入。但在这段工程的建设初期，这条线路的走向就存在很大的分歧，主要来自宗族纠纷。潮境墟的黄氏宗族代表上报交通部，指控陈宜禧徇私枉法，称其与马氏宗族代表提前约好，放弃原本协定好的经过潮境墟的路线，改为通过三合直达白沙。这场纠纷经过多方调解，直到 1919 年 3 月，新宁铁路公司与宗族代表经过反复协商，才达成协议，赞成由长江站修建一条长 4 公里的支线直接通往潮境墟，此事才得以解决。

① 图片来源：台山市档案馆提供。

表 2－2 新宁铁路路线里程①

序号	站名	公里数	所在地	备注
1	北街站	0	江门市蓬江区北街墟	现为江门市文物保护单位
2	白石站	1.893	江门市蓬江区白石墟	
3	江门站	5.862	江门市蓬江区三角塘	现为江门市华侨中学
4	都会站	9.3	新会会城都会乡	
5	会城站	12.934	新会会城东候路	现为新会华侨中学
6	惠民门站	15.078	新会会城城北路	
7	汾水江站	18.318	新会会城三联乡汾水江村	
8	莲塘站	20.969	新会大泽镇莲塘乡居仁里	
9	大泽站	24.905	新会大泽镇文龙乡龙田里	
10	南洋站	28.573	新会大泽镇田金乡南洋里	
11	沙冲站	31.335	新会大泽镇沙冲乡	
12	白庙站	33.656	新会司前镇白庙乡	
13	司前站	35.38	新会司前镇庙前墟	
14	大王市站	38.035	新会司前镇谈雅乡	
15	牛湾站	42.134	新会罗坑镇牛湾乡	牛湾站是新宁铁路在新会境内的最后一站
16	麦巷站	45.12	台山大江镇麦巷乡官爱里	麦巷站是新宁铁路在台山境内的第一站
17	浔阳站	47.16	台山大江镇上冲乡莲江里	
18	公益站	50.577	台山大江镇公益埠	
19	万福站	55.762	台山大江镇万福寺	
20	大江站	57.134	台山大江镇大江墟	
21	陈边站	59.105	台山大江镇陈边乡	
22	水步站	62.065	台山水步镇步溪乡	现为步溪市场
23	东坑站	66.648	台山台城镇东坑墟	现为东坑小学
24	板岗站	69.176	台山台城镇板岗乡	现为板岗老人活动中心
25	宁城站	72.208	台山台城镇	现为美丽华酒店
26	东门站	73.388	台山台城镇东门墟	
27	大亨站	76.143	台山台城镇大亨乡	今改建为大亨供销社
28	松朗站	78.241	台山四九镇松萠乡	今改建为松萠市场
29	五十站	80.384	台山四九镇五十墟乐平村	
30	下坪站	82.779	台山四九镇下坪乡	今改建为下坪礼堂

① 铁道部秘书厅．铁道年鉴：第二卷［M］．上海：汉文正楷印书局，1935：1663－1664.

（续上表）

序号	站名	公里数	所在地	备注
31	四九站	84.548	台山四九镇四九墟	现为四九镇经济发展总公司
32	大塘站	88.3	台山四九镇大塘墟	今改建为大塘市场
33	红岭站	93.815	台山冲蒌镇红岭工业区	今改建为红岭变电站
34	冲蒌站	96.428	台山冲蒌镇冲蒌墟	今改建为冲蒌中心粮库
35	六村站	101.006	台山斗山镇六村沙坦市	今改建为太和医院
36	斗山站	103.608	台山斗山镇蟹岗埠	今改建为斗山公园

注：都会站在当时为新宁铁路有轨汽车站。

表2－3 新宁铁路支线里程

序号	站名	公里数	所在地	备注
1	宁城站	0	台山台城镇	
2	筋坑站	4.006	台山台城镇筋坑	
3	水南站	7.177	台山台城镇水南墟	
4	官步站	10.468	台山台城镇泡步乡官步里	
5	三合站	13.186	台山三合镇三合墟	
6	黎洞站	15.976	台山三合镇黎洞墟	
7	上马石站	19.151	台山白沙镇马石	现为陈坑水库
8	东心坑站	21.904	台山白沙镇朗北乡东心坑	
9	长江站	23.77	台山白沙镇长江墟	
10	田坑站	26.347	台山白沙镇龚边乡田坑	
11	白沙站	28.496	台山白沙镇白沙墟	

新宁铁路后期的重要建设项目是宁城站和北街站的改建以及公益铁桥的修筑。

1926年，整理新宁铁路委员会接管新宁铁路，为体现新的面貌，1927年分别将北街站以及宁城站改建为砖石混凝土建筑。

图 2－23　1929 年，北街站售票处

图 2－24　1929 年，北街站候车室

图 2－25　20 世纪 20 年代，宁城站全貌

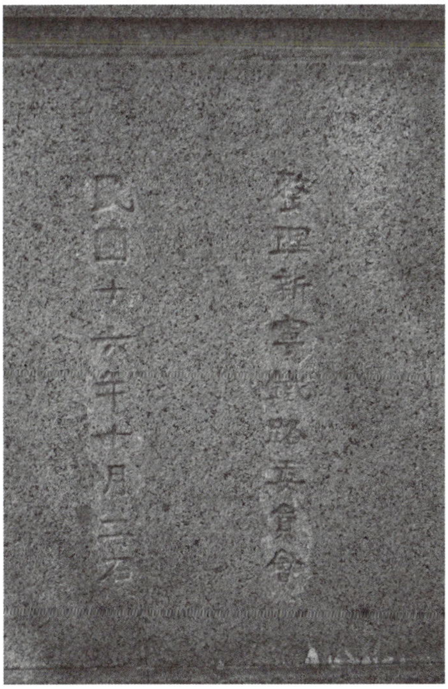

图 2－26　北街站旧址落成碑刻

图 2－27　当年新宁铁路的宁城站现为台山繁华地带台山商贸城，1984 年在此重立陈宜禧铜像

图 2－28　20 世纪 20 年代，宁城站售票处

图 2－29　20 世纪 20 年代，宁城站候车室

图 2－30　1933 年宁城站旁陈宜禧雕像

图 2－31　建设中的公益铁桥，原计划将来落成后，火车可直接渡江

1929 年 11 月，该线路重新改为商办后，新宁铁路公司决定修建公益铁桥，并计划修筑公益到司前的直行线路，不必再绕行牛湾轮渡过江。陈宜禧积极制订改线与建牛湾火车铁桥计划，线路改为在公益站出站，在潭江上修建铁桥，铁桥由公益架向对岸的单水口，命名为公益铁桥，全长 432.2 米。过桥后，线路经水口东面的沙堤村、罗村、梧村与原线的大王市站相连接。更改后的线路缩短为 3 公里。由于经济和技术上的欠缺，陈宜禧决定由负责建造过广州海珠桥的美国马克敦公司进行设计和施工，工料费用为 104.5 万元，工期 2 年。1931 年 6 月 28 日正式动工，至 1933 年，桥墩工程已大部分完成，并完成了第一和第二号桥墩之间钢梁的架设。后来，由于公款不足，一度停歇。1939 年为便利交通恢复建设。

图 2 - 32　建设中的公益铁桥

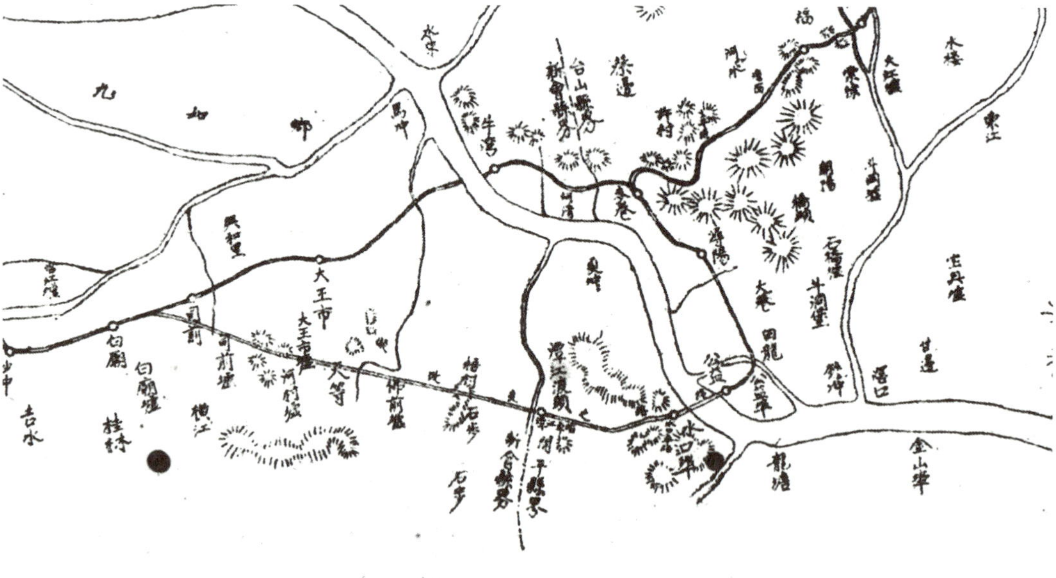

图 2 - 33　拟改良之新宁铁路线路（局部）

第三章　新宁铁路的管理及运营

第一节　新宁铁路的组织结构

新宁铁路从筹办到被拆毁，若从组织结构方面来看，大体可分为三个阶段。

第一阶段为1905—1926年，陈宜禧主持路政时期。宁阳铁路公司（后改称新宁铁路公司）成立，设正副总办、正副督办、会办等职位；1914年，还成立董事局为铁路最高决策机关。依据拟定的公司章程，新宁铁路公司明确对设立的职位进行分工，逐步完善公司的管理制度，初步建立了较为完备的公司组织机构。

新宁铁路从筹办开始，大众就推举陈宜禧为正总办，并兼任工程师、机器师，余灼为副总办。

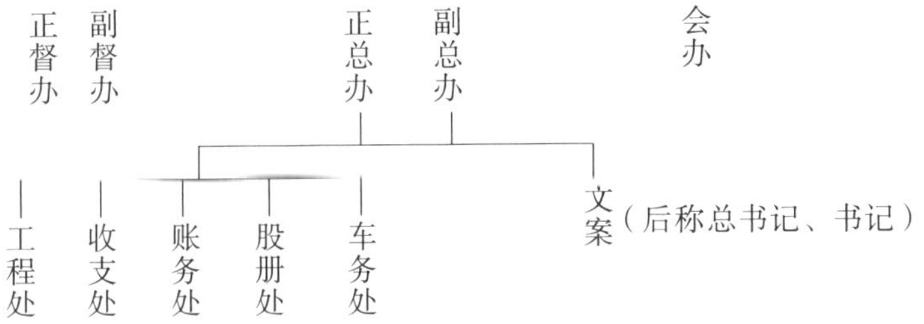

图3－1　新宁铁路股份有限公司组织结构①

图3－2　新宁铁路正总办陈宜禧与同僚在公司总部门口合影

① 铁道部秘书厅．铁道年鉴：第二卷［M］．上海：汉文正楷印书局，1935：1647－1648.

图3－3　温宗尧，台山人，时任新宁铁路公司正督办

图3－4　赵宗坛，台山县斗山区浮石乡人，时任新宁铁路公司会办

正总办主要负责用人、理财；副总办则协助总办操持路政事务；文案的工作是整理文书；工程处、收支处、账务处、股册处、车务处分别负责各自的具体路务。督办分为正督办和副督办，这两个职位名义上主管与清政府交接的事务，实质无实权。会办则负责掌管有关新宁铁路工程的各项情事（见图3－1）。然而，新宁铁路公司作为商办性质的铁路公司，开办了十年之久，董事局仍未成立，直至1914年多位美国华侨董事候选人回国，才组成第一届董事局。

第一届董事局成立后，迅速拟定章程，移交交通部进行备案，由大股东正式选举董事监察，负路务完全责任。但自1908年副总办余灼去世后，陈宜禧一人承担了大部分事务。无论督办、会办还是董事局，基本上形如空壳。例如初期的董事局成员都是台山籍的商人，大部分住在香港，所以实际上根本无暇顾及铁路的管理，仅以第二届董事为例，便可知一二（见表3－1）。

表3－1　新宁铁路第二届董事个人信息①

姓名	籍贯	职业	住地
陈桂堂	台山县	经商	香港
伍于淳	台山县	经商	台山
陈典秀	台山县	经商	台山
李乃藻	台山县	经商	香港
陈孔钦	台山县	经商	香港
陈月亭	台山县	经商	香港
马受之	台山县	经商	香港

从路务方面来看，1927年以前，公司内部一向缺乏系统的组织结构，如旧式商店，仅略分职务而已，所以大部分事务难以处理；加上自1920年以来，兵乱迭起，当时的乘客，每以军政机关公务往来为借口无票乘车。虽有禁令，但也难以避免，以致铁路利益受损，且损失惨重，入不敷出。而运输无力补充、轨枕无法抽换、脱轨坏车之事，也略有所闻。

管理及行政的职员与工人的比例约是1∶5，工人的总数最大，这种分配结构对于当时的机构及其社会背景来说有其必然性。军警的人数占全路总员工数的比重较大，则是匪患和地方军阀压榨等各种社会原因造成的，与当时负责管理的办路指导思想以及管理方式关系不大（见表3－2）。

① 交通、铁道部交通史编纂委员会．交通史路政编：第16册［M］．南京：中华民国交通部，1937：394.

表 3－2 铁路公司工作人数①

类别	人数
职员	160
工人	792
军警	428
总数	1 380

第二阶段从 1926 年至 1929 年 1 月，是整理新宁铁路委员会管理时期。1927 年 2 月，广东省建设厅厅长孙科派出陈延炆、钟启祥、刘鞠可三位委员驻路整理，其中陈延炆是经理委员，钟启祥是工程委员，刘鞠可是工程委员，会同本公司第五届董事会所派选之陈励如、马广昌董事组织整理新宁铁路委员会，随后陈宜禧总经理将路务交由其整理。

整理结束后，至 1928 年 10 月，整理新宁铁路委员会召开股东大会，新宁铁路公司依据新修订的《新宁铁路股份有限公司章程》和《新宁铁路公司经理处编制专章》建立管理机构，重新成立董事会，呈奉建设厅核准备案。同年 11 月 22 日，遵章选出第六届董事、监察人，董事会决定聘请陈荣贵、马醴馨为正副总经理。

按照新修订的章程，全路用人、行政、营业均由总经理执行，副经理协助。路政事务分为五课执掌，统一由总经理管辖。路政事务蒸蒸日上，逐渐有起色，车利收入，每年都有增长，机车车辆的增置物，路线的改良，公益铁桥的建筑，都在进行，若全部计划得以完成，则客货运输，将畅行无阻。

1929 年 1 月，整理新宁铁路委员会被撤销，该铁路重新归为商办。

第三阶段为 1929 年至 1939 年。新的管理机构已初步具备了近代化企业的管理系统。1929 年 10 月，董事会改聘陈耀平、马周仁为正副总经理。

1930 年，为了改进与健全管理机构，完善经营管理办法，新宁铁路公司开始采取一些措施，编订行政组织系统，明确各部门、单位之职责权限。并设立路务委员会、购料委员会，以协商全路事务，采购全路所需的材料与设备。②

经理两大职位，分管购料和路务，下面设有一秘书，另外设有总务课、公务课、车务课、机务课和会计课这五大组织系统，除公务课是以总工程师兼主任外，其余各设主任一人，主持课内一切事务。其若干职员均由总经理和副经理委任之（见图 3－8）。

1933 年，为与国营铁路公局编制统一，特由股东大会决议修订章程。将原有各课改称为处，各课主任改为处长，为了节省经费，总务处处长由秘书兼任，公务处处长由总工程师兼任，机务处处长由机器厂长兼任。

---

① 商办广东新宁铁路实业估值统计册，1918.

② 铁道部秘书厅．铁道年鉴：第二卷［M］．上海：汉文正楷印书局，1935：1599－1660.

图 3－5　陈延炆，时任新宁铁路经理委员

图 3－6　陈耀平，台山人，1929 年被选为新宁铁路总经理

图 3－7　陈利川，台山人，1934 年被选为新宁铁路董事会主席

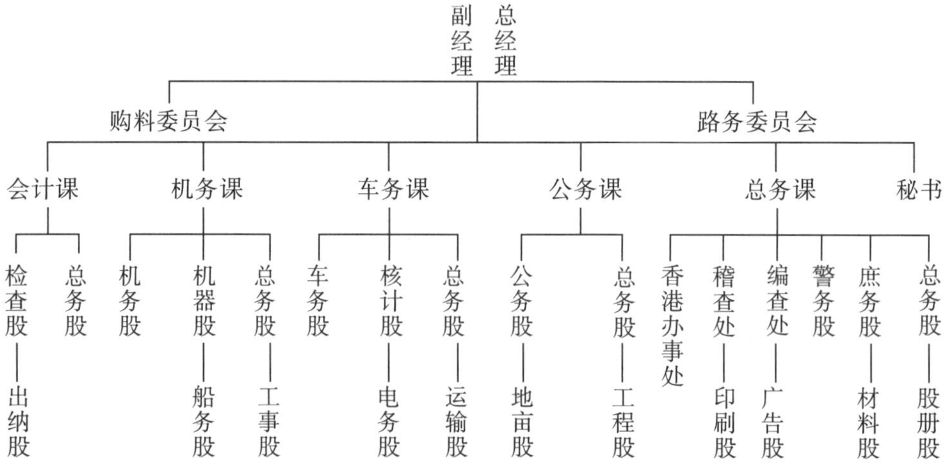

图 3－8　新宁铁路股份有限公司组织结构①

① 铁道部秘书厅．铁道年鉴：第二卷［M］．上海：汉文正楷印书局，1935：1660－1661.

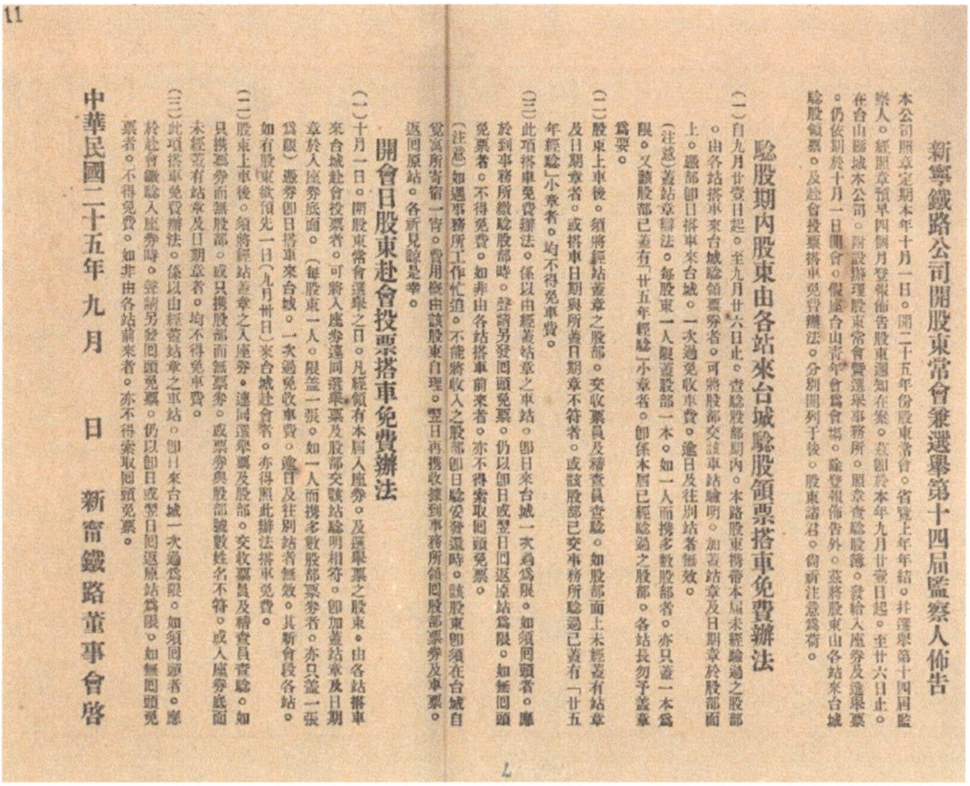
11

新寧鐵路公司開股東常會兼選舉第十四屆監察人佈告

本公司照章定期本年十月一日。開二十五年份股東常會。省覽上年年結。并選舉第十四屆監察人。經照章預早四個月登報佈告股東週知在案。茲訂於本年九月廿壹日起。至廿六日止。在台山縣城本公司。附設指理股東常會暨選舉事務所。照章查驗股簿。發給入座券及選舉票。仍依期於十月一日開會。假座台山青年會爲會場。除登報佈告外。茲將股東由各站來台城驗股領票。及赴會投票搭車免費辦法。分別開列于後。股東諸君。尙祈注意爲荷。

驗股期內股東由各站來台城驗股領票搭車免費辦法

(一)自九月廿壹日起。至九月廿六日止。查驗股部期內。本路股東携帶本屆未經驗過之股部。由各站搭車來台城驗領票券者。可將股部交該車站驗明。加蓋站章及日期章於股部面上。該部即日搭車來台城。一次過免收車費。逾日及往別站者無效。

(注意)蓋站章辦法。每股東一人限蓋股部一本。如一人而携多數股部者。亦只蓋一本爲限。又該股部已蓋有「廿五年經驗」小章者。即係本屆已經驗過之股部。各站長勿予蓋章爲要。

(二)股東上車後。須將經站蓋章之股部。交收票員及稽查員查驗。如股部面上未經蓋有站章及日期章者。或搭車日期與所蓋日期章不符者。或該股部已交事務所驗過已蓋有「廿五年經驗」小章者。均不得免車費。

(三)此項搭車免費辦法。係以由經蓋站章之車站。即日來台城一次爲限。如須回頭者。應於到事務所繳驗股部時。聲請另發回頭免票。仍以即日或翌日回返原站爲限。如無回頭免票者。不得免費。如非由各站搭車前來者。亦不得索取回頭免票。

(注意)如選事務所工作忙迫。不能將收入之股部即日驗妥發還時。該股東即須在台城自覓寓所寄宿一宵。費用概由該股東自理。翌日再携收據到事務所領回股部票券及車票。返回原站。各祈見諒是幸。

開會日股東赴會投票搭車免費辦法

(一)十月一日。開股東常會選舉之日。凡經領有本屆入座券。及選舉票之股東。由各站搭車來台城赴會投票者。可將入座券連同選舉票及股部交該站驗明相符。即加蓋站章及日期章於入座券底面。(每股東一人。限蓋一張。如一人而携多數股部票券者。亦只蓋一張爲限)憑券即日搭車來台城。一次過免收車費。逾日及往別站者無效。其新會段各站。如有股東欲預先一日(九月卅日)來台城赴會者。亦得照此辦法搭車免費。

(二)股東上車後。須將經站蓋章之入座券。連同選舉票及股部。交收票員及稽查員查驗。如只携票券而無股部。或只携股部而無票券。或票券與股部號數姓名不符。或入座券底面未經蓋有站章及日期章者。均不得免車費。

(三)此項搭車免費辦法。係以由經蓋站章之車站。即日來台城一次過爲限。如須回頭者。應於赴會繳驗入座券時。聲請另發回頭免票。仍以即日或翌日回返原站爲限。如無回頭免票者。不得免費。如非由各站前來者。亦不得索取回頭免票。

中華民國二十五年 九月 日 新寧鐵路董事會啓

图 3－9　1936 年，新宁铁路董事会关于召开股东常会的相关公告

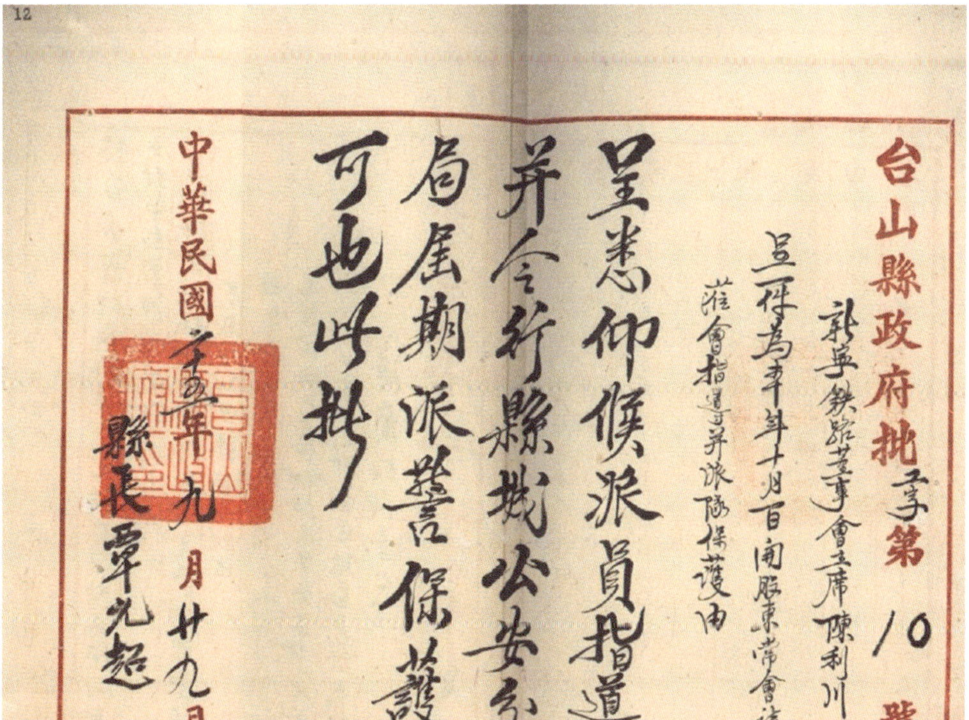
12

台山縣政府批 字第 10 號

新寧鐵路董事會主席陳利川

呈為本年十月一日開股東常會請莅會指導并派隊保護由

呈悉。仰候派員指導，并令行縣屬公安分局屆期派警保護可也。此批。

中華民國二十五年九月廿九日

縣長 覃光超

图 3－10　1936 年，台山县长派员指导新宁铁路股东大会并派警力保护的批文

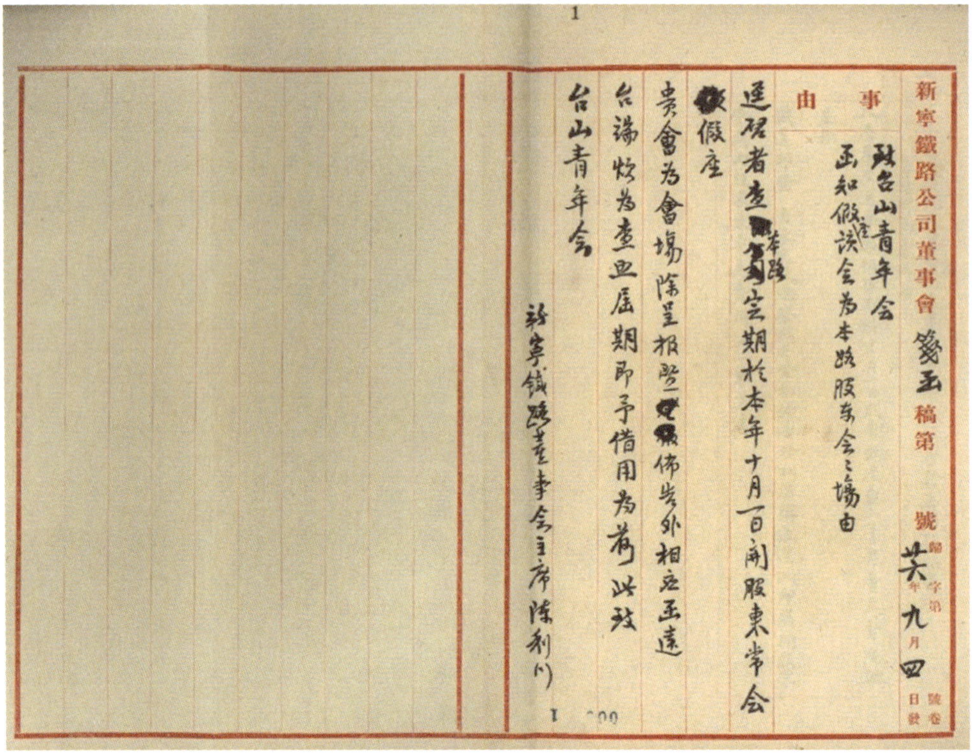

新寧鐵路公司董事會 發函稿第 號 廿六年九月四日發

事由：致台山青年会 函知假談会為本路股东会之場由

逕啟者查本路定期於本年十月一日開股東常会假座
貴會為會場除呈報鐵道部外相應函達
台端煩為查照屆期即予借用為荷此致
台山青年会
新寧鐵路董事会主席陳利川

图 3－11　1937 年，新宁铁路董事会借台山青年会场地召开股东常会的函

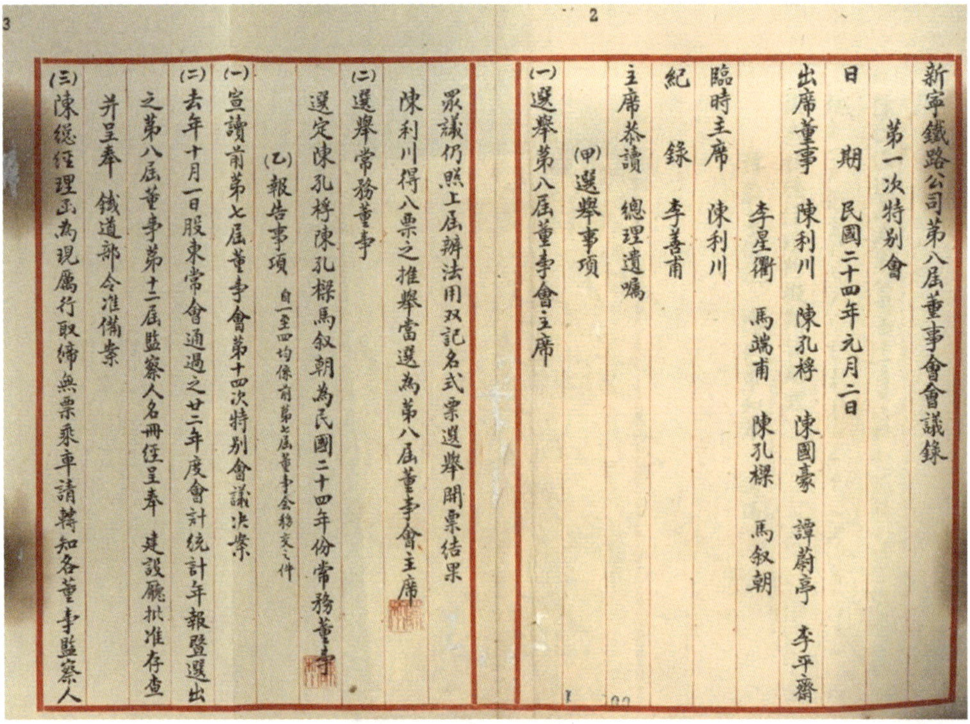

新寧鐵路公司第八屆董事會會議錄

第一次特別會

日期　民國二十四年九月二日

出席董事　陳利川　陳孔桴　陳國豪　譚蔚亭　李平齋　李星衢　馬端甫　陳孔樑　馬叙朝

臨時主席　陳利川

紀錄　李善甫

主席恭讀　總理遺囑

(甲)選舉事項

(一)選舉第八屆董事會主席

眾議仍照上屆辦法用双記名式票選舉開票結果

陳利川得八票之推舉當選為第八屆董事會主席

(二)選舉常務董事

選定陳孔桴陳孔樑馬叙朝為民國二十四年份常務董事

(乙)報告事項　自一至四均係前第七屆董事会移交之件

(一)宣讀前第七屆董事會第十四次特別會議決案

(二)去年十月一日股東常會通過之廿三年度會計統計年報暨選出之第八屆董事第十二屆監察人名冊經呈奉

鐵道部令准備案

并呈奉　建設廳批准存查

(三)陳總經理函為現屬行取締無票乘車請轉知各董事監察人

图 3－12　新宁铁路公司第八届董事会会议录

新宁铁路新的管理机构已经初步具备了现代化企业的管理系统，各个部门的职责分工较为明确。新成立的管理机构削减了总经理的职责权限，这不仅有利于调动各个部门的工作积极性和主动性，而且防止了一人独断进行决策的可能。但新宁铁路是以海外华侨华人为主要投资者建设而成的铁路，我们不能否认海外华侨华人对新宁铁路的资本支持。在陈宜禧主持路政的阶段里，他与海外华人社会密切联系，为了争取海外华人的支持，他充分考虑了他们的意见和利益。

依照陈宜禧的初期设想，新宁铁路的管理层人员需要具备一定的铁路专业知识和相应的管理能力，因此新宁铁路公司有目的、有计划地派人出外留学，待其留学归来即可负责新宁铁路的管理工作，同时大力吸纳在外国工作的优秀华裔回来建设家乡。但到了20世纪30年代后期，新宁铁路主要由本地的绅商负责管理，他们已不属于海外华侨投资的代表行列。从新宁铁路的管理机构变化，我们可以看出新宁铁路从一条由海外华侨投资创办经营的铁路逐渐变为由本地绅商经营管理的铁路的变化历程。

图3－13　谭蔚亭，台山人，1946年被选为新宁铁路董事会主席

第二节　新宁铁路的规章制度

新宁铁路公司成立以来，制定了关于新宁铁路运营的一些规章制度，以便于管理，例如票务制度和货运办法规则等，规定非常详细。从其铁路政策也能一窥当时的社会状况和国家政策，这些规章制度为我们研究民国时期台山的社会状况提供了实物依据。

1928年5月10日起实行的由宁城站开往各站票价（见下编“1928年新宁铁路行车时刻并里数票价表”）：三等票票价最低为一毫半，二等票票价最低为二毫半，头等票票价最低为四毫。站与站之间根据车票等级来增加票价，三等票每经过一站增加一毫，二等票增加一毫半，头等票增加二毫。三等票最高为一元，二等票最高为一元六毫，头等票最高为二元二毫。票价在当时台山的经济发展水平中，处于物价的中等水平，但头等票的定价与三等票相比贵了许多，并不是普通百姓能够负担得起的，应该是针对当时的上层社会制定的。

新宁铁路公司的乘车规章制度中附有注意事项：“一、凡五岁以下幼童乘车免收车费，五岁以上十二岁以下头等和二等票一律收半价，三等票照收全价；二、搭客免费行李，头等票每人限带一百磅，二等票六十磅，三等票三十磅，超过限定重量一律收费，一百磅收费最少以五百元起计；三、搭客携带银毫每人限带三百元，超过额定数每千元照二等票价；四、搭客携带超过额定的行李银毫，须先在车站买票，如在车上补票应照原价加五；五、本路客车因过海驳船阻碍，常将挂尾一二客卡解放牛湾，南北搭客如携带多数行李，宜乘坐前头车卡以免过船转车上落不便；六、西南支路客车均在宁城车站与干线路上下行客车接驳，但停车时间极短，搭客宜在起程时买直达车票以便到宁城站时过对面月台转车以免赶车不及；七、本时刻表定期五月一日实行，以前发出之时刻概行作废。”铁路公司针对乘客在乘车时发生的各种特殊情况，都一一做了详解。从注意事项中可看出新宁铁路公司从乘客的角度来制定规章，具有一定合理性。

新宁铁路乘车免费及半价条例："第一条、本条例凡军队及政府各机关职员乘车适用之。第二条、驻防本路军队及本路经过所在地之县兵，穿着军服，并有长官公事证明因公附乘者，准予免票。第三条、政府各机关职员，因公附乘者，须具备该机关长官公文，准购半价车票，并须佩戴勋章，以便检查。第四条、凡军队及各机关职员，不依前条手续，或为冒乘车者，准管车人组织乘车，或责令购票。"① 从免费及半价条例可知，铁路公司对军队和政府机关人员都给予了特殊待遇，这也许是与当时的国家政策紧密相关，这一条例从侧面反映了当时国家形势的政治特点。

新宁铁路的货运制度里明确了装货规则："一、附货须声明为何物、件数、重数和价值，如有不实按照条例处五倍罚款。二、散货到站限六点钟起清，过期每脚一元每日加收银二毫正。三、牲口鱼鲜时果车到须即日起清，如有腐烂，与本公司无涉。四、各客起货携此纸笔交到站长，方能取去，如有私取作为窃盗，一经查获值一元罚五元。五、凡以玻璃瓦器装载之物，如有破烂，本公司不负赔偿，先此声明。六、附寄货物如有遗失限七天内携纸笔到车务处报告，倘若逾期不报所携纸笔概属无效。七、所有违禁货物概不载运。"② 据此可以看出公司对货物严格把关，非常重视安全问题。

1936 年 6 月，新宁铁路公司开股东常会兼选举第十四届监察人。验股期内股东由各站来台城验股领票，赴会投票搭车免费办法：凡经领有本届入座券，可将入座券连同选举票及股簿交该站验明相符。即加盖站章及日期章于入座券底面（每股东一人，限盖一张，如一人而携多数股部票券者，亦只盖一张为限）。即日搭车来台城，一次过免收车费，逾日及往别站者无效。从此布告可看出新宁铁路公司制定的规则合情合理，股东作为新宁铁路的投资者，应有免费乘坐的权利，但须在符合要求的范围之内免费乘坐。

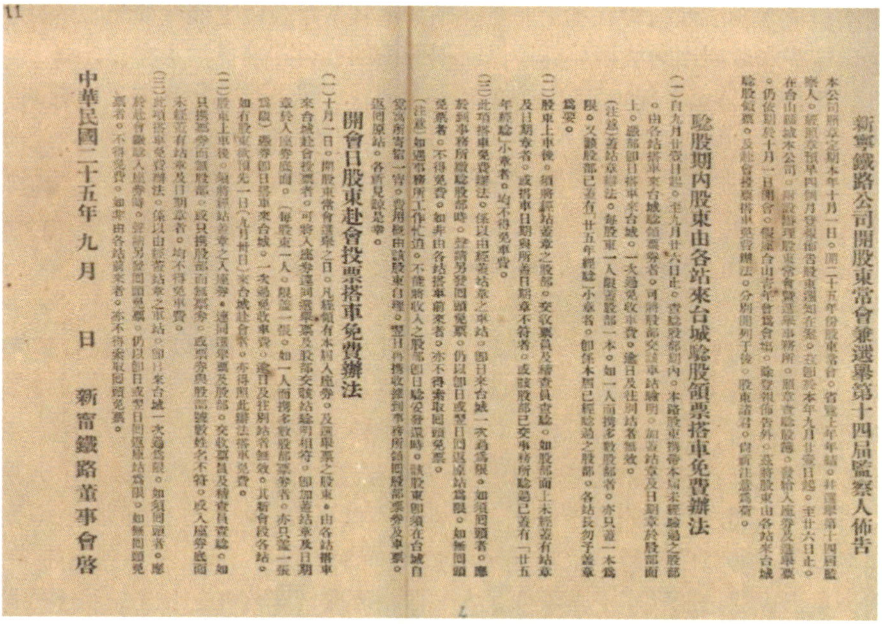
新寧鐵路公司開股東常會兼選舉第十四屆監察人佈告

本公司所章定期本年十月一日。開二十五年份股東常會。審覽上年年結。并選舉第十四屆監察人。經照章預早四個月登報佈告股東週知在案。茲訂於本年九月廿壹日起。至廿六日止。在台山縣城本公司。附設辦理股東常會暨選舉事務所。照章查驗股簿。發給入座券及選舉票。仍依期於十月一日開會。假座台山吉午會爲會場。除登報佈告外。茲將股東由各站來台城驗股領票。及赴會投票搭車免費辦法。分別開列于後。股東諸君。倘希注意爲荷。

驗股期內股東由各站來台城驗股領票搭車免費辦法

(一)自九月廿壹日起。至九月廿六日止。查驗股部期內。本路股東携帶本屆未經驗過之股部。由各站搭車來台城驗領票券者。可將股部交該車站驗明。加蓋站章及日期章於股部面上。該部即日搭車來台城。一次過免收車費。逾日及往別站者無效。

(注意)蓋站章辦法。每股東一人限蓋股部一本。如一人而携多數股部者。亦只蓋一本爲限。又該股部已蓋有「廿五年經驗」小章者。即係本屆已經驗過之股部。各站長勿予蓋章爲要。

(二)股東上車後。須將經站蓋章之股部。交收票員及稽查員查驗。如股部面上未經蓋有站章及日期章者。或搭車日期與所蓋日期章不符者。或該股部已交事務所驗過已蓋有「廿五年經驗」小章者。均不得免車費。

(三)此項搭車免費辦法。係以由經蓋站章之車站。即日來台城一次爲限。如須回頭者。應於到事務所驗股部時。聲請另發回頭免票。仍以即日或翌日回返原站爲限。如無回頭免票者。不得免費。如非由各站搭車前來者。亦不得索取回頭免票。

(注意)如遇事務所工作忙迫。不能將收入之股部即日驗妥發還時。該股東即須在台城自覓寓所寄宿一宵。費用概由該股東自理。翌日再携收據到事務所領回股部票券及車票。返回原站。各宜見諒是幸。

開會日股東赴會投票搭車免費辦法

(一)十月一日。開股東常會選舉之日。凡經領有本屆入座券。及選舉票之股東。由各站搭車來台城赴會投票者。可將入座券連同選舉票及股部交該站驗明相符。即加蓋站章及日期章於入座券底面。(每股東一人。限蓋一張。如一人而携多數股部票券者。亦只蓋一張爲限)。憑券即日搭車來台城。一次過免收車費。逾日及往別站者無效。其新會段各站。如有股東欲預先一日(九月卅日)來台城赴會者。亦得照此辦法搭車免費。

(二)股東上車後。須將經站蓋章之入座券。連同選舉票及股部。交收票員及稽查員查驗。如只携票券而無股部。或只携股部而無票券。或票券與股部號數姓名不符。或入座券底面未經蓋有站章及日期章者。均不得免車費。

(三)此項搭車免費辦法。係以由經蓋站章之車站。即日來台城一次爲限。如須回頭者。應於赴會繳驗入座券時。聲請另發回頭免票。仍以即日或翌日回返原站爲限。如無回頭免票者。不得免費。如非由各站搭車來者。亦不得索取回頭免票。

中華民國二十五年九月 日 新寧鐵路董事會啓

图 3－14　1936 年新宁铁路公司开股东常会兼选举第十四届监察人布告

---

① 广东省政府特刊·法规·第二号.

② 资料来源：台山市档案馆提供。

新宁铁路公司的票务规则中有一特殊的票价，即“1922年周江的新宁铁路各乡巡城马搭车半价票”（详见下编中的图片）。在这张半价票中的“规例”第五条写道：“解除巡城马职业时应将票缴销。”晚清时期，五邑地区将专门为海外华侨带送银信谋生的特殊人群称为“巡城马”，也就是俗称的“水客”，他们常穿梭于香港、广州与五邑之间。“银信”是海外五邑华侨寄回国内家眷亲友的侨汇（银）和书信（信）结合体的简称。移民初期，华侨们想往家里寄送钱银物品只能回家时亲自携带，但大多数人几年甚至几十年才能回一趟家。随着寄送银信需求的增大，逐渐形成“巡城马”这种通过收取手续费，专门为华侨递送银信，陪送华侨出国或归国为职业的人群，后来发展为承揽银信业务的专门机构。“巡城马”经常挑着箩筐、背着布袋，他们走街串巷，把华侨托付的钱物送给他们的家人，同时也会带回家人寄给华侨的信件和衣物。为了招揽侨汇业务，这些百年前的“快递员”会利用各种手段进行宣传，如在报纸上刊登广告、印制名片发放等。“巡城马”兼有陪伴照料华侨回乡和出国的职能，因此新宁铁路专门给其半价优惠，以吸引铁路客源。新宁铁路专门对“巡城马”这一特殊职业群体进行关照，在巡城马半价票上注明担保店铺名称，以及该票的使用规例。

新宁铁路公司职员乘车凭证规则：“一、此证只许本人佩用，不得辗转假借及携带别人；二、持证乘车应按本人任职分等乘车并谨守秩序；三、乘车人须受车上收票员稽查员检查不得抗拒；四、此证编号盖印粘在相片如有不一具，即归无效；五、遗失或损毁凭证应报明注销听候查明补发。”通过此乘车凭证规则，可看出铁路公司对人员管理有严格要求。

当时新宁铁路公司对铁路运输的查票、补票、退票、行李运输、半价票、装货和乘客须知的实行细则都进行了明确的规定（详见下编中的图片）。由此可见，民国时期新宁铁路的铁路运输规定非常详细，不仅票价相对较低，而且发行了不同的优惠票，非常人性化，对现今铁路规章制度的制定具有参考价值。并且，新宁铁路对外公布有详细的行车时刻表、行车时刻并里数票价表、客票价目表等，对各路段的不同票价作了具体规定，体现了票价管理的科学性和系统性。铁路的规章制度能够在一定程度上反映当时国家的社会经济状况和铁路政策，本书通过探讨铁路的相关乘车票据，为研究者深入研究台山地区当时的社会状况提供了有力的证据。

第三节　新宁铁路的运营收支

1909年，新宁铁路开始客货运营，随着线路的增建，收入逐渐增加，从1922年至1925年，铁路每年营收保持在120万元左右。

新宁铁路运营时期，随着业务的发展，铁路公司积累了一定的资产。到20世纪30年代，新宁铁路的机车、电话、工厂、田亩等资产数量达到顶峰。

表3－3　机车数量统计表（20世纪30年代）

机车种类	原有机车（辆）	现能使用机车（辆）	价值（元）
德国机车	4	3	60 000
美国机车	16	15	325 000

表 3－4 客车数量统计表（20 世纪 30 年代）

客车种类	原有客车（辆）	现能使用客车（辆）	新置客车（辆）	价值（元）
头等客车	8	6	2	78 000
二等客车	7	7	2	76 000
三等客车	27	21	5	160 000

表 3－5 货车数量统计表（20 世纪 30 年代）

货车种类	原有货车（辆）	现能使用货车（辆）	每辆价值（元）
篷车	42	39	7 800
木平车	48	43	3 000
铁篷车	25	21	5 000

新宁铁路的机车，主要是 1908—1910 年从德国进口的 Henschell（亨舍尔）型蒸汽机车，以及 1907 年从美国进口的 Baldwin（鲍德温）型蒸汽机车。1926 年，新宁铁路公司开始自行研制小机车。

此外，随着线路的扩展，用于通信、对接、机务段事务的各类通信设备配置较为齐全。

图 3－15 新宁铁路员工与机车合影

图 3－16　Baldwin 型蒸汽机车

图 3－17　Henschell 型蒸汽机车

表 3－6　线路分布

段名	起止站名
新会段	北街—牛湾
宁公段	宁城—公益
宁斗段	宁城—斗山
宁白段	宁城—白沙

表 3－7　通信设备数量统计表

种类	数量	价值（元）
交换机	3（25 门、16 门、50 门交换机各一）	1 820
电话机	109（座台式 12 具，挂壁式 85 具，军用皮箱式 12 具）	9 200
线路类		45 919
其他		2 970

为配合新宁铁路的运营，公司开办了机器厂等。位于公益埠的公益机器厂是新宁铁路唯一的修理机车、车辆的工厂，占地 10 公亩，分为机器、造车、蒸木三个工场，拥有大型机床、车床十几台。在当时，公益机器厂技术力量相当雄厚，200 多名工人中有许多是从海外归国的华侨技师。工厂不但可以维修火车头和各种车辆，还在 1926 年装配过两台小火车头，不仅是五邑地区实力雄厚的技术工厂，在当时的广东省内也十分罕见，可见公益埠在新宁铁路中地位十分重要，是新宁铁路的枢纽所在。

表 3－8　机器厂状况

地点	占地（公亩）	厂房（间）	面积（公亩）	机器动力
公益埠	10	1	20	车床

表 3－9　造车厂设备数量统计

车床种类	数量（台）	价值（元）
摆床	1	12 000
插床	2	1 台 600
		1 台 800
钻床	3	1 台 800
		1 台 2 000
		1 台 600
刨床	4	2 台 2 000
		2 台 1 200
大号车床	2	13 000
二号车床	2	4 000
三号车床	2	2 400

表 3－10　蒸木厂设备数量统计

种类	数量（台）	价值（元）
锯木床	1	600
刨木床	2	3 000

由于新宁铁路的修建，全线地价均有所上升，主要地亩数量及价格变化如表 3－11 所示。

表 3－11　地亩数量、价格统计

类别	数量（亩）	原价总额（元）	现价总额（元）	备注（元）
禾田	30 200	6 040 000	9 060 000	原价每亩 200
				现价每亩 300

（续上表）

类别	数量（亩）	原价总额（元）	现价总额（元）	备注（元）
桑田	150	45 000	60 000	原价每亩 300
				现价每亩 400
水担	30	6 000	9 000	原价每亩 200
				现价每亩 300
山担	200	2 000	4 000	原价每亩 10
				现价每亩 20
池塘	20	6 000	8 000	原价每亩 300
				现价每亩 400
其他	54	5 400	10 800	原价每亩 100
				现价每亩 200
共计	30 654	6 104 400	9 151 800	

说明：新宁铁路全线地价各地彼此不同，或前后各异，现取平均值。

新宁铁路是逐段通车运营的，1909 年 4 月 20 日公益至斗山路段正式通车，主要经营客运与货运业务，以旅客运输为主，货物运输量不大，1909 年客运、货运总收入 31 万元左右，至 1911 年，营业收入增加到 35 万元左右。1913 年 5 月公益到北街路段通车，客货运输量大增，1914 年全年的总营业收入显著增长，至 1919 年，营业收入达到 108 万元。这段时间铁路收入的增长主要与路线的延长有关。1920 年 5 月 21 日公益至白沙路段通车，但是，公司原来预计会再次大幅度增长的情况没有出现，只是略微增长。从 1922 年开始到 1925 年，年均营业收入稳定在 120 万元左右。

表 3－12　1909 年新宁铁路营业收入①

单位：元

客运	货运	其他	总计
206 944. 04	78 291. 34	27 585. 4	312 820. 78

表 3－13　1911 年新宁铁路营业收入②

月份	金额（元）
一	26 983
二	30 997
三	28 808
四	20 513

① 邮传部第三次路政统计表（宣统元年）：智字第一百一十号宣统三年九月初四日［邮传部档案・路政・案卷・40（宣统元年路政下）］.

② 商办广东新宁铁路公司辛亥年总结册.

（续上表）

月份	金额（元）
五	20 847
六	27 777
七	18 852
八	27 236
九	27 091
十	25 882
十一	34 759
十二	45 693
共计	333 438

表 3－14 1911—1926 年新宁铁路营业收入（客货车脚银）统计①

年份	金额（元）
1911	355 218
1914	732 995
1915	836 960
1916	1 051 078
1917	830 000
1918	730 000
1919	1 080 000
1921	1 148 135
1922	1 268 579
1923	1 205 029
1924	1 223 754
1925	1 203 108
1926	1 021 250

新宁铁路以火车和有轨汽车两种方式运营，新宁铁路的干线和支线每日开行列车 11 对，每日开出长途列车 8 次，短途列车 4 次，每次列车挂 8 节车厢，其中客车 7 辆、货车 1 辆，为客车与货车混合列车，每年的客运收入都比货运收入高；客车座位分为头等、二等、三等，全路每年运送旅客为 300 多万人次，货物 10 万吨左右。

① 资料来源：新宁铁路总务课：《新宁铁路整理之经过》，台山：新宁铁路印务局，1928 年，第 120－122 页；表 3－13 与表 3－14 中 1911 年营业收入数额的差异来自不同的收入统计口径。

图 3－18 行走于西南支线的有轨汽车

图 3－19 会城至北街的轻便列车

虽然公司经营初期以经营客运为主，由于客运量少、运营和管理成本高等，导致铁路公司经营困难，但公司年收入仍达 120 万元左右且略有盈余。根据新宁铁路 1921 年全年全路收支情况，收入有 1 921 618 元，支出是 1 828 969 元，收支相抵后，全年盈余 92 649 元，而 1922 年全年全路收支盈利约 21 万元。

民国初年，军阀混战，广东政局动荡，商业萧条，人民生活贫苦。而铁路运输年收入能"免于亏损，略有盈余"，确实不易。但因客、货运量不大，而且自 1920 年会城至江门公路通车以后，客商改乘汽车，铁路客货运量下降。为方便旅客，自 1927 年 5 月起，会城至江门白天每小时增开有轨汽车一班，并降低票价，单程票一毫，往返票优惠半毫，只需一毫半，但运营不善的情况也没有好转，"车利收入日形见绌"。而"材料、燃料日益腾贵，工价飞涨，一切费用，比前倍增"，[1] 地方军阀的敲诈勒索和本地土匪的抢劫，导致公司财政不断恶化，"入不敷出，债台高筑"，1926 年财政结算，积欠债款已达 140

① 《陈宜禧警告新宁铁路各股东暨各界诸君书》（1927 年 5 月），原件藏广州市博物馆。

万元。①

新宁铁路经营出现困难，有入不敷出之势。原因有多个方面，如管理不严，逃票的人很多，享受免票的人太多，货运又不足，一般每月经营收入只占营业收入的四分之一左右；又如地方摊派借款，名目繁多，驻军调运用车则少给或不给车费等。面临这一困难局面，陈宜禧仍竭力支撑，1922 年甚至把在美国经营 10 年的店铺转让给别人，将款汇回，解决铁路燃眉之急。

1926 年 11 月，广东省建设厅借新宁铁路公司"管理不善，工潮迭起"的名义，派陈延炆等 5 人组成"整理新宁铁路委员会"，接管公司路务。1927 年，陈延炆向江门警备司令部调遣一连军队，对新宁铁路公司进行武力接管，陈宜禧被迫返乡，终日郁郁寡欢，1929 年因病去世。

按照原计划，"整理"的期限原定为半年，后以种种借口拖延至 1929 年 1 月，整理新宁铁路委员会才宣布撤销，新宁铁路复归商办。由于公司新选出的董事局采取了新的管理措施，解雇工作懈怠员工，降低职工薪水等，加上旅客量不断增多，新宁铁路财政状况曾一度好转，每年盈利 30 万元至 40 万元。

据 1932 年统计，新宁铁路全月运输的旅客达 25 万人次。1932 年 6 月至 1933 年 6 月，新宁铁路客运量为 3 039 327 人次，货运量为 128 704 吨。新宁铁路运输业务以客运为主的这种情况，从侧面反映了台山是侨乡社会的现实。当时的台山工农业生产相对落后，全县几乎没有工矿企业，可供外销的农副产品更少，因而没有什么大宗的原料与输出的产品需要铁路承运。但是，台山的海外华人与侨眷很多，经常有大批海外华人、侨眷回乡与出外，他们便成为新宁铁路的乘客。新宁铁路收回商办之后，营业额一度有了好转，从 1929 年至 1932 年，年均盈余 25 万元至 40 万元。

这段时期盈利较多的主要原因，首先是外汇兑换率较高，海外华人回乡较多，尤其是美国归侨，大部分人都会回家乡买房子；其次是新宁铁路为了适应乘客的需要，于 1930 年在台城至公益、会城至北街、西南支路段加开有轨汽车，收入颇为理想。如西南支路，每日来回共 4 次，"收入客脚约为 120 元，而汽油费用只有将近 10 元"②。

表 3－15　1931、1932 年度新宁铁路资金资产统计③

单位：元

类别	1931 年	较上一年增或减	1932 年	较上一年增或减
路线及设备品之总价	7 937 347. 39	+617 555. 63	8 613 350. 01	+676 002. 62
其他有形资产之总价			51 445. 38	+51 445. 38
无形资产之总价	20 232. 76	+2 300	23 412. 76	+3 180
共计	7 957 580. 15	+619 855. 63	8 688 208. 15	+730 628

① 溯源月刊，1926（4）：58.

② 宁路开引电车之利益［J］. 提领月刊，1920（10）：56.

③ 铁道路秘书厅. 铁道年鉴：第二卷［M］. 上海：汉文正楷印书局，1935：1031－1032，1665－1669.

表 3－16 1929—1936 年新宁铁路客货运输收入数额明细①

单位：元

年份	客运收入数额	货运收入数额
1929	1 140 028. 88	404 996. 44
1930	1 351 698. 88	443 016. 45
1931	1 555 995. 19	524 254. 69
1932	1 453 781. 99	479 343. 44
1933	1 259 665. 24	332 882. 45
1934	1 046 428. 62	220 056. 87
1935	805 172. 34	172 044. 05
1936	773 375. 93	175 762. 03

由于新宁铁路利用率低，管理费用高，加之地方军阀巧取豪夺，铁路财政不断恶化，债台高筑。1929 年铁路改组后的几年间，公司年盈利 25 万元至 40 万元，但自 1933 年起，铁路连续 3 年出现亏损，并持续恶化，陷于破产边缘。

表 3－17 1929—1936 年新宁铁路收支比较暨盈亏统计②

单位：元

年份	营业收入总额	营业支出总额	差额	盈或亏
1929	1 601 037. 11	1 274 677. 62	326 359. 49	盈
1930	1 829 254. 67	1 387 006. 78	442 247. 89	盈
1931	2 174 751. 27	1 740 875. 98	433 875. 29	盈
1932	2 109 923. 12	1 846 270. 63	263 652. 49	盈
1933	1 738 076. 10	1 778 027. 27	－39 951. 17	亏
1934	1 378 994. 80	1 445 474. 07	－66 479. 27	亏
1935	1 055 873. 94	1 116 951. 11	－61 077. 17	亏
1936	1 007 006. 42	986 166. 08	20 840. 34	盈

① 资料来源：台山市档案局。
② 资料来源：台山市档案局。

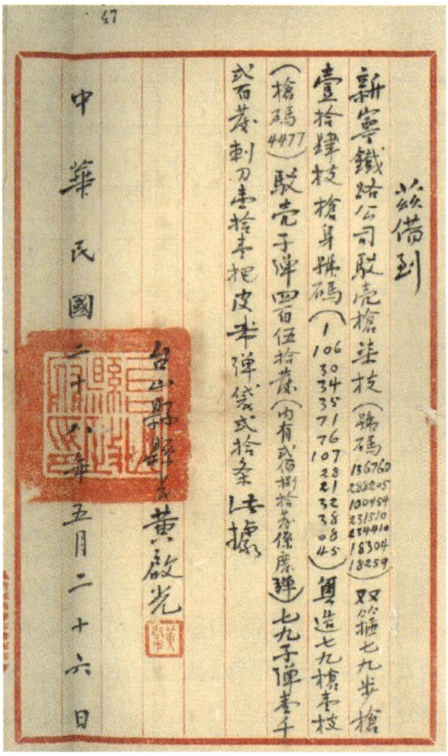

茲借到

新寧鐵路公司駁殼槍柒枝（號碼136760 282205 100454 231510 234410 18304 18259）双公插七九步槍壹拾肆枝槍身號碼（1 106 30 34 35 71 76 107 28 21 32 38 08 45）粵造七九槍壹枝（槍碼4477）駁殼子彈四百伍拾發（內有貳佰捌拾叁發係廢彈）七九子彈壹千貳百發刺刀壹拾叁把皮子彈袋貳拾条此據

台山縣縣長 黃啟光

中華民國二十六年五月二十六日

图 3－20　台山县政府开具给新宁铁路公司的枪械借条

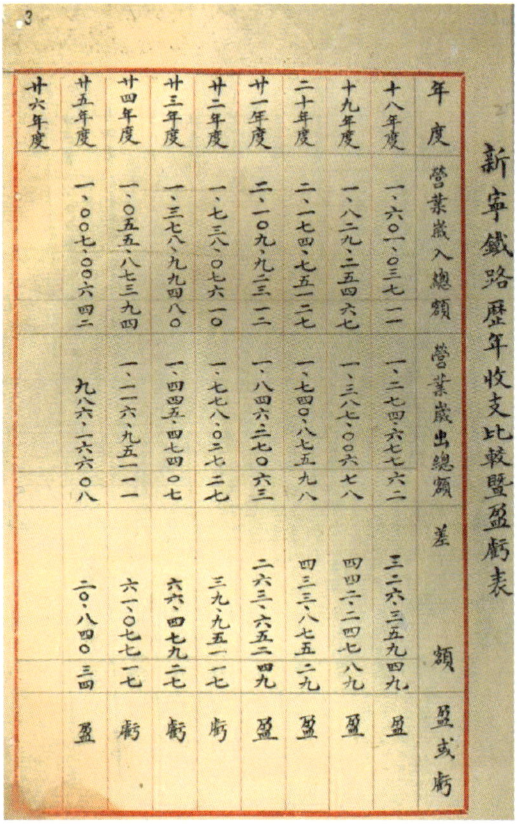

新寧鐵路歷年收支比較暨盈虧表

年度	營業歲入總額	營業歲出總額	差額	盈或虧
十八年度	一、六〇一、〇三七一一	一、二七四、六七七六二	三二六、三五九四九	盈
十九年度	一、八二九、二五四六七	一、三八七、〇〇六七八	四四二、二四七八九	盈
二十年度	二、一七四、七五一二七	一、七四〇、八七五九八	四三三、八七五二九	盈
廿一年度	二、一〇九、九二三一二	一、八四六、二七〇六三	二六三、六五二四九	盈
廿二年度	一、七三八、〇七六一〇	一、七七八、〇二七二七	三九、九五一一七	虧
廿三年度	一、三七八、九九四八〇	一、四四五、四七四〇七	六六、四七九二七	虧
廿四年度	一、〇五五、八七三九四	一、一一六、九五一一一	六一、〇七七一七	虧
廿五年度	一、〇〇七、〇〇六四二	九八六、一六六〇八	二〇、八四〇三四	盈
廿六年度				

图 3－21　1929—1936 年，新宁铁路收支盈亏情况

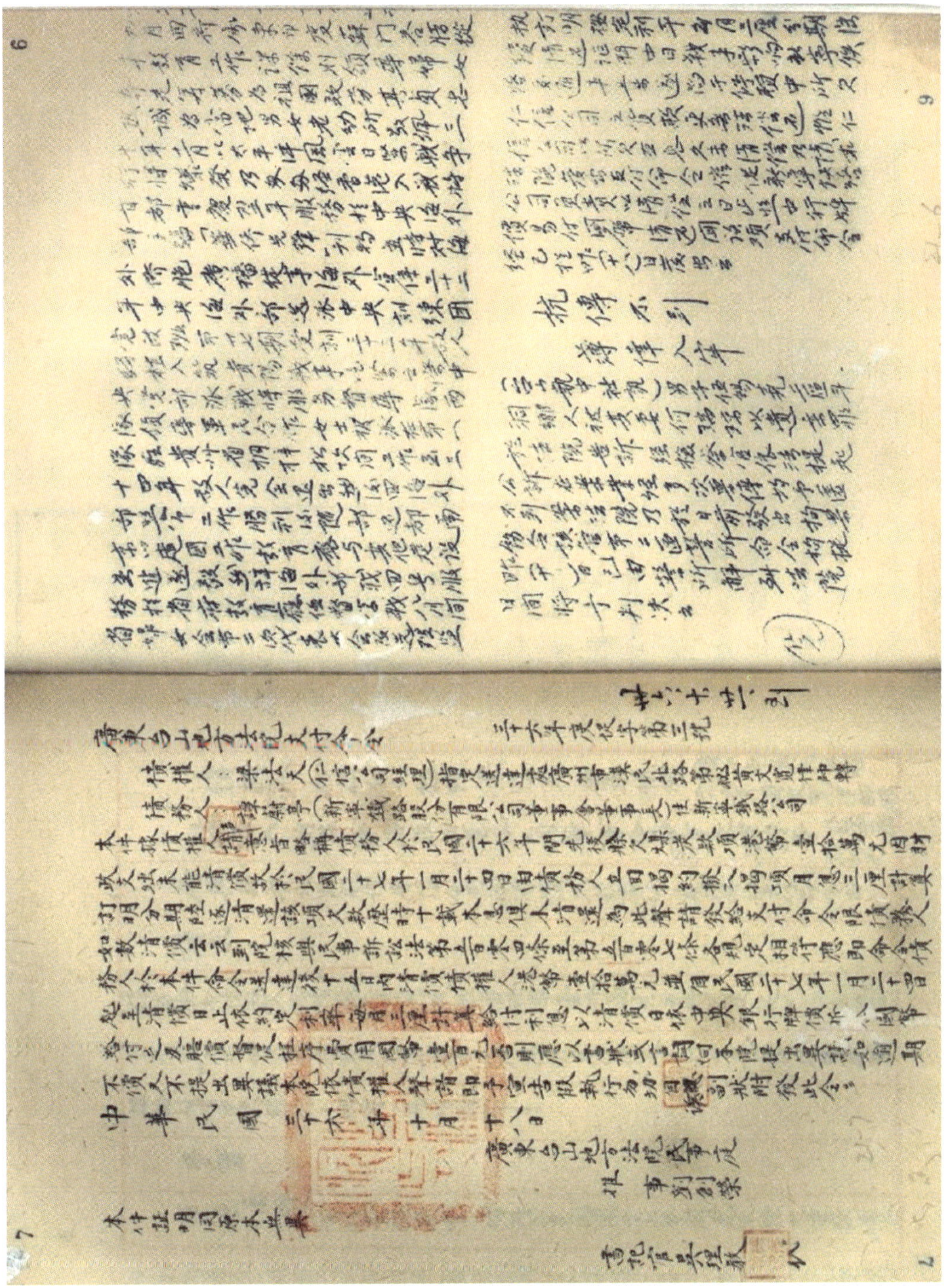

图3-22 新宁铁路公司因拖欠供应商煤款被告上法庭

1933 年以后，因受当时经济危机的影响，“四邑”侨汇减少，华侨破产归来，农村经济萧条，商业不振，公司收入转盈为亏；同时台山、新会境内公路逐渐发展，汽车与火车竞争激烈，铁路客货运量下降，运营收入日渐减少，入不敷出，又发生亏损，只好停止一些建设项目。1933 年解雇 28 人，并宣布留任者一律减薪；1934 年采取加强站车查票工作，节约原料、燃料，裁员 200 人和减薪等增收节支措施，但财政困难还是没有解决，公司濒临破产。①

从 1938 年到 20 世纪 50 年代初，新宁铁路奉命被拆毁，铁路公司失去运营收入，只能靠租赁铁路沿线的车站场地、设施设备、地基等维持基本开支。从 1950 年新宁铁路公司进支数部可以看出，新宁铁路基本靠收取租金等维持公司的基本运作。

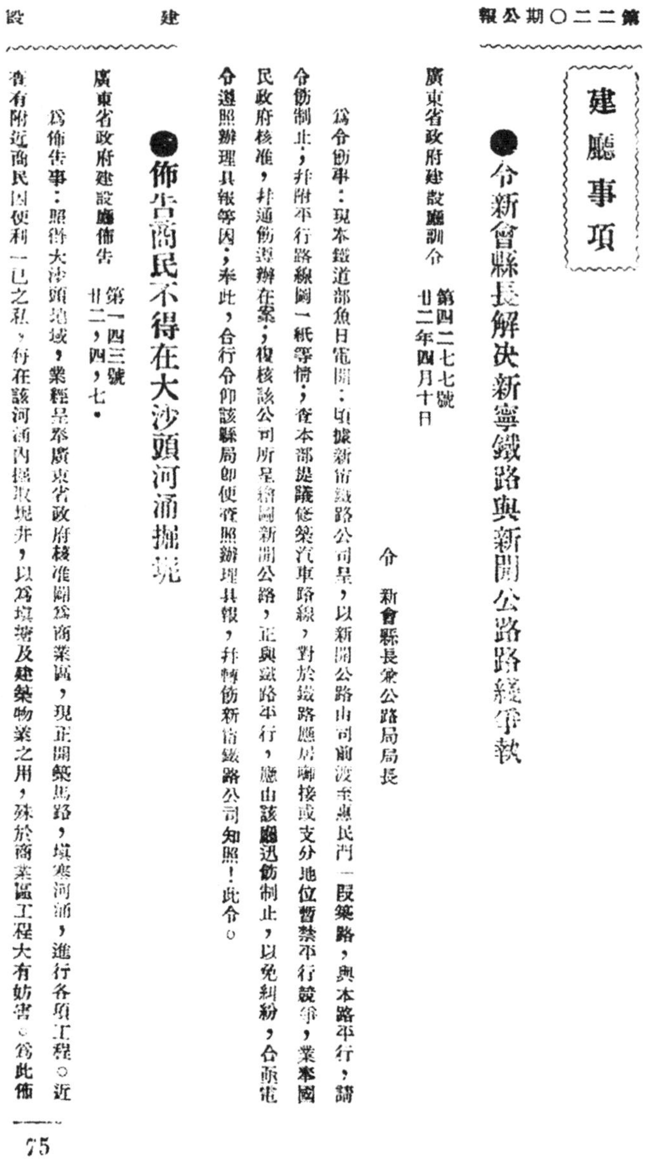
第二二〇期公報　建設

建廳事項

●令新會縣長解決新寧鐵路與新開公路路綫爭執

廣東省政府建設廳訓令　第四二七七號　廿二年四月十日

令新會縣長兼公路局局長

為令飭事：現本鐵道部魚日電開：頃據新甯鐵路公司呈，以新開公路由司前渡至惠民門一段築路，與本路平行，請令飭制止；并附平行路線圖一紙等情；查本部提議修築汽車路線，對於鐵路應居聯接或支分地位，暫禁平行競爭，業奉國民政府核准，并通飭遵辦在案；復核該公司所呈繪圖新開公路，正與該路平行，應由該廳迅飭制止，以免糾紛，合亟電令遵照辦理具報等因；奉此，合行令仰該縣局即便查照辦理具報，并轉飭新甯鐵路公司知照！此令。

●佈告商民不得在大沙頭河涌掘坭

廣東省政府建設廳佈告　第一四三號　廿二，四，七。

為佈告事：照得大沙頭地域，業經呈奉廣東省政府核准闢為商業區，現正開築馬路，填塞河涌，進行各項工程。近查有附近商民因便利一己之私，每在該河涌內掘取坭弁，以為填塘及建築物業之用，殊於商業區工程大有妨害。為此佈

75

图 3－23　新宁铁路与新开公路发生路线争执

① 广东省地方史志编纂委员会. 广东省志. 铁路志［M］. 广州：广东人民出版社，1996：352.

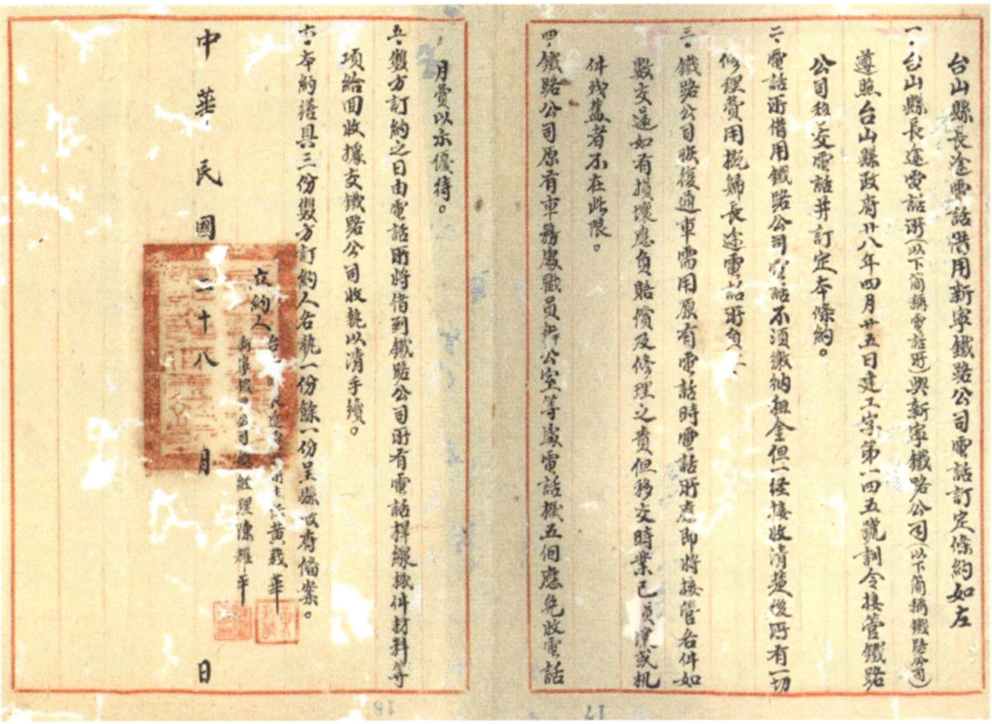

图 3－24　1939 年，台山县长途电话借用新宁铁路公司电话的契约

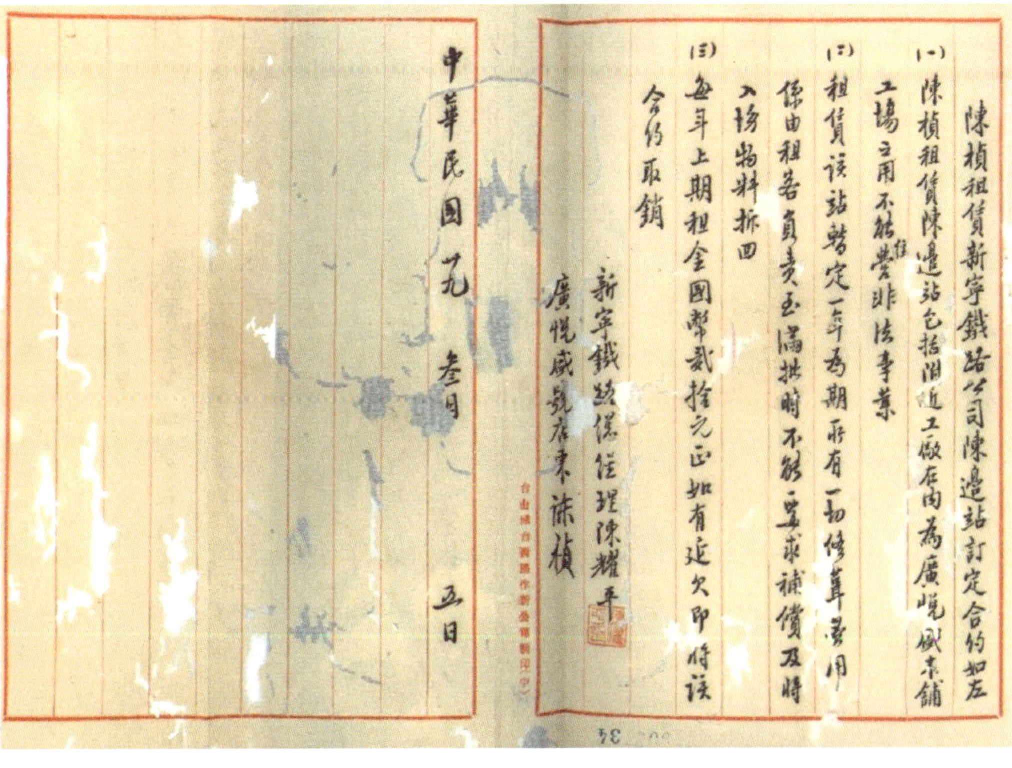

图 3－25　1940 年，陈桢租赁新宁铁路公司陈边站的合同

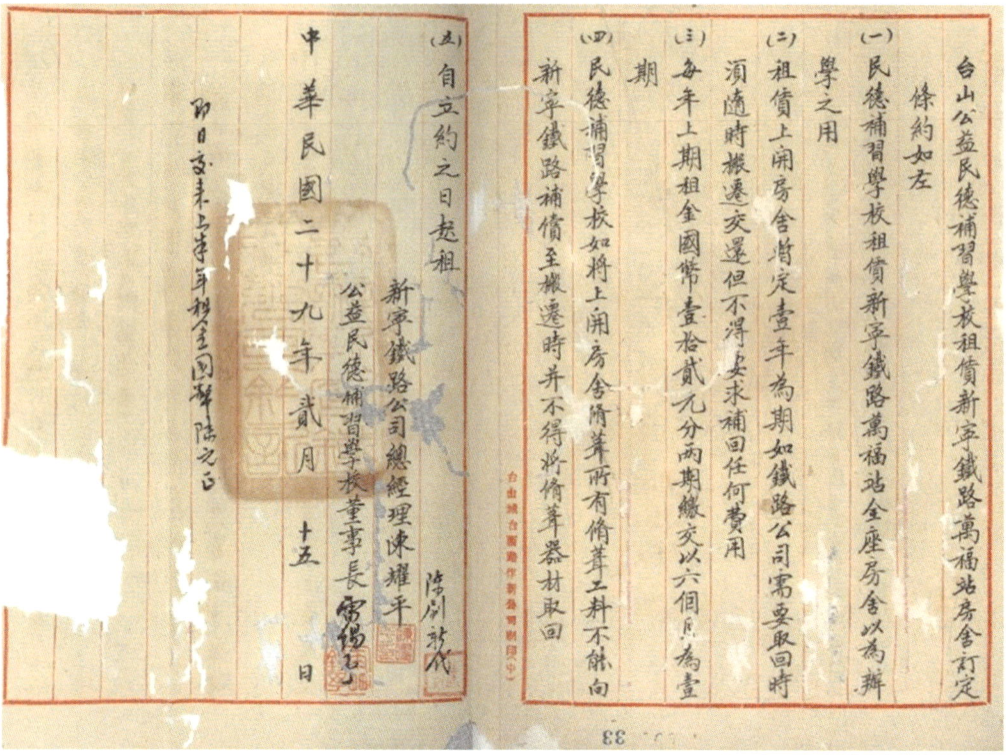
台山公益民德補習學校租賃新寧鐵路萬福站房舍訂定
條約如左
(一)民德補習學校租賃新寧鐵路萬福站全座房舍以為辦
學之用
(二)租賃上開房舍將定壹年為期如鐵路公司需要取回時
須隨時搬遷交還但不得要求補回任何費用
(三)每年上期租金國幣壹拾貳元分兩期繳交以六個月為壹
期
(四)民德補習學校如將上開房舍修葺所有修葺工料不能向
新寧鐵路補償至搬遷時并不得將修葺器材取回
(五)自立約之日起租
新寧鐵路公司總經理陳耀平 陳劍新代
公益民德補習學校董事長雷錫
中華民國二十九年貳月十五日
即日交來上半年租金國幣陸元正

图 3－26　1940 年，台山公益民德补习学校租赁新宁铁路万福站房舍的合同

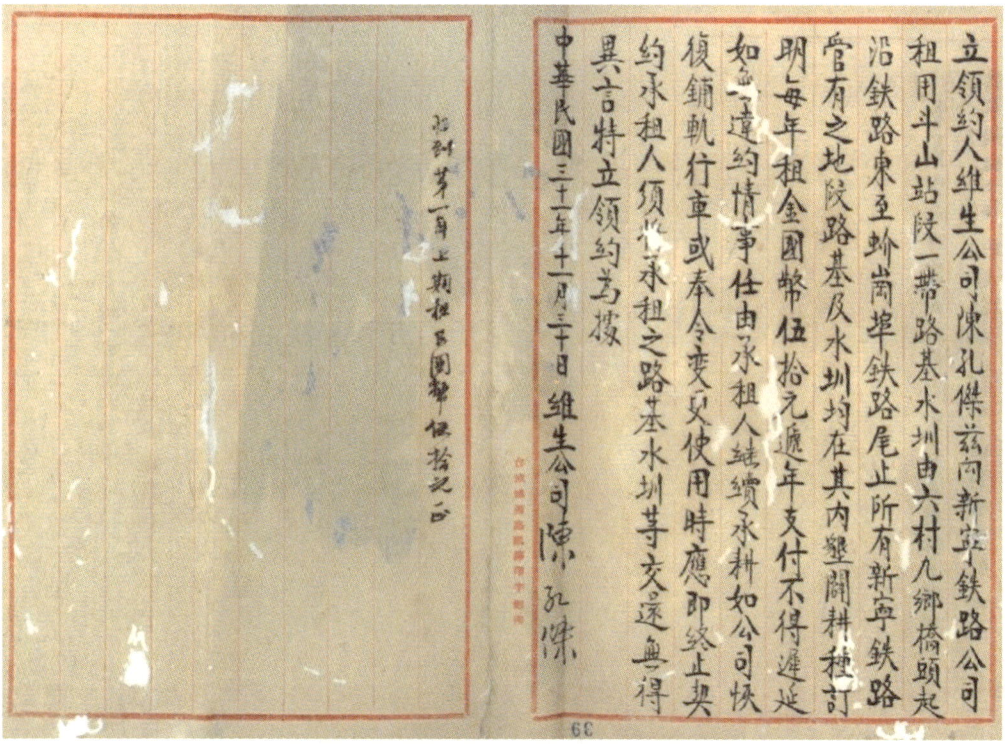
立領約人維生公司陳孔傑茲向新寧鉄路公司
租用斗山站段一帶路基水圳由六村九鄉橋頭起
沿鉄路東至蚧崗埠鉄路尾止所有新寧鉄路
管有之地段路基及水圳均在其內墾闢耕種訂
明每年租金國幣伍拾元遞年支付不得遲延
如有違約情事任由承租人繼續承耕如公司恢
復鋪軌行車或奉令變更使用時應即終止契
約承租人須將承租之路基水圳等交還無得
異言特立領約為據
中華民國三十一年十一月三十日 維生公司陳孔傑
收到第一年上期租金國幣伍拾元正

图 3－27　1942 年，陈孔杰租赁新宁铁路公司路基耕种的契约

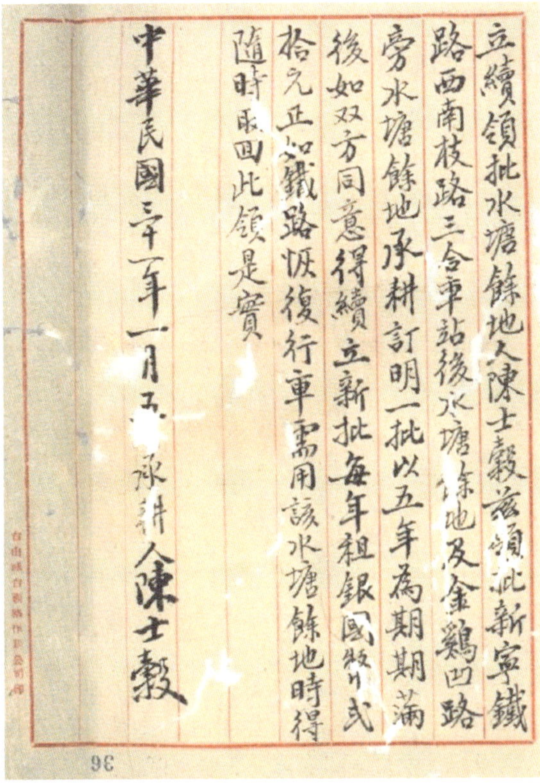

立續領批水塘餘地人陳士穀茲領批新寧鐵
路西南枝路三合車站後水塘餘地及金鷄四路
旁水塘餘地承耕訂明一批以五年爲期期滿
後如双方同意得續立新批每年租銀國幣弍
拾元正如鐵路恢復行車需用該水塘餘地時得
隨時取回此領是實
中華民國三十一年一月五日　承耕人陳士穀

图 3－28　1942 年，陈士毂承耕新宁铁路水塘余地的契约

新寧鐵路公司
公元一九五〇年進支數部

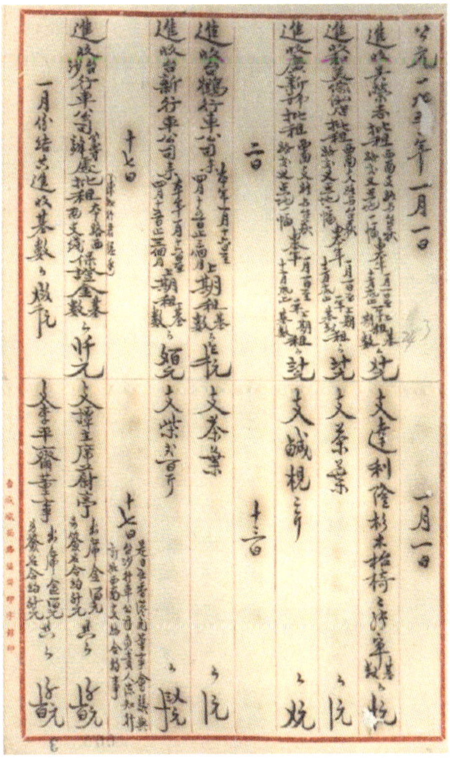

图 3－29　1950 年，新宁铁路公司进支数部

第四节　新宁铁路的拆毁终结

1937年，抗日战争全面爆发，从10月起，日方总共派出14架飞机开始对新宁铁路的牛湾渡口和宁城站狂轰滥炸，新宁铁路受到严重破坏。到1938年11月15日，新宁铁路沿线总共被炸25次，渡江铁船被炸沉，路轨被炸毁，车辆、桥梁及其他建筑遭到严重破坏。

敵機數度轟炸下之寧陽沿線

本報記者黃劍豪

自全面抗戰序幕展開後，敵更四擾我華南，廣州爲華南重鎮，且爲革命策源地，遂遭敵機不斷之空襲，兩月以來，警報幾百餘次，但我防空與空防，均相當實力，迭予打擊者以打擊，敵機在我空軍與高射砲火力威脅中，終[illegible]得不償失，乃不得不轉移其目標，而向絕無抵禦力各處內地，肆其空中屠殺之暴行，非戰鬥員之平民，死傷無算，非軍事區之民房，摧燬亦無算，其慘無人道，直等豺狼猛獸，敵更欲破壞我交通，故粵省四邑交通所繫之寧陽鐵路沿線「受賜」特多，災情尤爲慘重，繁榮市鎮，頓成瓦礫之場，斷壁零磚，創痕滿目，殊令人痛心疾首，記者不辭跋踄前往將實情攝映，爰將所得之一部，介紹讀者，俾知梗概。

图3-30　敌机数度轰炸下之宁阳铁路沿线

图3-31　新宁铁路修车厂被敌军投弹炸毁

图3-32　新宁铁路工厂被敌机炸毁，损失惨重

图 3－33 日军沿新宁铁路行军

图 3－34 日军炸毁公益站

地點	時間	損害情形
冲蔞	二十六年十月十五日上午十一時四十分	炸燬貨卡二個連貨二卡
公益牛灣	十月十五日下午一時三十分	炸燬牛灣鐵船一隻公益站工廠一座車卡四個路軌西段
公益	十月二十二日上午八時四十分	炸燬客卡四個貨倉一個油漆房一間車輪十餘個路軌丈餘
台城	十月二十二日上午九時十五分	炸燬公司窗門多面及公司後邊工人木屋五間水塘一個
台城	十月二十二日下午三時二十分	炸燬本路小水塘一個印務局上蓋及後墻厠所
台城	十月二十三日下午十二時二十分	炸毁公司印務局前座
台城	十月二十四日上午十時五十分	炸毁寧城火車站月台上蓋一部工人宿舍厨房各一
公益	十月二十四日上午十一時	炸燬本路機器廠全部工人住宅一部
公益	十月二十四日下午一時五十分	炸塌車站後墻一部

图 3－35　新宁铁路被日机轰炸损失统计

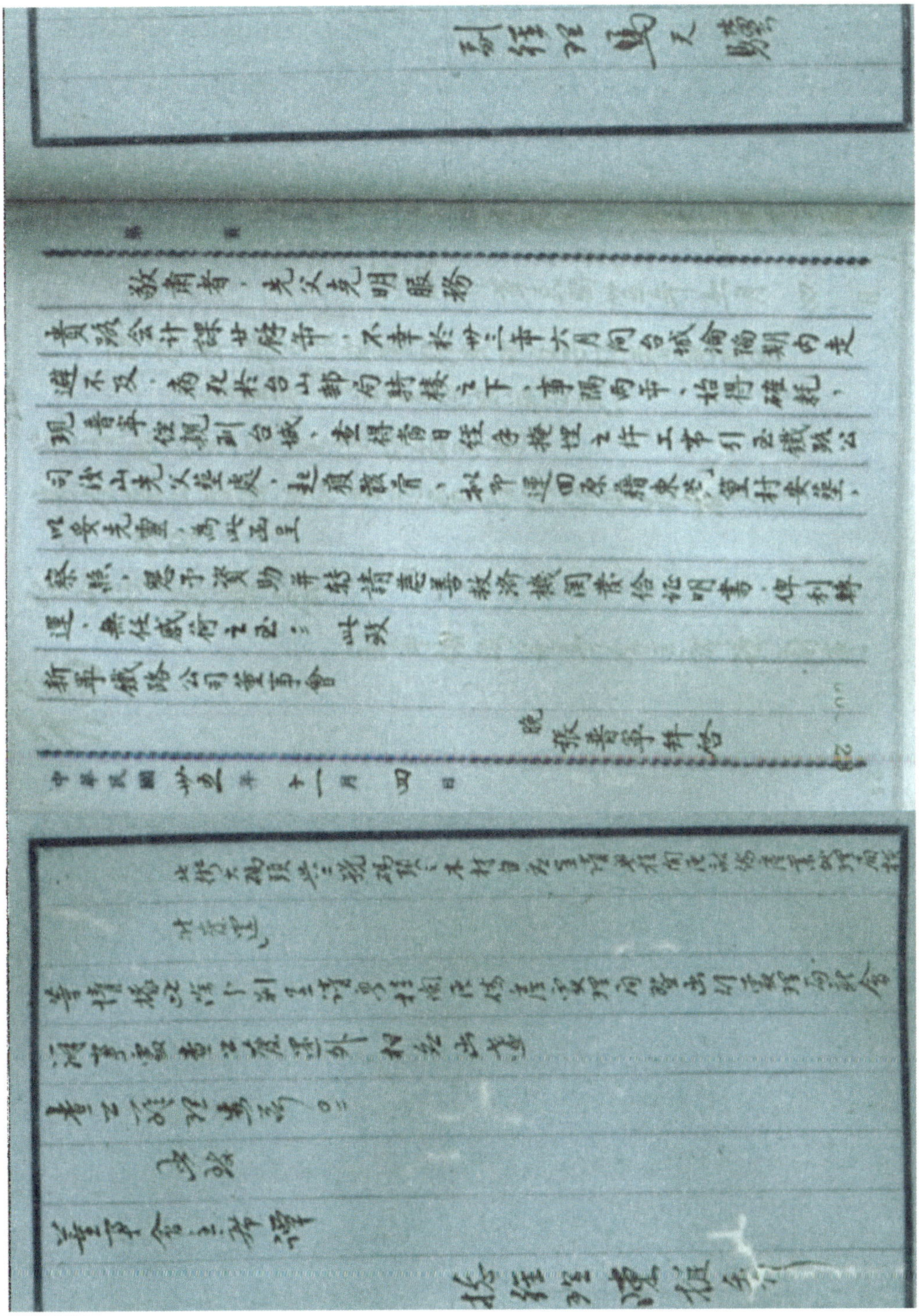

图3－36 1944年6月，新宁铁路公司职员张克明在台城沦陷期间遇难，其子请求新宁铁路公司协助将其运回原籍安葬的函

图 3－37　北街宁阳码头，战后一片荒凉

图 3－38　被敌军炸毁的新宁铁路台城车站月台

1938 年 10 月广州沦陷后，国民政府江门军事当局以“阻断日本军队进行向南前进的方式”为理由，先后 4 次下达命令尽快拆毁新宁铁路，以防日军快速推进。铁路由居住在周边的村民们分段进行拆毁，火车头、车厢和铁轨被拆毁掩藏，路基则被铲平，枕木当作报酬发放给拆铁路的村民们。1938 年，新宁铁路公司宣告停运。1939 年 2 月 14 日，新宁铁路公司正式遣散职工。新宁铁路公司总资产值 3 000 多万元，共有钢轨 6 万余根，除居民拆毁外，被日军掠夺走一部分，另还剩枕木、车头和车厢等器材。1942 年，新宁铁路剩下的 23 782 根钢轨运往广西用来支持黔桂铁路的建设。①

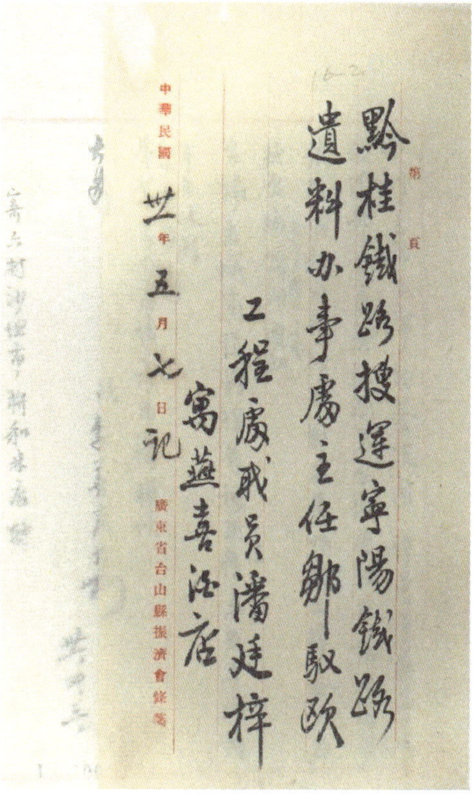

图 3 - 39　1942 年，黔桂铁路派员运输宁阳铁路铁轨等材料，其所派人员住宿安排函

至抗战结束，新宁铁路仅残存少数几个车站和部分路基。至此，新宁铁路的交通运输基本断绝，但新宁铁路公司仍在顽强支撑。1945 年，陈挺秀等挖出被埋藏保护的部分铁轨路段，恢复铁路工厂、公益铁桥等，试图恢复部分新宁铁路的运输，但由于种种原因未能成功。至 1953 年，新宁铁路公司清理资产解散，标志着新宁铁路时代的终结。

新宁铁路遭遇了挫折，如今保存下来的历史遗存已不多。车站负责旅客上下车，列车到发，货物运输、检查，以及铁路运营管理，主要包括候车间、售票处、行包房等用房。新宁铁路车站分为一等站、二等站和三等站，其中一等站 7 个，二等站 10 个，三等站 28 个。月台有 88 座，每座长 240 米；货物站台有 88 座，每座长 100 米；货物仓库有 88 座。目前新宁铁路唯一保存下来的完整的车站遗址为北街站，其历史和美学价值较高，现为广东省文物保护单位，由江门市博物馆负责管理。

新宁铁路北街站旧址位于江门市蓬江区北新路原甘化厂职工生活区内，车站主体大楼始建于 1927 年，是整条铁路的终点站。火车站入口处为半圆拱形西式建筑，车站主体建筑是一座钢筋混凝土砖木结构的西式建筑，由两翼两层拱券顶及中央三层穹隆式塔顶钟楼组成，平面呈凸字形。大楼坐西朝东，通宽为 29.23 米，大楼的进深为 11.72 米，建筑面积为 530 平方米。其结构合理，雄伟庄重，红砖清水墙勾缝，檐线雕刻精致，饰图饰线工艺巧究，具有中西融合的建筑特色。

现今北街站的保存范围是从火车站外墙向外延伸至规划道路路边线，向东北延伸 45 米，向东南延伸 11 米，向西南延伸 10 米，总面积是 5 188 平方米。它的建设控制范围是从保护区域外沿向东北延伸至西江河堤线，向东南延伸 29 米，向西南延伸 32 米，向西北延伸 29 米，总面积为 230 778 平方米。

① 梅伟强，关泽锋. 广东台山华侨史［M］. 北京：中国华侨出版社，2010：311.

通过比较北街火车站现今照片与历史照片，现存车站的状况与初建时变化较小，除了站点两侧的附属建筑物被拆除外，站点大楼的主体建筑保存完好。其屋檐装饰木构件、砖砌线脚造型、墙面花纹图案等都基本保持原样，具有极高的原真性研究价值。

在北新路南段的西江边（现潮连轮渡码头），即从新宁铁路北街站大楼直走60米处的北街水道岸边，原来修建了一个木质结构的北街码头，旅客、货物可在此转船直通香港。[①] 在当时是新宁铁路公司专用码头，后来被损毁。

图3－40　1929年初建成的新宁铁路北街火车站

图3－41　战后残破不堪的新宁铁路北街火车站

① 江门市地名委员会，江门市国土局．江门市地名志［M］．广州：广东省地图出版社，1991：399.

图 3－42　现存新宁铁路北街站旧址正面

图 3－43　现存新宁铁路北街站旧址侧面

图 3－44　现存新宁铁路北街站旧址背面

图 3－45　恢复原貌的北街站候车大厅售票处

图 3－46　恢复原貌的北街站候车厅

正对车站大门的是售票厅，有排队买票时设置的栏杆、售票窗口，当时乘客排队买票的场景仿佛历历在目。在后面的墙壁上贴有“新宁铁路行车时刻并里数票价表”，乘客可以清楚地了解到火车的出发时刻信息和票价信息。旁边有几排长椅的地方，是当时的一个候车厅。

在候车厅内展出的关于新宁铁路的文字和图片资料，介绍了新宁铁路的发展历史。在室内还陈列着当时的办公用具。通过展示，参观者可以初步感知当初车站工作人员的工作情况及旅客候车环境。

在售票厅的一角摆放有办公设备：两个进口的保险柜和一个高约两米的文件柜。

此外，在新宁铁路经过的台城、大江镇、四九镇、冲蒌镇、斗山镇、白沙镇，均发现有新宁铁路火车站站点、涵洞、路基、路堑等遗址，但其基本上已不具备曾经的使用功能。以下列举数处，供读者参考，本书不做详细阐述。

加水塔是为了确保铁路机车和生活用水正常供应的重要工业基础设施。新宁铁路建造时，根据机务段位置和机车用水的供应量，在适合的站点旁设置一个加水塔，保障了铁路机务用水的需求。新宁铁路沿线的临时加水塔有北街、公益、宁城、斗山和白沙这五站，但目前仅留存有宁城火车站加水塔一座。

图 3－47　保险柜

图 3－48　文件柜

图 3－49　新宁铁路大亨站点

图 3－50　宁城站加水塔

图3－51　新会罗坑芦冲双拱涵洞

图3－52　塘虾路堑遗址

图3－53　现存牛湾火车码头遗址

新宁铁路穿越的地区多以平原地貌为主，个别地区为丘陵地带。在这种地质地貌的环境下，新宁铁路公司在铁路修筑的过程中，为了使铁路顺利穿过河流，保持铁路的连贯性，于是建造了涵洞。通过这种结构，水便可从铁路之下流过，解决排水问题。新宁铁路沿线设置了多处涵洞，通过这些涵洞能够大大缩短行驶的距离，节约土地资源。

塘虾路堑遗址位于台山市四九镇塘虾村吕尾山至网山，是新宁铁路首期工程斗山至公益段的路堑，长900米，宽6米，深4～7米。如今路堑基本保持原貌，周边长满杂草，但仍隐约能看到路堑痕迹。

牛湾火车码头遗址位于江门市新会区罗坑镇芦冲村潭江滩涂。牛湾火车码头建于1910年，火车在此用船渡载至对岸的司前，此地原建有转运站场、码头等设施。1937年9月12日，牛湾火车码头遭日军飞机炸毁，次年国民政府下令拆除铁轨，掩藏火车，捣毁路基，现遗址为新会区不可移动文物。

第四章　新宁铁路的历史影响

新宁铁路虽然只存在短短30年，却是中国铁路史上的一个丰碑，是我国第一条完全由华侨集资、设计、建造和经营的侨资铁路，其投资大、历程长、建造技术先进，工程质量优秀，且“转车盘”和轮渡火车更是中国铁路史上的创举。新宁铁路还对五邑地区的社会经济产生了深远的影响，不但改善了当地的交通状况，带动了公路、水路交通发展，还带动了沿线墟镇建设，推动了五邑地区的政治、经济发展。新宁铁路见证了台山从经济落后、交通闭塞的小城镇发展成五邑地区的经济动脉以及交通枢纽中心的历程。新宁铁路在当时特定历史时期里发挥了巨大的影响。

第一节　新宁铁路对社会经济发展的影响

一、改善了当地的交通运输状况

在新宁铁路修建之前，台山只能依靠人力或畜力来处理运输形势非常落后的交通问题；台山地区的华侨只能选择徒步或坐轿子的方式出行，这种方式需耗费3～5天的时间，并且途中常常会有被当地土匪抢劫的危险。新宁铁路修建完成并顺利通车后，华侨出行改为搭乘火车。这种出行方式更加便捷，从台山到江门侨乡各个地方最多仅需一天；而从台山至斗山以原来的方式出行需要一天的时间，铁路通车后只需2小时即可到站。由于铁路的修建，旅客数量的增多，铁路沿线周边公路也迅速发展，大大改善了当地的交通状况。新宁铁路的修建在一定程度上缩短了五邑地区各县市之间的距离，节省了往返的时间，有利于人们交通出行，为五邑地区交通发展做出了巨大贡献。

《新宁乡土地理》指出新宁铁路和陈宜禧对侨乡交通的贡献：“此路既成，六都之人交通便利。”[①] 新宁铁路的建成，带动了其他交通运输方式的发展，例如陆运和水运这两种交通方式。在公路交通方面，从1925年开始至1937年结束，总共修建了387公里的公路，初步形成了依托新宁铁路干线的陆路交通网络，以台城为中心点向外部地区蔓延。仅在台山，1932年修筑公路的条数最多，达到65条，有17条作为长途汽车专用的道路，与现今的高速公路类似。水运方面则初步形成了台山、江门、广州、香港、肇庆和梧州的水上运输网络，码头行业和造船业也随之快速发展起来。水上运输网络彻底改变了台山地区作为偏远地区封闭落后的交通状况。[②]

---

① 雷泽普．新宁乡土地理［M］．台山：台山市图书馆馆藏，1909：4.

② 谭国渠，胡百龙，黄伟红．台山历史文化集：陈宜禧与新宁铁路［M］．北京：中国华侨出版社，2007：95.

表 4－1　新宁铁路相近公路一览表

公路名称	起止地点	长度（里）	建成时间
台新	台城—新昌	36	1927 年 11 月 20 日
台赤	斗山—小娘房	31	1926 年 10 月 20 日
台鹤	台城—公益	37	1927 年 11 月 24 日
新台（乙线）	大江墟—年遥	13	1929 年 10 月
台冲	台城—冲蒌	32	1924 年 2 月
棠政	白沙—长江	9	1928 年 4 月
岗田	蟹岗—四头	30	1930 年 5 月 21 日
新台（甲线）	大江墟—年遥	12	1930 年 10 月
三湖	三合—热水湖	9	1931 年 1 月 6 日
三赤	三合—赤水	25	1931 年 1 月 15 日
台南	台城—红岭	25	1931 年 7 月 26 日
台古	四九—古山	25	1931 年 11 月 23 日
台东	台城—五十墟	15	1931 年 7 月
秀朝	秀茎—朗中	9	1932 年 4 月

图 4－1　19 世纪 20—30 年代，五邑地区的公共汽车

图 4－2 19 世纪 20—30 年代台山的公路

图 4－3 19 世纪 20—30 年代，台山修筑的公路桥梁

图 4－4 新宁铁路运营时期，来往于江门与省城的渡船；乘客多在到达北街码头后，乘坐火车前往五邑各地

图 4－5 江门堤岸繁忙的景象

二、促进了当地与外界物资交流的作用

因为台山的本地资源紧缺，必须依赖其他地区提供粮食、副食品、日用品和建材等，所以每年数以千万美元计的外购内销的食品、纺织品、建材、日用品，只能从江门、公益两地中转，许多站点成为进出口货物的集散地，进而大批量运至台山各个墟镇，呈现了台山商业以外购内销为特色的繁荣景象。

新宁铁路承担了沿线地区大部分的客货运输量，据统计："1920 年新宁铁路全年的客运量约为 300 万人次，货物运输量约 10 万吨左右。1932 年平均每天的客运量为 3 327 人次，货物量为 352. 6 吨。30 年来，由新宁铁路输入的货物，总值超过 10 亿元，而输出总值不到 3 000 万元"①。通过新宁铁路源源不断地大批量输入的外来商品宛如新鲜血液，台山因此进入了世界市场，与外界的联系日益紧密，经济水平不断提高。

这条交通大动脉成为加强侨乡各县联系的桥梁，为台山等地的华侨以及港澳乡亲由江门返乡，提供了便利安全的交通，大大减少了旅行的时间，避免了旅途中的匪患威胁。每

---

① 郑民，梁初鸣. 华侨华人史研究集：一［M］. 北京：海洋出版社，1989：254－285.

年数以千万美元计的外购内销的食品、纺织品、建材、日用品走海路，经西江水运到江门，再通过新宁铁路源源不断流入新会、开平、台山的县城以及各墟镇，活跃了侨乡的贸易市场。看着五邑侨乡城镇那一条条建于20世纪20—30年代至今仍然繁华的中西合璧的骑楼商业街，人们不难想象它当年的繁荣昌盛。

陈宜禧之所以坚持要把新宁铁路修到江门，是因为他预见到江门开埠后作为粤中地区通往穗、港、澳及粤西的交通枢纽地位和五邑侨乡同海外联系的门户作用将会大大加强，他说，若新宁铁路不通到江门，“虽有车行，犹废路也”。新宁铁路修通后，北街站成了五邑地区同港澳进出口货物的主要集散地，五邑人出洋谋生或回国探亲也多从江门进出。从统计资料看，仅1913—1919年铁路年均客运量达300万人次，货运量达20万吨。新宁铁路成为五邑地区的交通大动脉，对五邑地区经济发展发挥了重要推动作用。

新宁铁路在1920年全线通车以后，以经营客运为主，货运为辅。因客运量大、运费价格低，且速度快、运行时间少，打破了台山地区交通不便的限制，促进了台山与江门的客货运流通，并间接连接了与港、澳、广州以至海外间的货物流通，推动了台山县内商业贸易的发展。

三、推动当地近代化工业建设

新宁铁路的兴建改善了交通运输条件，因此台山、新会和江门相继开始创办机械、电力、造纸、制糖等工厂，促进台山及其邻近区域工业经济的高速发展，使当时台山的经济发展水平处于全国县级市的前列，尤其是推动了台山现代化工业的建设，如渔业、钱庄业、造船业、印刷业、机器制造业等产业的规模不断壮大，技术水平不断提高。近代化工业程度也随之升高，如机器制造业，铁路公司出资兴建的公益机器厂，旗下雇有300名工人，具有强大的技术力量，并且配备了相应的技术设备，能维修火车头和客、货车辆。随着新宁铁路印务局的开办，台山的近代印刷业也在这一时期产生并不断繁荣发展。

新宁铁路的通车催生了台山近代工业的萌芽，加速了台山商业资本主义的进程，同时也为台山工业的发展带来了先进的技术和设备，对沿线城镇的工业发展影响巨大，形成了许多“火车拖来的城镇”。

四、带动当地建筑行业的发展

新宁铁路建成后，华侨修建楼房所需的施工材料，如从香港进口的水泥、钢材，从海外和周边地区输入的木材，经过铁路运输，不仅节约了运输的费用，而且减少了运输的时间，因而这个时期台山的建筑业快速发展，呈现出一片繁荣的景象。

据统计，台山现存的5 000多座碉楼，大部分是在新宁铁路运营时期修建而成。大江镇的100多幢洋楼也多数在铁路通车时期兴建，成排洋楼分布在巷道两旁。这些洋楼皆为青砖灰瓦、中西合璧的骑楼式建筑，每幢洋楼高两层，地下一层都有两根方柱顶托起二楼前座。洋楼相互之间紧紧地依靠着，连贯成长长的走廊，使大江镇形成了商贸集中地，被称为“新市”。新市有个码头，建造洋楼所需的一些西方建筑材料，像英国的“红毛泥”、德国的钢铁等都会经火车运到附近车站，再由水路运至大江镇。这说明，新宁铁路的兴建与侨乡的碉楼骑楼的建造有着紧密的联系。

第二节 新宁铁路对沿线侨墟发展的影响

自从华侨集资兴建的新宁铁路通车以后，沿线设置的站点就有45个之多，后来发展到沿线站点的周边就会形成一个墟市。典型的有斗山墟、白沙墟、四九墟、陈边墟、水步墟和公益埠等。应该说，初期阶段形成的墟市，也逐渐成为该区域的经济、文化中心，新宁铁路当时在车站的选址对此也有考虑。促使台山在南北方向交通贯通从而拉动经济繁荣，是新宁铁路起到的主要作用。墟市在繁荣时期基本沿铁路线密集布局，应该是在初期阶段发展的基础上通过新宁铁路促进而成。这是新宁铁路沿线侨墟发展的主要特征。

新宁铁路沿线附近的台城、白沙、水步、冲蒌、大江、四九、五十、沙坦市等许多墟镇，店铺林立、商业繁荣，有茶楼、饭馆、旅馆、杂货店、金铺、钱庄，甚至催生了腐败奢靡的烟馆、赌场和妓院，一应俱全，各自形成消费中心。随着新宁铁路的修建，沿线墟镇的数量逐渐增加，新兴了许多墟镇，同时也扩大了沿线原有墟镇的规模，在台山造就了一条巨大的经济轴线，构成点—线—面一体的经济空间格局，它们发挥着经济辐射作用，促进了商业的发展，推动了整个台山的社会经济振兴。

随着新宁铁路的修建，催生了公益和斗山两大墟镇。据1893年的《新宁县志》所列新宁全县的村庄，墟镇中未出现公益和斗山的名称。公益镇是一个新兴的商埠，在1905年新宁铁路修建之前，是一片稻田，人烟稀少，只有两户人家。在该路建成后，公益的空间与人口规模都迅速发展起来，建了4条宽阔的街道，分别命名为苏杭街、中兴街、维新街和南华街，墟市逐渐繁荣，1908年公益镇就迅速发展成为拥有2万多人的全县第二大镇，墟镇建设迅速发展。由于铁路公司在公益的巨大投资，公益的工业基础设施逐渐完善，开设了机器厂、电灯厂和停车场等，在公益的东侧形成了规模较大的工业区。随着工业的快速发展，公益的交通业也发达起来。铁路和水路交叉发展，不仅方便了人们出行，也有利于商品的流动，促进商业的发展。公益的商号当时达到400多家，酒家茶馆有10多家。

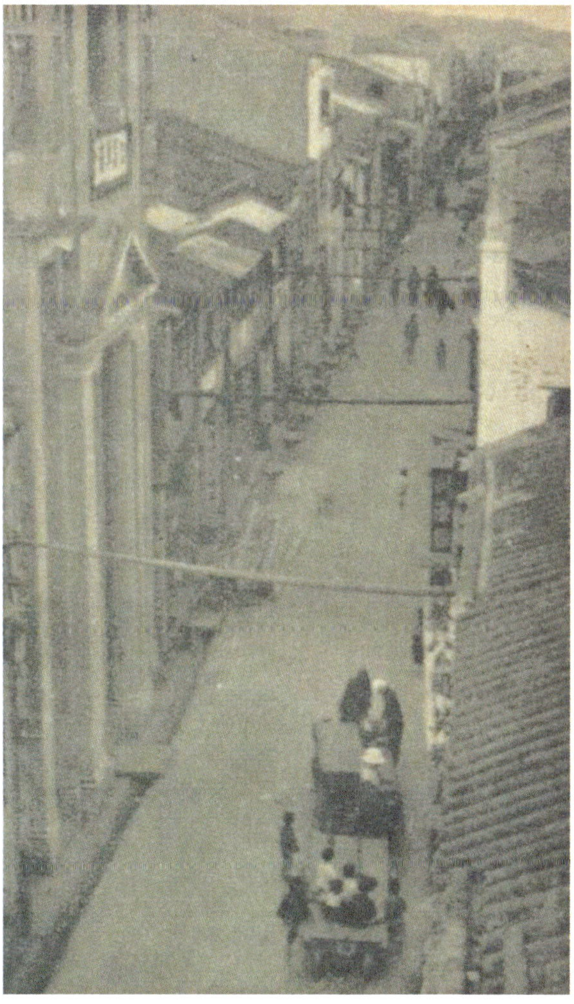

图4-6 公益街道两旁商铺林立

斗山，原为台山境内东南部的一个荒僻的村落，只有十来户人家，交通非常不便利，村落的规模和商业的发展都受到阻碍。铁路通车后的10余年时间里，便修建50多间店铺，后来再修筑了新街，蟹岗埠，山旁马路、西栅市等10多条街道，又建商店260间，后店铺增加到500间，成为台山东南部的一个商业和交通中心。[①]新宁铁路带动了水路交通运输和码头业的发展，来自香港和澳门的外地货物和邻近地区的本地货物通过码头的渡轮汇集在斗山，集中后再通过铁路运输到周边各地。另外，自从斗山成为洋土货商品的集散地之后，随着各个行业的快速发展，批发行业顺应时机而开始产生，其中公昌行、五丰行、药材行和五金行等批发行生意最好。可见，铁路加速了商品在斗山的集聚效应；铁路是斗山对外销售商品的重要交通运输工具，而斗山处于商品集散中心的地位，批发行业应运而生，因此扩大了商业规模。斗山经济的快速发展从侧面反映了新宁铁路的修建对墟镇产生的巨大影响，铁路沿线的许多墟镇呈现出繁荣的景象。[②]

据《台山县华侨志》记载，民国时期临近新宁铁路六村车站的沙坦市，在20世纪20年代后期，便有杂货铺17间，礼饼铺4间，猪肉店10间，糖酒店6间，金银铺票号11间，水果店5间，理发店3间，妓院6间，鸦片烟馆14间。[③] 可见，在沙坦市中，生活所需的粮食杂货、肉食，嫁娶的礼饼、金银器，就连妓院、鸦片等行业都应有尽有。

台城作为县城，不仅是台山的政治中心，而且是新宁铁路干线与支线的汇合点，加上又是多条公路的起点，成为台山县的交通枢纽，广州港口、江门的物资和台山腹地的土产均汇集于此，促使其在短期内迅速发展，成为台山首屈一指的商业城镇。1920年初，台城开始拆补旧的围墙，修建大马路，新修大量的房屋店铺，全城人口因此快速增加到2万以上。数据显示，1921至1932年，台城的商铺总共有1 000多个店号，其中金银店58家，苏杭铺162家，旅馆20家，杂货铺124家，茶室299家，其行业类型多种多样，包括五金、布匹、粮油调料、烟草食材、金银首饰、服饰、日用品以及烟花爆竹等。[④] 商业贸易形式的多样化说明铁路的通车促进了台城的经济快速发展，有利于台城的商业集聚。

新宁铁路的通车，促使白沙墟得到了迅速的发展，在1920—1930年，总共修建了200多座楼房。从1920年开始，白沙墟发生了巨大的变化，街道便出现杂货铺、理发铺、糕点铺、猪肉铺、米酒店、布匹铺、茶楼、旅馆、药材店、木料缸瓦铺和医务所等将近100多间，呈现繁荣的景象。

综上所述，新宁铁路沿线的侨墟大致可分为三种等级：第一等级为台城等商业中心墟镇；第二等级为冲蒌、公益、大江、斗山与白沙等具有一定规模的商业街市；第三等级则为散布在铁路沿线的其他经济发展滞缓的侨墟。

总而言之，铁路沿线墟镇的空间和人口规模之所以逐渐扩张，得益于铁路的修建。铁路的开通使该地的区域条件得到了很大的改善，越来越多的外来投资者愿意进入，因此墟镇的空间规模逐渐扩大；相关铁路建筑设施的兴建，吸引了周边地区的人们，提高了人们的就业率，因此增加了当地的人口规模。

---

① 台山县政协文史委员会．台山文史：第4辑·斗山建墟史［M］．台山：台山县政协文史委员会，1985：38－41.

② 任建强，李文．近代铁路建设对沿线城镇发展的影响——以新宁铁路为例［J］．华中建筑，2011（3）：109－110.

③ 台山县侨务办公室．台山县华侨志［M］．台山：台山县侨务办公室，1992：162.

④ 台山县地方志编纂委员会．台山县志［M］，广州：广东人民出版社，1998：328－329.

图4－7　台山繁华的台西路

图4－8　江门长堤马路的繁华景象

第五章　新宁铁路文化遗产的价值

2003年7月10—17日国际工业遗产保护委员会（TICCIH）通过的《下塔吉尔宪章》是迄今为止工业遗产保护领域中最重要的国际宪章；结合国内现有研究，根据《中国文物保护准则》《保护世界文化和自然遗产公约》《近现代建筑遗产保护与再利用综合评价》和《中国工业遗产价值评价导则（试行）》，初步确定了铁路工业遗产的价值标准，笔者结合新宁铁路历史，对其价值进行如下分析。

新宁铁路工业遗存作为台山近代交通史的重要组成部分，对于传承铁路沿线城市的历史、丰富周边人文与自然景观以及带动周边经济发展具有重要意义。新宁铁路对沿线城市社会经济的重要影响，其价值主要体现在技术、历史、文化、艺术四个方面。

一、新宁铁路工程的技术价值

技术价值是新宁铁路工程的亮点，主要体现在其工程技术性上。用当今的技术水平作对比无法权衡新宁铁路的技术价值，这会直接影响其价值的评价，只有将其放到特定的历史时期中，才能深入了解新宁铁路工程在技术上独特的价值。

与同时期修建的铁路一样，新宁铁路的建设应用了当时最为先进且至今仍被世界各国采用的建筑技术。现在我国的铁路技术史上有两项新纪录就是新宁铁路所创造的，一是在终点站斗山站首次建立了一个半圆形180度“转车盘”，机车能够停靠在转车盘上掉头，这在世界上开了技术先例；二是采用轮渡载运列车，渡船长350英尺，宽55尺，深7尺，船上配轨路3条，每次能载运火车5节（含车头），两岸通过架设一根钢丝缆线，依靠轮渡运载，渡过将近400米宽的江面。

新宁铁路的两大技术工程在铁路技术史上具有开创性的意义，促进了铁路技术的发展，为铁路技术的发展提供了可借鉴的经验和实例。如今连接广东与海南的粤海铁路，就是用渡轮驮着火车过琼州海峡，这项技术采用了新宁铁路轮渡载运列车的设计。

同样，新宁铁路选址是严谨而科学的，建在地形较好、坡度较低、适合修建路基的地区，这在铁路的建设上具有合理性；新宁铁路公司的管理者对线路的选择进行了全面的规划，比如对线路现场的实地勘探、路线网络的布局以及沿线经过重要墟镇的选择等。当年新宁铁路经过之地多为荒凉的村落，大部分墟镇是因铁路的修建而兴起的，最终选择台城作为原料供应地以及新宁铁路路线的中心点，充分体现了选址的科学性与合理性，而这些都源于当时先进的规划思想和技术。

新宁铁路有45个站点，包括大站和小站。大站配备了利于铁路运行的管理设施。无论是站点规划还是铁路修筑都严格按照了标准化的操作流程来进行。其中北街站和台城站的建筑水平以及建设工艺在当时都处于领先水平。

总而言之，新宁铁路是由我国工程师自主设计的工程，包含总体规划、工程协调、指挥安排、铁路铺设和机车制造等，通过华工和工程师共同的不懈努力，仅仅用了五年时间就完成了整个修建工作，这充分体现了新宁铁路技术与施工工程的统一，侧面反映了当时先进的建造技术思想。从整体的工程技术上来看，体现出了我国工程师具有的先进规划、设计和精湛的施工技艺，也体现出科学的进步，在一定程度上为我们现今的铁路建设奠定了科学基础。

二、华侨史与铁路史的历史价值

新宁铁路集中展现了19世纪后半期华工及华侨在中国铁路建设中的艰苦过程，详尽记录了从华侨筹建铁路到施工运输，从工艺技法到经营管理等一系列铁路技术的发展，是我们了解中国近代史、华侨奋斗史和铁路建造发展史的重要窗口。

新宁铁路拥有真实而独特的历史存在过程，通过深入了解新宁铁路的历史，我们可以对铁道技术的历史面貌进行重现，再与当今的技术进行对比。这能更清楚地让我们了解铁路技术的发展过程，也可以从铁路的遗产中了解到历史信息，有利于我们对铁路的规划、勘测、设计、修建、运营和管理等的各个阶段进行了解；也能让我们深切地感受到海外华侨华人崇高的进取精神和坚定不移的爱国情怀。新宁铁路的主工程师陈宜禧把铁路这种新的交通方式带到每个人的生活中，华工们通过开创性的劳动，展现了中华民族独立、奋发图强的精神，体现了全体中国人民的共同理想。

新宁铁路的开通将台山推上了中国近现代的舞台，使之成为内陆铁路沿线自开埠以来的大型城市，促进了新宁铁路沿线的工业和商业发展。新宁铁路工业遗产所包含的历史信息反映了当时特定历史时期的社会生产、生活、思想、民风、民俗、重大历史事件以及众多历史人物的社会活动，相关的附属建筑物成为象征性的纪念物和表达某种精神的场所，保留了历史记忆。新宁铁路的遗产遗存以及档案文献记载可以为科学技术史的研究提供详细的实物资料，也为史学界研究中国铁路历史提供了珍贵史料和重要依据。

新宁铁路沿线站点及相关建筑目前大多数已经荒废闲置，但这些建筑承载着近代台山及周边地区的历史记忆，是江门五邑地区近代工业发展的实物证据；它们能从多个方面反映出当时社会生产生活的真实面貌，让我们能更好地理解先辈在工业时代的生活和生产方式，具有很高的历史价值，属于宝贵的文化遗产资源。那些年代久远、富有典型建筑风格或与重要历史事件相关的建筑遗产更是具有不可替代的历史价值。

三、地方贸易与交流的文化价值

新宁铁路的通车给台山提供了一个对外交流的媒介，促进了铁路沿线侨墟的经济贸易发展。新宁铁路是沿线侨墟文化不可或缺的组成部分，台山地区的众多侨墟的兴起和繁荣得益于新宁铁路的修建。

在修建新宁铁路之前，由于受到经济发展水平和地理位置的限制，人们依赖于马车和船来帮助他们解决出行问题，但铁路的出现，不仅改善了交通条件，而且缩短了地区与地区之间的距离，减少了出行时间，使得人与人之间的距离更加贴近，人们的交流和出行也变得更加方便，改变了人们传统的生活方式，极大促进了区域间的文化交流。铁路也可以让我们了解到周边地区的经济发展，促进地区之间的物资运输，使得地区之间的贸易往来更加密切。

铁路沿线居民世代居住在铁路周边，铁路文化早已深深烙印在他们脑中。当地百姓张口就能说出跟新宁铁路有关的一些事情，新宁铁路凝聚了当地老一辈厚重的归属感和自豪感。铁路不仅仅是交通方式，从另一种层面说，铁路承载着当时发生的美好记忆和精神内涵。一些名人也曾经在新宁铁路上留下了一些美好的回忆以及在沿线城区的生活痕迹，巴金先生曾经就在《机器的诗》一文中赞赏“新宁铁路为最美的工程”。

新宁铁路不仅反映建造时期台山和江门地区的社会文化内涵，还对今天的社会文化发展产生了深远的影响。例如，随着江门社会环境的变化与发展，江门北街站的使用功能早已改变，为适应城市现代化的发展，现作为铁路教育基地和百年新宁铁路展览馆，让公众从展馆中感受新宁铁路的历史文化内涵，有利于提高大众的文化认知能力；从另一方面来说，还利于提高江门这座城市在公众心中的知名度和美誉度。

四、沿线建筑遗存的艺术价值

艺术价值对于铁路工业遗产来说，目前为止探讨最多的就是围绕铁路车站建筑而展开，其艺术价值主要包括“文化遗产的风格，包括建筑空间布局、造型特色、内外部装饰、环境协调性、材料的质地、结构形式和建造工艺等，并能反映出地方文化”①。铁路沿线景观遗产所形成的线路艺术特色没有任何一个类型的景观可代替。在新宁铁路周边，不论整体规划、站房建筑还是附属建筑，对当地的景观和建筑环境有着审美价值，成为这一线路中的代表性建筑，因此形成了鲜明的铁路遗产特色。

就新宁铁路沿线的车站建筑以及附属设施来说，新宁铁路北街站的车站设计就仿照了西方建筑风格。新宁铁路沿线的建筑群为侨墟，侨墟是中西结合的建筑产物。在建筑形式上注意建筑的使用要求。车间区域的建筑群黄墙绿瓦，极富西式建筑的风格；同时，窗户、屋檐、装饰线条的设计都在建筑形式上注重建筑的使用功能，体现了当时最典型的建筑样式以及代表了当时建筑艺术的发展风格和特征，这对于研究铁路周边建筑艺术有着重要价值。车站区域建筑形成特有的人文环境，与自然环境相互衬托，在色彩和结构上相互协调，展现了建筑的艺术魅力。

新宁铁路沿线的侨墟建筑群的造型与形式非常富有中西式建筑风格，符合当时特定历史时期建筑的艺术特征。台山本土建筑文化和外来建筑文化的融合，反映了那一时期典型的建筑艺术特征，使新宁铁路沿线建筑群具有较高的艺术价值和参考价值，在艺术效果上有一定的审美感染力。

---

① 丁援．文化线路：有形与无形之间［M］．南京：东南大学出版社，2011：115.

下编

江门市博物馆馆藏新宁铁路文物

线路图、地图、时刻表、票价表

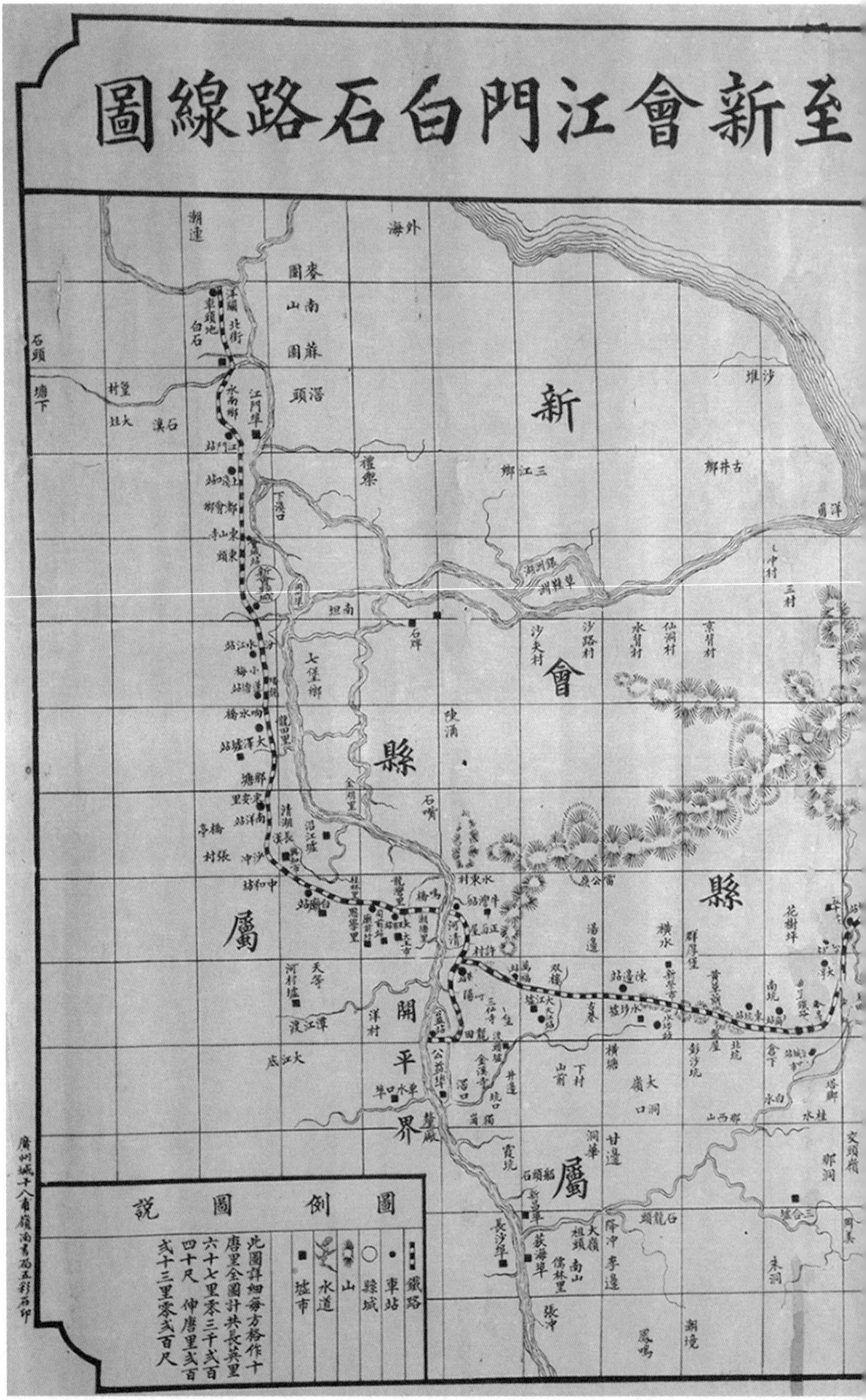

1911 年商办广东新宁铁路展筑至新会江门白石路线图

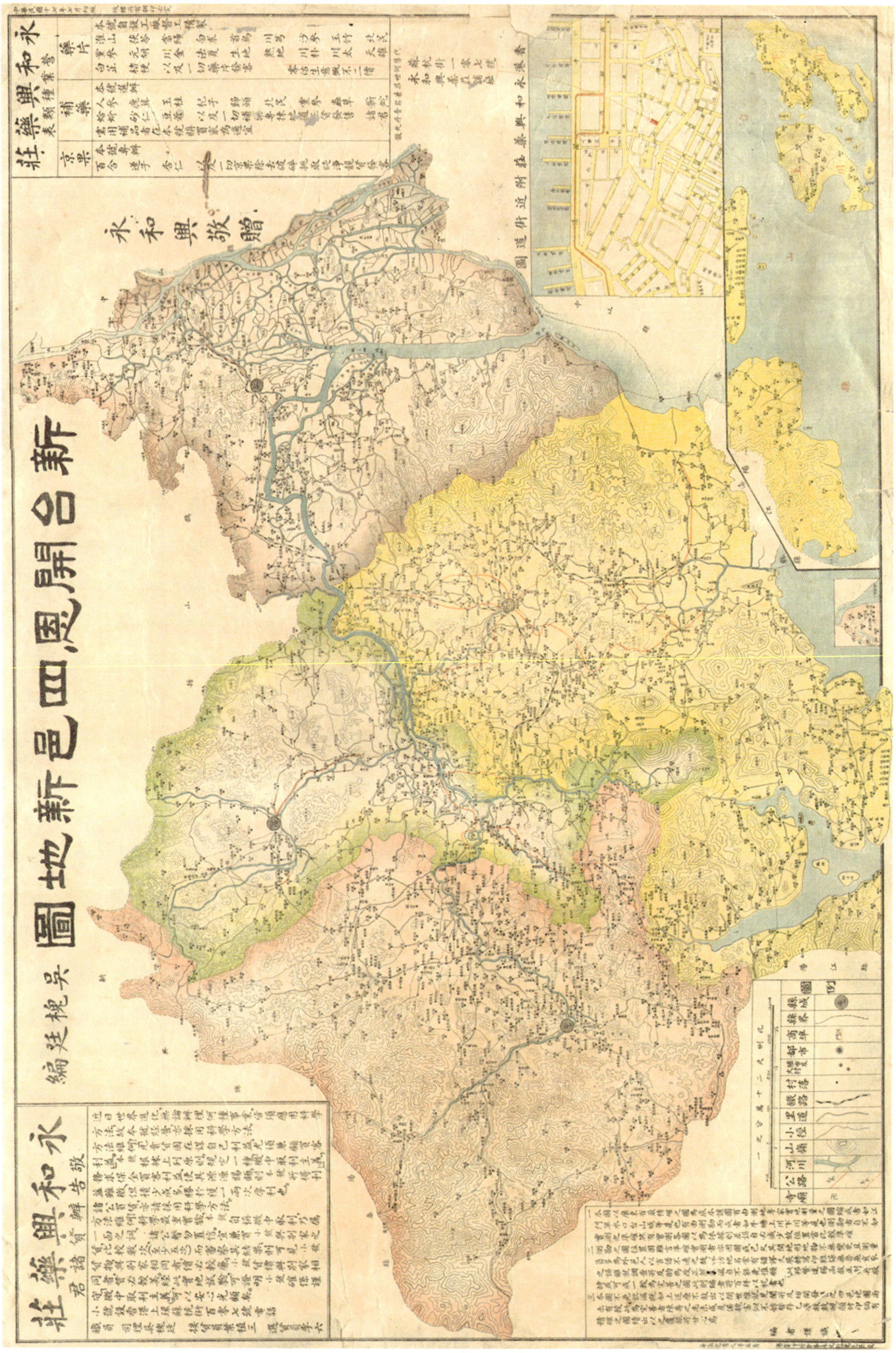

1928年新台开恩四邑新地图（上有新宁铁路线路）

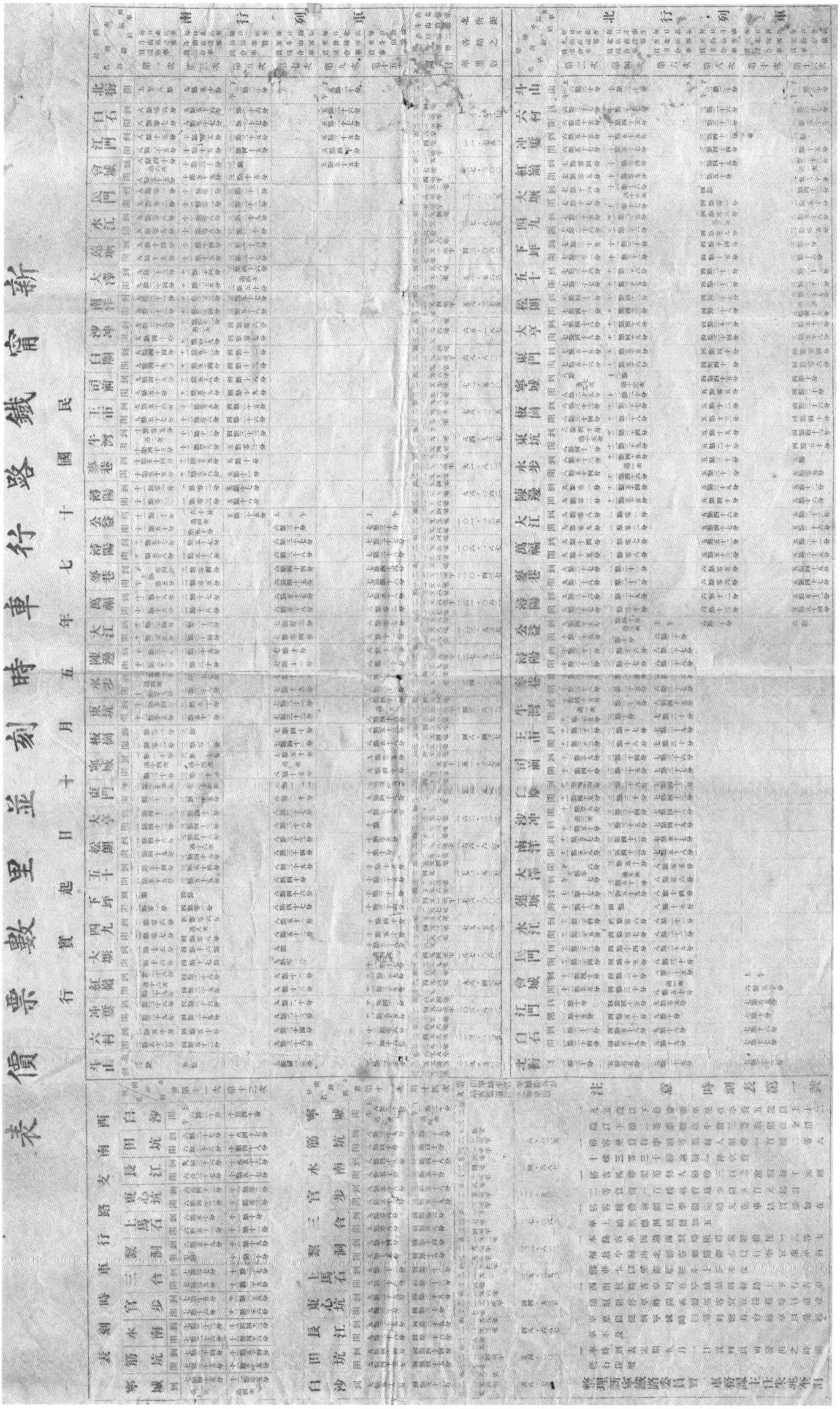
新寧鐵路行車時刻並里數票價表
民國十七年五月十日起實行

1928年新宁铁路行车时刻并里数票价表

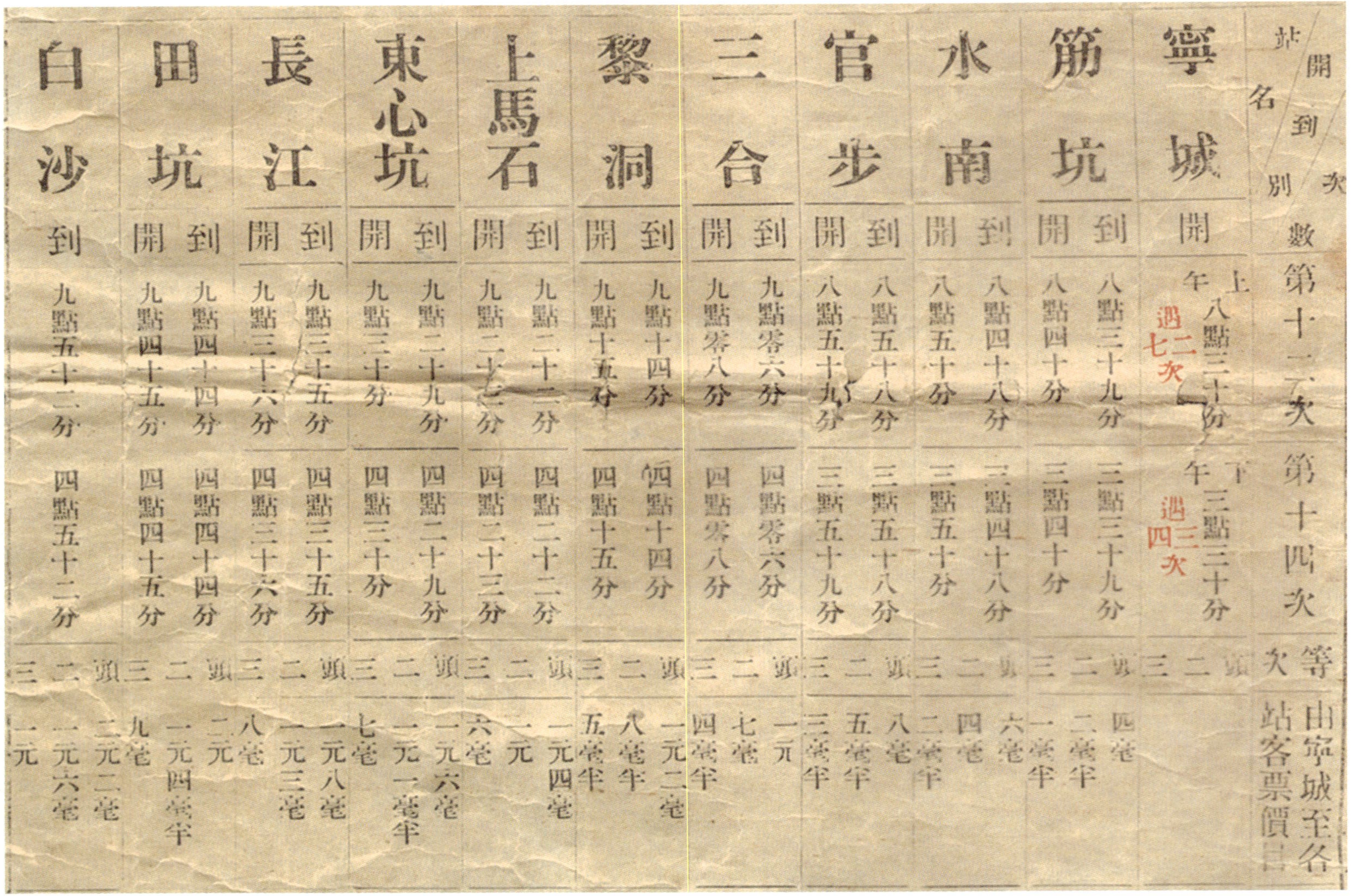

站名	開到	第十二次	第十四次	頭等	二等	三等
寧城	開	上午八點三十分（過七二次）	下午三點三十分（過四三次）			
筋坑	到	八點三十九分	三點三十九分	四毫	二毫半	一毫半
筋坑	開	八點四十分	三點四十分			
水南	到	八點四十八分	三點四十八分	六毫	四毫	二毫半
水南	開	八點五十分	三點五十分			
官步	到	八點五十八分	三點五十八分	八毫	五毫半	三毫半
官步	開	八點五十九分	三點五十九分			
三合	到	九點零六分	四點零六分	一元	七毫	四毫半
三合	開	九點零八分	四點零八分			
黎洞	到	九點十四分	四點十四分	一元二毫	八毫半	五毫半
黎洞	開	九點十五分	四點十五分			
上馬石	到	九點二十二分	四點二十二分	一元四毫	一元	六毫
上馬石	開	九點二十三分	四點二十三分			
東心坑	到	九點二十九分	四點二十九分	一元六毫	一元一毫半	七毫
東心坑	開	九點三十分	四點三十分			
長江	到	九點三十五分	四點三十五分	一元八毫	一元三毫	八毫
長江	開	九點三十六分	四點三十六分			
田坑	到	九點四十四分	四點四十四分	二元	一元四毫半	九毫
田坑	開	九點四十五分	四點四十五分			
白沙	到	九點五十二分	四點五十二分	二元二毫	一元六毫	一元

（票價欄：由寧城至各站客票價目）

1928年新宁铁路行车时刻并里数票价表（局部）

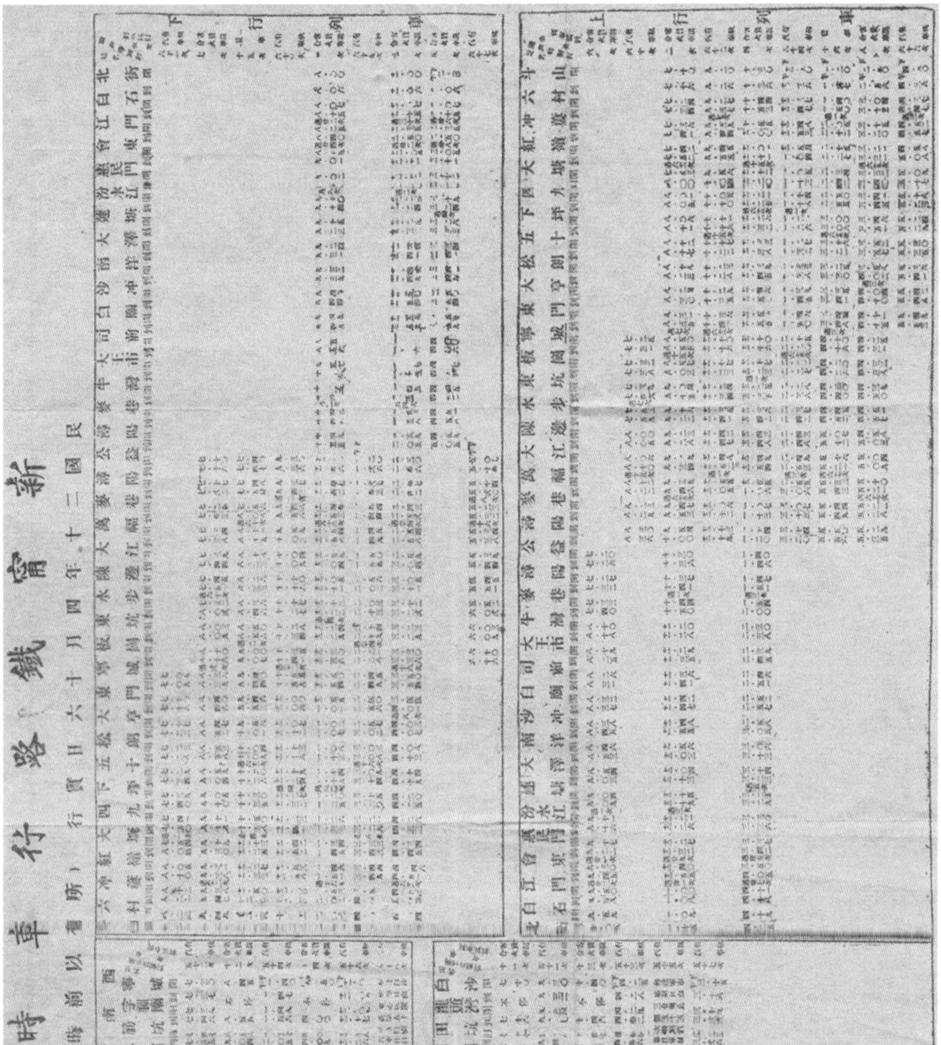

1931年新宁铁路行车时刻表

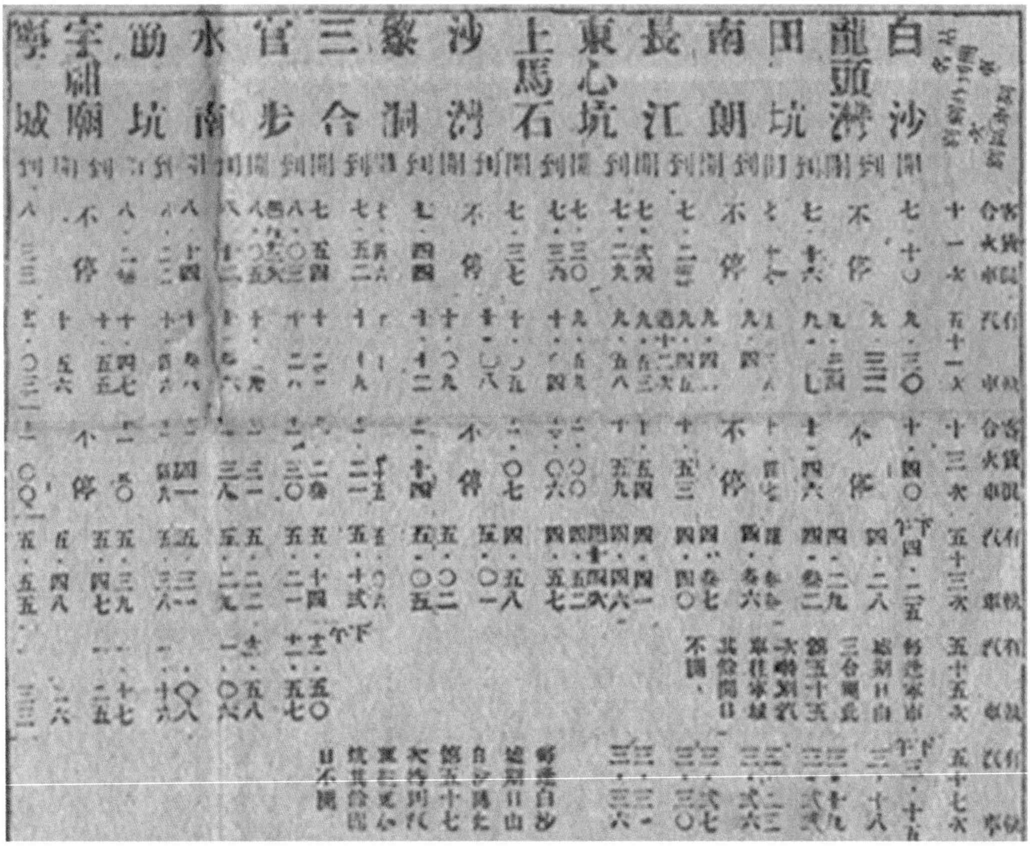

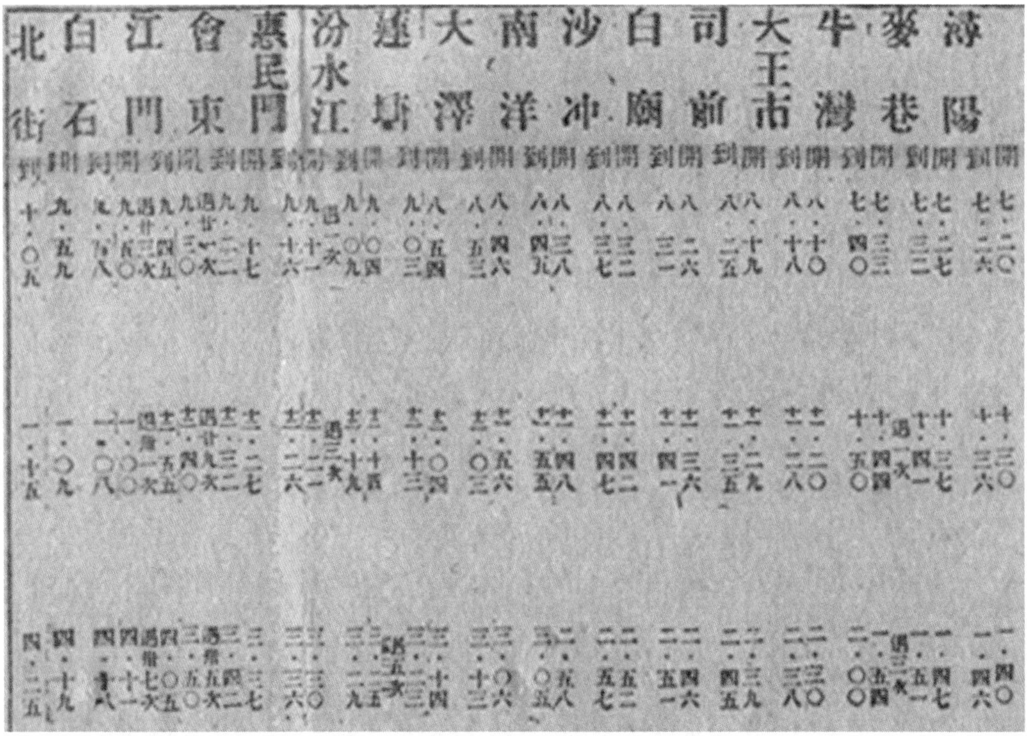

1931 年新宁铁路行车时刻表（局部）

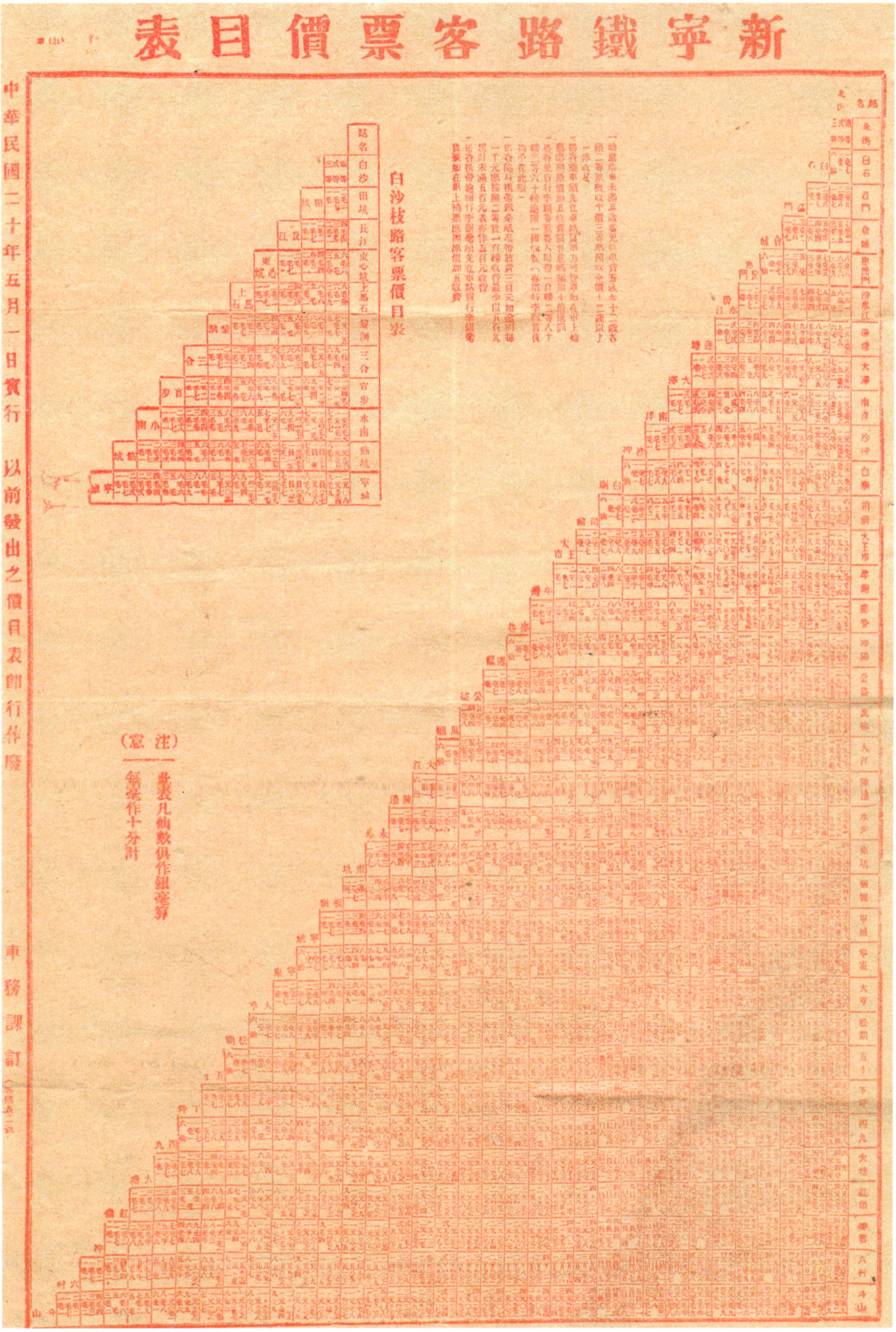
新寧鐵路客票價目表

中華民國二十年五月一日實行　以前發出之價目表即行作廢

白沙枝路客票價目表

注意
一　此表凡角數俱作組毫算
一　每毫作十分計

車務課訂

1931 年新宁铁路客票价目表

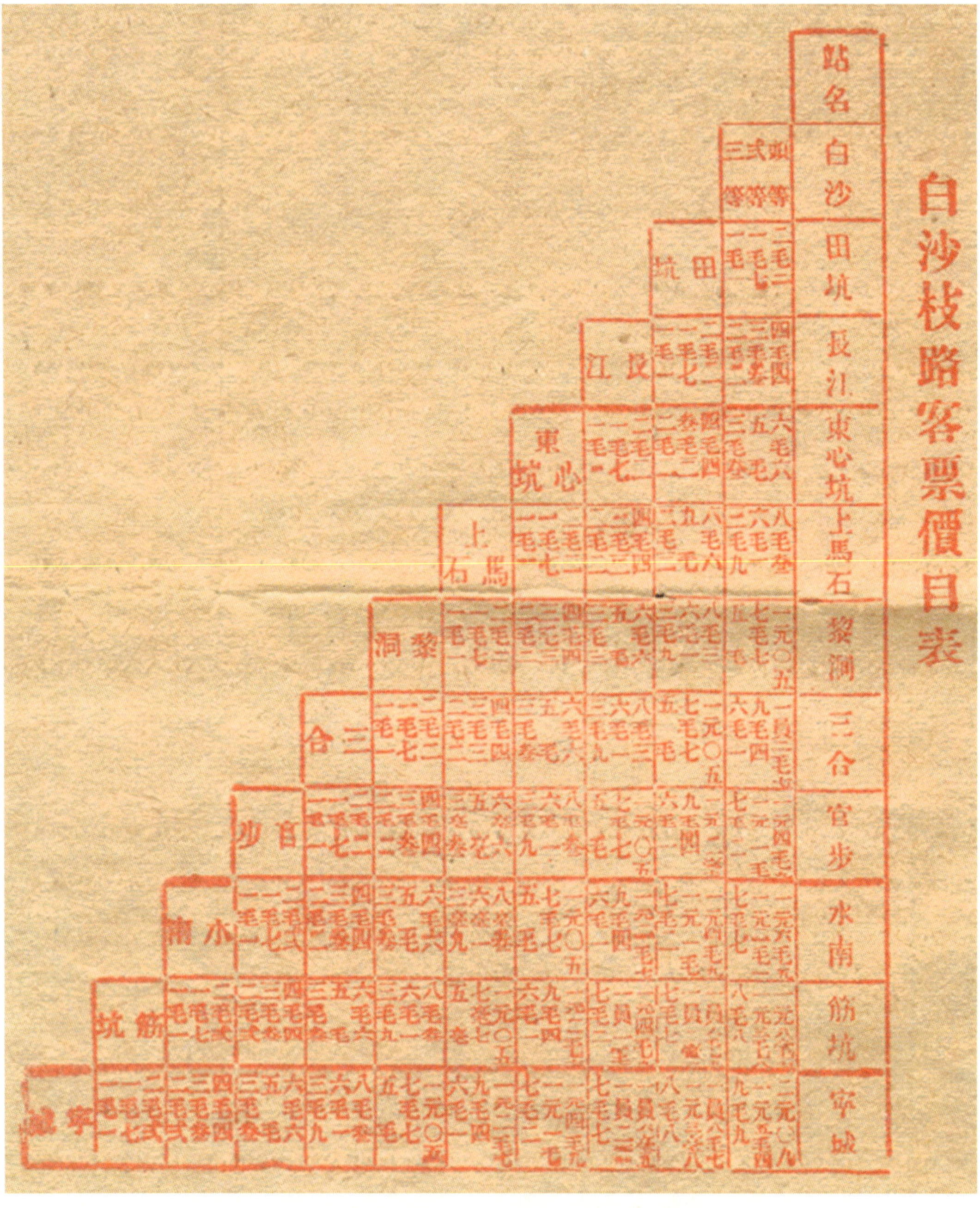

1931 年新宁铁路客票价目表（白沙枝路段）

章　程

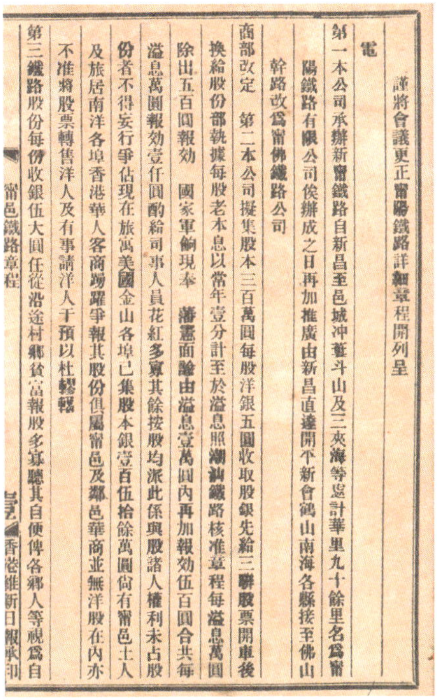

謹將會議更正甯陽鐵路詳細章程開列呈

電

第一本公司承辦新甯鐵路自新昌至邑城冲蔞斗山及三夾海等處計華里九十餘里名爲甯陽鐵路有限公司俟辦成之日再加推廣由新昌直達開平新會鶴山南海各縣接至佛山幹路改爲甯佛鐵路公司

商部改定　第二本公司擬集股本三百萬圓每股洋銀五圓收取股銀先給三聯股票開車後換給股份部執據每股老本息以常年壹分計至於溢息照潮汕鐵路核准章程每溢息萬圓除出五百圓報効　國家軍餉現奉　薔憲面諭由溢息壹萬圓內再加報効伍百圓合共每溢息萬圓報効壹仟圓酌給司事人員花紅多寡其餘按股均派此係與股諸人權利未占股份者不得妄行爭佔現在旅寓美國金山各埠已集股本銀壹百伍拾餘萬圓尚有甯邑士人及旅居南洋各埠香港華人客商踴躍爭報其股份俱屬甯邑及鄰邑華商並無洋股在內亦不准將股票轉售洋人及有事請洋人干預以杜轇轕

第三鐵路股份每份收銀伍大圓任從沿途村鄉貧富報股多寡聽其自便俾各鄉人等視爲自

甯邑鐵路章程

香港維新日報承印

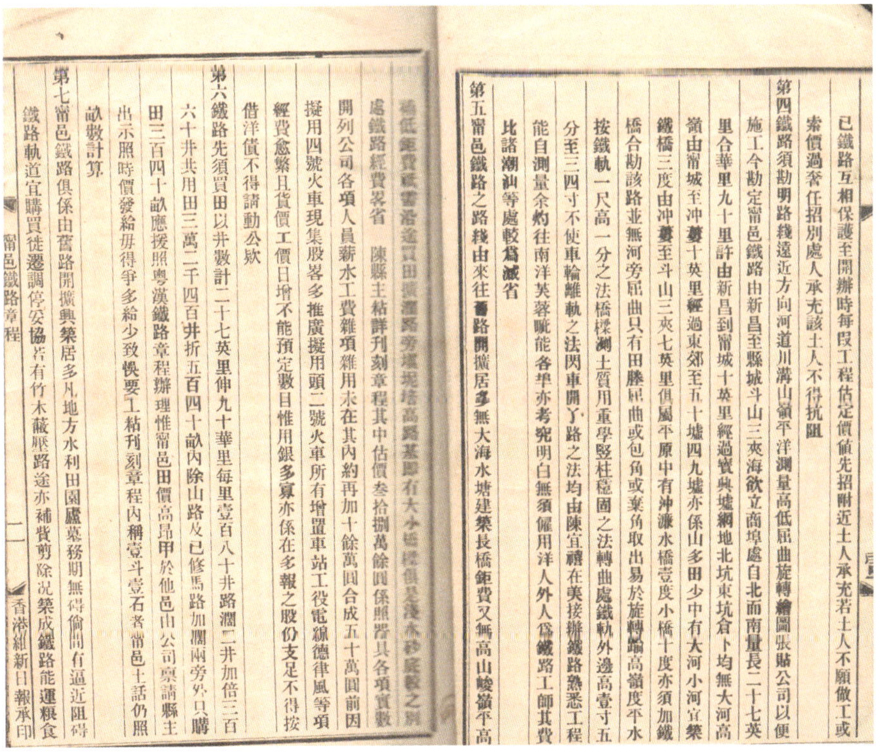

已鐵路互相保護至開辦時每段工程估定價值先招附近士人承充若士人不願做工或索價過奢任招別處人承充該士人不得抗阻

第四鐵路須勘明路綫遠近方向河道川溝山嶺平洋測量高低屈曲旋轉繪圖張貼公司以便施工今勘定甯邑鐵路由新昌至縣城斗山三夾海欲立商埠處自北而南量長二十七英里合華里九十里許由新昌到甯城十英里經過寶興墟網地北坑東坑倉卜均無大河高嶺由甯城至冲蔞十英里經過東郊至五十墟四九墟亦係山多田少中有大河小河宜築鐵橋三度由冲蔞至斗山三夾七英里俱屬平原中有沖濂水橋壹度小橋十度亦須加鐵橋合勘該路並無河旁屈曲只有田塍屈曲或包角或棄角取出易於旋轉踰高嶺度平水按鐵軌一尺高一分之法橋樑測土質用重學竪柱穩固之法轉曲處鐵軌外邊高壹寸五分至三四寸不使車輪離軌之法閃車開了路之法均由陳宜禧在美接辦鐵路熟悉工程能自測量余灼往南洋英荅嘛能各埠亦考究明白無須僱用洋人外人爲鐵路工師其費比諸潮汕等處較爲減省

第五甯邑鐵路之路綫由來往舊路開擴居多無大海水塘建築長橋鉅費又無高山峻嶺平高

爲低鉅費或當沿途買田[illegible]路旁[illegible]高路基即有大小[illegible]俱是淺水砂底較之與處鐵路經費畧省　陳縣主粘詳刊刻章程其中估價叁拾捌萬餘圓係照器具各項實數開列公司各項人員薪水工費雜項雜用未在其內約再加十餘萬圓合成五十萬圓前因擬用四號火車現集股畧多推廣擬用頭二號火車所有增置車站工役電線德律風等項經費愈繁且貨價工價日增不能預定數目惟用銀多寡亦係在多報之股份支足不得按借洋債不得請動公欵

第六鐵路先須買田以井數計二十七英里伸九十華里每里壹百八十井路濶二井加倍三百六十井共用田三萬二千四百井折五百四十畝內除山路及已修馬路加濶兩旁外只購田三百四十畝應援照粵漢鐵路章程辦理惟甯邑田價高昂甲於他邑由公司稟請縣主出示照時價發給毋得爭多給少致悞要工粘刊刻章程內稱壹斗壹石者甯邑土話仍照畝數計算

第七甯邑鐵路俱係由舊路開擴興築居多凡地方水利田園廬墓務期無得偏閉有逼近阻礙鐵路軌道宜購買徙遷調停妥協若有竹木蔭壓路途亦補貲剪除況築成鐵路能運糧食

甯邑鐵路章程　二

香港維新日報承印

宁邑铁路章程（节选）

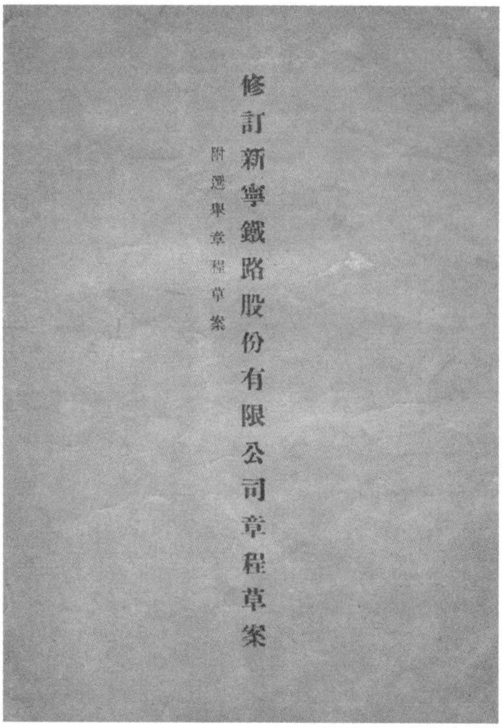

修訂新寧鐵路股份有限公司章程草案

附選舉章程草案

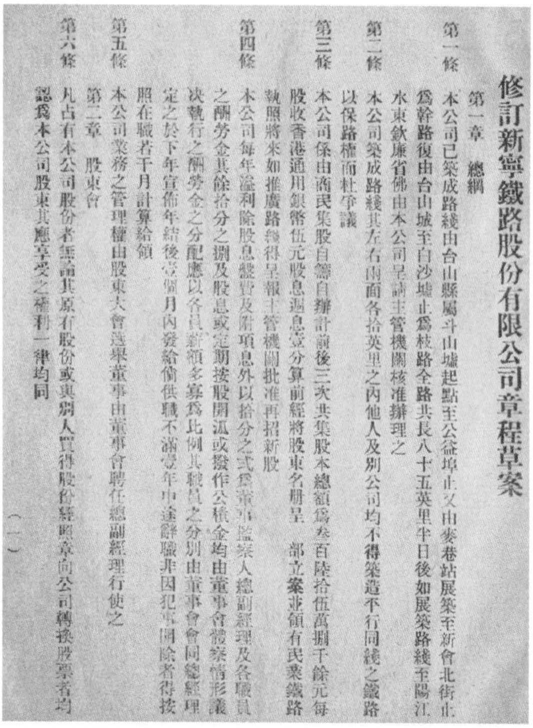

修訂新寧鐵路股份有限公司章程草案

第一章　總綱

第一條　本公司已築成路綫由台山縣屬斗山墟起點至公益埠止又由麥巷站展築至新會北街止爲幹路復由台山城至白沙墟止爲枝路全路共長八十五英里半日後如展築路綫至陽江水東欽廉省佛由本公司呈請主管機關核准辦理之

第二條　本公司築成路綫其左右兩面各拾英里之內他人及別公司均不得築造平行同綫之鐵路以保路權而杜爭議

第三條　本公司係由商民集股自籌自辦計前後三次共集股本總額爲叁百陸拾伍萬捌千餘元每股收香港通用銀幣伍元股息週息壹分算前經將股東名册呈　部立案並領有民業鐵路執照將來如推廣路綫得呈報主管機關批准再招新股

第四條　本公司每年溢利除股息盈貯及附項息外以拾分之弍爲董事監察人總副經理及各職員之酬勞金其餘拾分之捌及股息或定期按股開派或撥作公積金均由董事會體察情形議決執行之酬勞金之分配應以各員薪額多寡爲比例其職員之分別由董事會會同總經理定之於下年宣佈年結後壹個月內發給備供職不滿壹年中途辭職非因犯事開除者得按照在職若干月計算給領

第五條　本公司業務之管理權由股東大會選舉董事由董事會聘任總副經理行使之

第二章　股東會

第六條　凡占有本公司股份者無論其原有股份或與別人買得股份經照章向公司轉換股票者均認爲本公司股東其應享受之權利一律均同

（一）

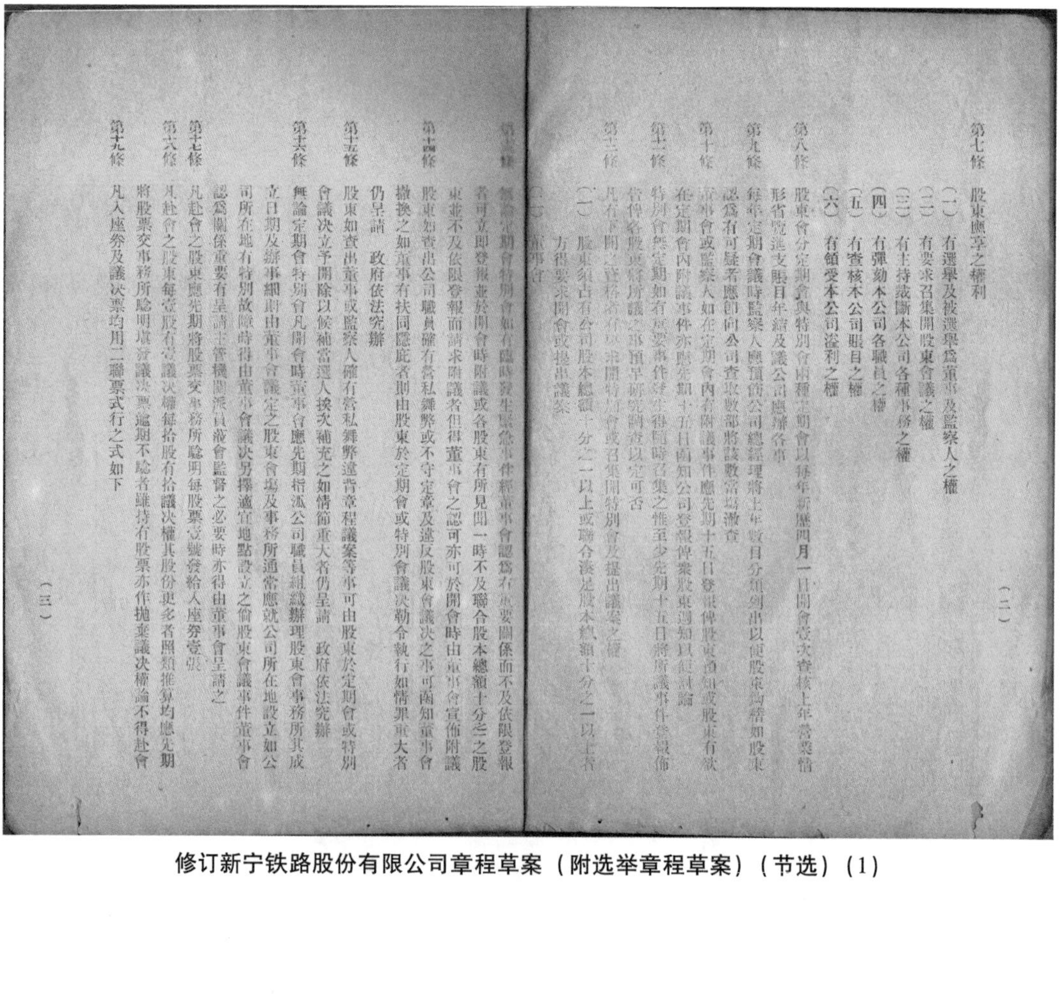

第七條　股東應享之權利

（一）有選舉及被選舉爲董事及監察人之權

（二）有要求召集開股東會議之權

（三）有主持裁斷本公司各種事務之權

（四）有彈劾本公司各職員之權

（五）有查核本公司賬目之權

（六）有領受本公司溢利之權

第八條　股東會分定期會與特別會兩種定期會以每年新歷四月一日開會壹次查核上年營業情形省覽進支賬目年結及議公司應辦各事

第九條　每年定期會議時監察人應預備公司總經理將上年數目分類列出以便股東稽知股東認爲有可疑者應即向公司查取數部將該數當場徹查

第十條　董事會或監察人如在定期會內有附議事件應先期十五日登報俾股東週知或股東有欲在定期會內附議事件亦應先期十五日函知公司登報俾衆股東週知以便討論

第十一條　特別會與定期會如有重要事件發生得隨時召集之惟至少先期十五日將所議事件登報佈告俾各股東對所議之事預早研究調查以定可否

第十二條　凡有下開之資格者得以要求開特別會或召集開特別會及提出議案之權

（一）股東須占有公司股本總額十分之一以上或聯合湊足股本總額十分之一以上者方得要求開會或提出議案

（二）董事會

（二）

第十三條　無論定期會特別會如有臨時發生緊急事件經董事會認爲有重要關係而不及依限登報者可立即登報並於開會時附議或各股東有所見即一時不及聯合股本總額十分之一之股東並不及依限登報而請求附議者但得董事會之認可亦可於開會時由董事會宣佈附議

第十四條　股東如查出公司職員確有營私舞弊或不守定章及違反股東會議決之事可函知董事會撤換之如董事有扶同隱庇者則由股東於定期會或特別會議決勒令執行如情罪重大者仍呈請　政府依法究辦

第十五條　股東如查出董事或監察人確有營私舞弊違背章程議案等事可由股東於定期會或特別會議決立予開除以候補當選人挨次補充之如情節重大者仍呈請　政府依法究辦

第十六條　無論定期會特別會凡開會時董事會應先期指派公司職員組織辦理股東會事務所其成立日期及辦事細則由董事會議定之股東會場及事務所通常應就公司所在地設立如公司所在地有特別故障時得由董事會議決另擇適宜地點設立之備股東會議事件董事會認爲關係重要有呈請主管機關派員蒞會監督之必要時亦得由董事會呈請之

第十七條　凡赴會之股東應先期將股票交事務所驗明每股票壹號發給入座券壹張

第十八條　凡赴會之股東每壹股有壹議決權每拾股有拾議決權其股份更多者照類推算均應先期將股票交事務所驗明塡發議決票逾期不驗者雖持有股票亦作拋棄議決權論不得赴會

第十九條　凡入座券及議決票均用二聯票式行之式如下

（三）

修订新宁铁路股份有限公司章程草案（附选举章程草案）（节选）（1）

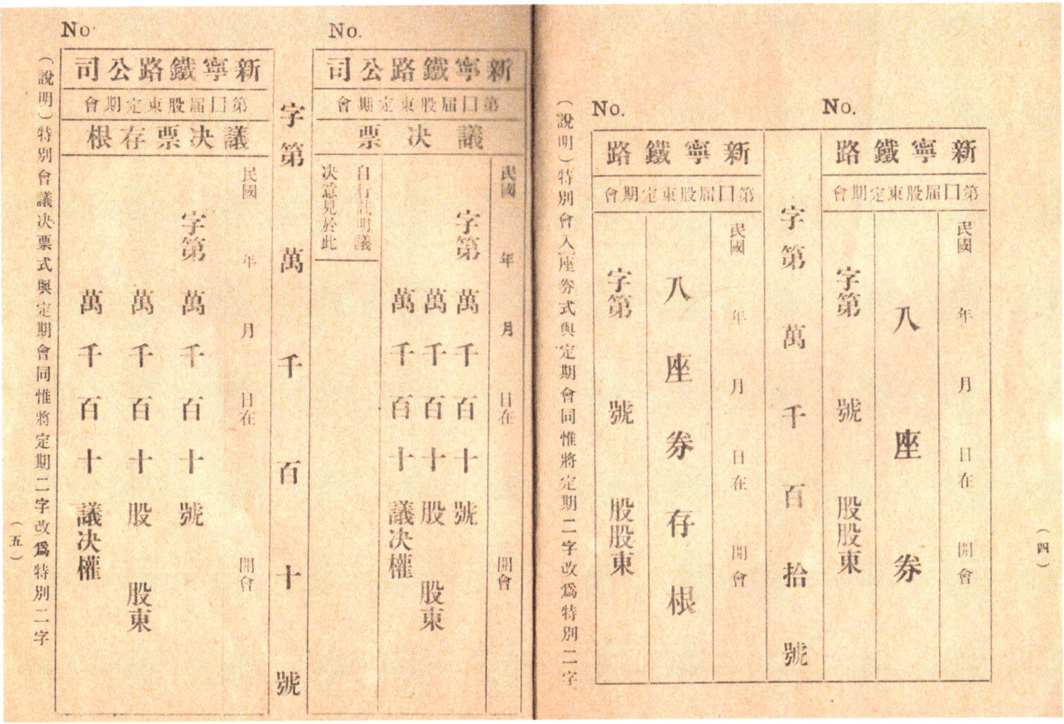

（四）
No.
新寧鐵路
第日屆股東定期會
入座劵
民國 年 月 日在 開會
字第 號 股東
No.
新寧鐵路
第日屆股東定期會
入座劵存根
民國 年 月 日在 開會
字第 號 股東
字第 萬 千 百 拾 號
（說明）特別會入座劵式與定期會同惟將定期二字改爲特別二字
（五）
No.
新寧鐵路公司
第日屆股東定期會
議決票
民國 年 月 日在 開會
字第 萬 千 百 十 號
萬 千 百 十 股 股東
萬 千 百 十 議決權
自行註明議決意見於此
字第 萬 千 百 十 號
No.
新寧鐵路公司
第日屆股東定期會
議決票存根
民國 年 月 日在 開會
字第 萬 千 百 十 號
萬 千 百 十 股 股東
萬 千 百 十 議決權
（說明）特別會議決票式與定期會同惟將定期二字改爲特別二字

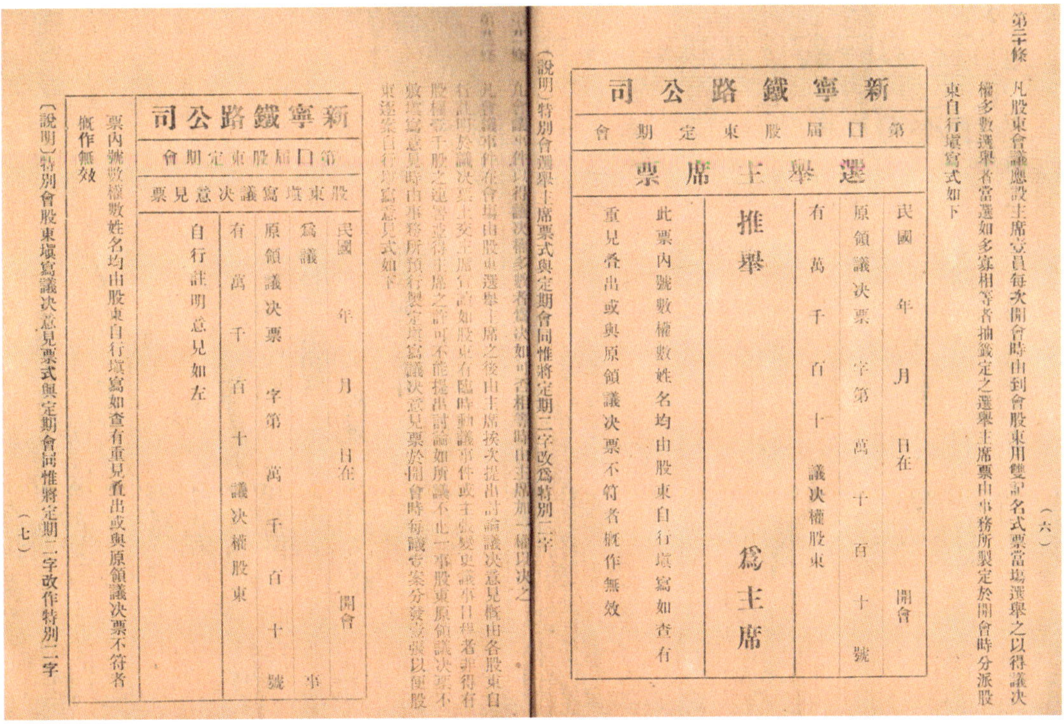

（六）
第二十條 凡股東會議應設主席壹員每次開會時由到會股東用雙記名式票當塲選舉之以得議決權多數選舉者當選如多寡相等者抽籤定之選舉主席票由事務所製定於開會時分派股東自行填寫式如下
新寧鐵路公司
第日屆股東定期會
選舉主席票
民國 年 月 日在 開會
原領議決票 字第 萬 千 百 十 號
有 萬 千 百 十 議決權股東
推舉 爲主席
此票內號數權數姓名均由股東自行填寫如查有重見叠出或與原領議決票不符者概作無效
（說明）特別會選舉主席票式與定期會同惟將定期二字改爲特別二字
第二十一條 凡會議事件以得議決權多數者決之如可否相等時由主席加一權以決之
第廿二條 凡會議事件在會塲由股東選舉主席之後由主席按次提出討論議決意見概由各股東自行註明於議決票交主席宣讀如股東有臨時動議事件或主張變更議事日程者非得有股權若干股之連署並得主席之許可不能提出討論如所議不止一事股東原領議決票不敷填寫意見時由事務所預行製定填寫議決意見票於開會時每議案分發一張以便股東逐案自行填寫意見式如下
（七）
新寧鐵路公司
第日屆股東定期會
股東填寫議決意見票
民國 年 月 日在 開會
爲議 事
原領議決票 字第 萬 千 百 十 號
有 萬 千 百 十 議決權股東
自行註明意見如左
票內號數權數姓名均由股東自行填寫如查有重見叠出或與原領議決票不符者概作無效
（說明）特別會股東填寫議決意見票式與定期會同惟將定期二字改作特別二字

修订新宁铁路股份有限公司章程草案（附选举章程草案）（节选）（2）

（一）有鐵路工程專門學識及經驗並品行端正者
（二）年在叁拾歲以上六拾歲以下者

第六三條　工務主任兼充工程師所有關於全路工程設計或修理概由該主任規畫商承總經理督飭課員辦理之如有重大工程預算需款在壹千元以上者應先期呈報董事會核准方得興工

第六三條　車務課主任之聘用要具如下之條件
（一）有車務專門學識及經驗並品行端正者
（二）年齡在叁拾歲以上六拾歲以下者

第六四條　車務主任秉承總經理督飭課員辦理關於全路車務運輸事項

第六五條　機務課主任之聘用要具如下之條件
（一）有機器專門學識及經驗並品行端正者
（二）年齡在叁拾歲以上六拾歲以下者

第六六條　機務課主任秉承總經理督飭課員及廠長工目等辦理關於全路機器工作事項

第六章　附則

第六七條　董事及監察人之選舉其章程另訂之

第六八條　各課組織章程及辦事細則由總經理會同各課主任分別擬訂送董事會核定之

第六九條　本章程如有未盡事宜得隨時由董東大會修改之

第七十條　凡本公司舊有各種章程如與此次新改章程無抵觸者均仍爲有效倘新舊章程所未明白規定者則依據國家普通法律處理之

第七一條　本章自奉准立案日施行

（一六）

新寧鐵路股份有限公司選舉章程草案

第一章　總則

第一條　本章程關於董事及監察人之選舉適用之

第二條　選舉事務由現任董事會指派公司職員組立選舉事務所辦理之事務所設管理一員爲主任設幹事糾察若干員分任驗股發票及料理會場內各事其員額由管理員指派之開始驗股發票及開會選舉之日均呈請主管機關派員蒞場監督另請地方官（指公司所在地之行政長官而言）於開會日派隊到場保護用維秩序

第三條　選舉會場及事務所均就總公司所在地設立凡驗股發票投票開票一切事宜均於本會場及事務所辦理

第四條　選舉日期自本次選舉第六屆董事監察人爲由股東大會決定日期後嗣後每歷三年照章選舉一次均以此日期爲准並預早四個月登報佈告股東週知非有特別事故發生不得改期

第二章　選舉人及被選舉人

第五條　凡股東皆得爲選舉人其選舉票以一股爲一權其股份多者須推照數遞加但每票限選一人

第六條　凡占本公司股份二百股以上者有被選舉爲董事及監察人之資格

第七條　有左列情之事一者無被選舉權

（一）未成年者
（二）褫奪公權尚未恢復者
（三）有精神病者
（四）受破產宣告確定後尚未撤銷者
（五）不識文字者
（六）辦理路事曾經名譽劣有案者

第八條　凡股東用堂名會名社會名義入股者得委託代表一人在選舉前一個月提出委託書到公司或選舉事務所登記姓名亦有選舉權但無被選舉權至股東本人委託代表有選舉權亦有被選舉權惟被選時須本人出面任事不得委託代表

第九條　董事定額九名自第六屆起一律由股東選舉充選出之監察人定額二名由每年股東常會省覽年結時選舉之

第十條　董事任期三年監察人任期一年爲限連舉得連任

第三章　發票投票開票

第十一條　選舉票及股東入場劵均用記名式二聯票由事務所製定册蓋戳記其來賓所用入場劵亦同式如下

（一八）

選舉票式

No.

新寧鐵路

第□屆選舉票

民國　年　月　日在會由[illegible]　監督　蓋章

字第　萬　千　百　十　號

萬　千　百　十　股

萬　千　百　十　權

股東

舉　爲董事員

字第　萬　千　百　十　號

No.

新寧鐵路

第□屆選舉票存根

字第　萬　千　百　十　號

萬　千　百　十　股

萬　千　百　十　權

股東

舉　爲董事員

（說明）監察人選舉票式與董事同惟將「董事員」三字改爲「監察人」三字

（一九）

修订新宁铁路股份有限公司章程草案（附选举章程草案）（节选）（3）

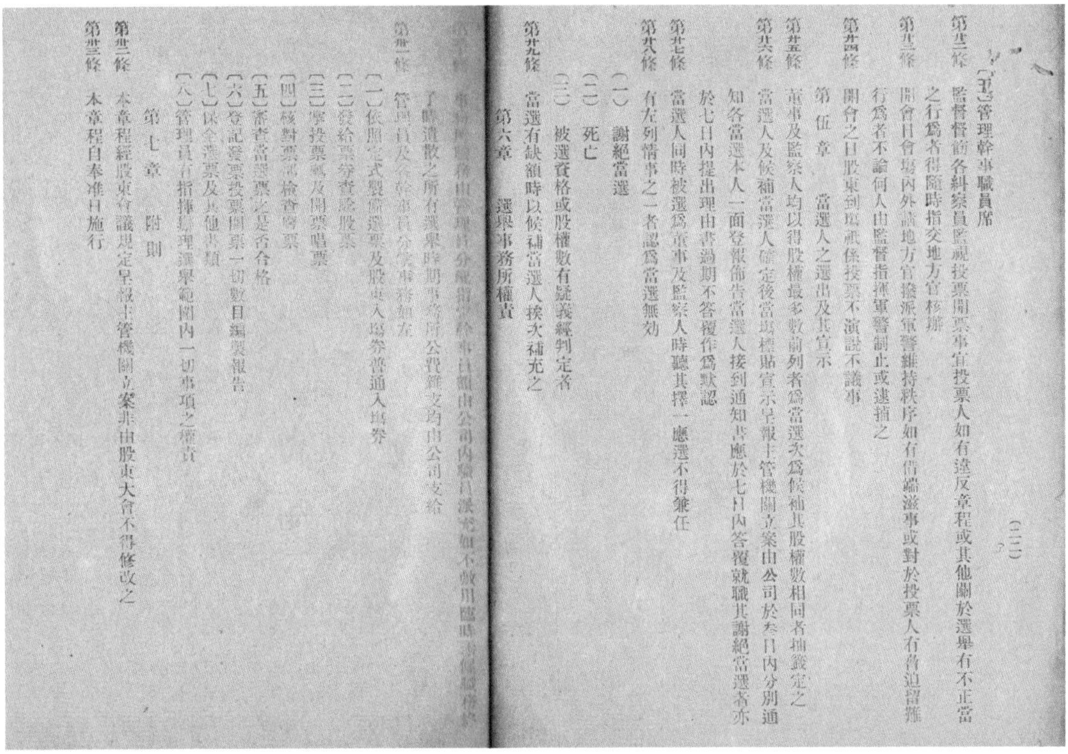

（五）管理幹事職員席

第廿三條 監督督飭各糾察員監視投票開票事宜投票人如有違反章程或其他關於選舉有不正當之行爲者得隨時指交地方官核辦

第廿四條 開會日會場內外請地方官撥派軍警維持秩序如有借端滋事或對於投票人有脅迫留難行爲者不論何人由監督指揮軍警制止或逮捕之

第廿五條 開會之日股東到場祇係投票不演說不議事

第伍章 當選人之選出及其宣示

第廿六條 董事及監察人均以得股權最多數前列者爲當選次爲候補其股權數相同者抽籤定之

第廿七條 當選人及候補當選人確定後當場標貼宣示呈報主管機關立案由公司於叁日內分別通知各當選本人一面登報佈告當選人接到通知書應於七日內答覆就職其謝絕當選者亦於七日內提出理由書過期不答覆作爲默認

第廿八條 當選人同時被選爲董事及監察人時聽其擇一應選不得兼任

第廿九條 有左列情事之一者認爲當選無效

（一）謝絕當選

（二）死亡

（三）被選資格或股權數有疑義經判定者

第卅條 當選有缺額時以候補當選人挨次補充之

第六章 選舉事務所權責

第卅一條 [illegible]務由管理員分派[illegible]幹事員[illegible]由公司內職員派充如不敷用臨時[illegible]了時遣散之所有選舉時期事務所公費雜支均由公司支給

第卅二條 管理員及各幹事員分掌事務如左

（一）依照定式製備選票及股東入場券普通入場券

（二）發給票券查驗股票

（三）寧投票匭及開票唱票

（四）核對票匭檢查廢票

（五）審查當選票之是否合格

（六）登記發票投票開票一切數目編製報告

（七）保全選票及其他書類

（八）管理員有指揮辦理選舉範圍內一切事項之權責

第七章 附則

第卅三條 本章程經股東會議規定呈報主管機關立案非由股東大會不得修改之

第卅四條 本章程自奉准日施行

（二二）

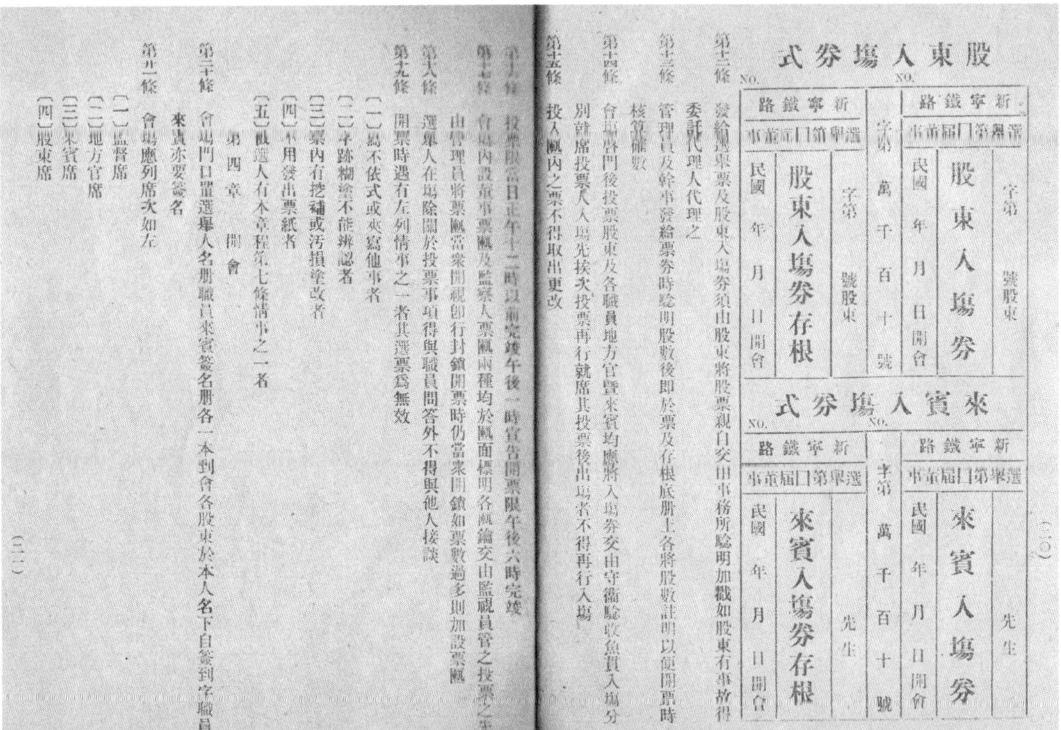

第十二條 發給選舉票及股東入場券須由股東將股票親自交由事務所驗明加戳如股東有事故得委託代理人代理之

股東入場券式

NO.		NO.
新寧鐵路 選舉第□屆董事 字第　號股東 股東入場券 民國　年　月　日開會	字第　萬　千　百　十　號	新寧鐵路 選舉第□屆董事 字第　號股東 股東入場券存根 民國　年　月　日開會

來賓入場券式

NO.		NO.
新寧鐵路 選舉第□屆董事 先生 來賓入場券 民國　年　月　日開會	字第　萬　千　百　十　號	新寧鐵路 選舉第□屆董事 先生 來賓入場券存根 民國　年　月　日開會

第十三條 管理員及幹事發給票券時驗明股數後即於票及存根底冊上各將股數註明以便開票時核算權數

第十四條 會場啓門後投票股東及各職員地方官暨來賓均應將入場券交由守衞驗收魚貫入場分別就席投票人入場先挨次投票再行就席其投票後出場者不得再行入場

第十五條 投入匭內之票不得取出更改

（二〇）

第十六條 投票限當日正午十二時以前完竣午後一時宣告開票限午後六時完竣

第十七條 會場內設董事票匭及監察人票匭兩種均於匭面標明各匭鑰交由監視員管之投票之先由管理員將票匭當衆開視即行封鎖開票時仍當衆開鎖如票數過多則加設票匭

第十八條 選舉人在場除關於投票事項得與職員問答外不得與他人接談

第十九條 開票時遇有左列情事之一者其選票爲無效

（一）爲不依式或夾寫他事者

（二）字跡糊塗不能辨認者

（三）票內有挖補或汚損塗改者

（四）不用發出票紙者

（五）被選人有本章程第七條情事之一者

第四章 開會

第二十條 會場門口置選舉人名册職員來賓簽名册各一本到會各股東於本人名下自簽到字職員來賓亦要簽名

第廿一條 會場應列席次如左

（一）監督席

（二）地方官席

（三）來賓席

（四）股東席

（二一）

修订新宁铁路股份有限公司章程草案（附选举章程草案）（节选）（4）

乘车票、行李票、货运票

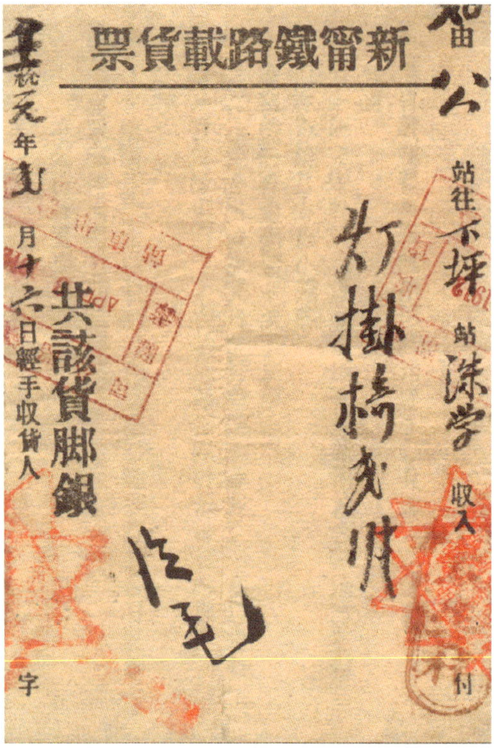
新甯鐵路載貨票
由 公 站往 下坪 站
宣統元年 月十六日經手收貨人
共該貨脚銀
收入
付
字

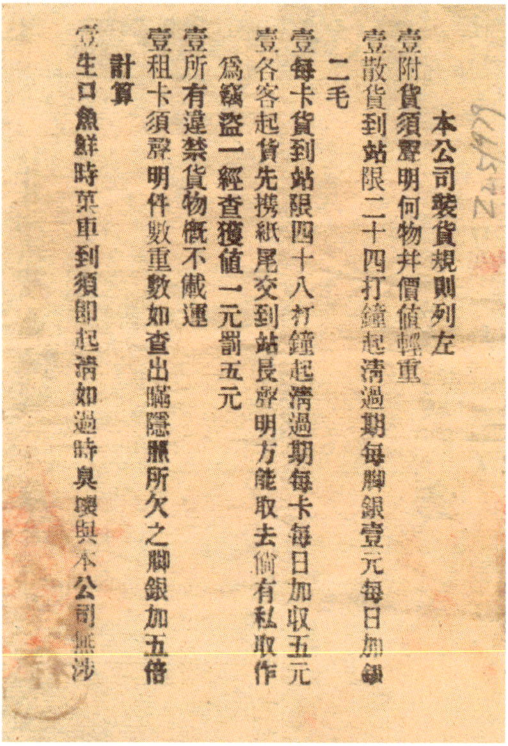
本公司裝貨規則列左
壹附貨須聲明何物并價值輕重
壹散貨到站限二十四打鐘起清過期每脚銀壹元每日加銀二毛
壹每卡貨到站限四十八打鐘起清過期每卡每日加收五元
壹各客起貨先携紙尾交到站長聲明方能取去倘有私取作為竊盜一經查獲值一元罰五元
壹所有違禁貨物概不儎運
壹租卡須聲明件數重數如查出瞞隱照所欠之脚銀加五倍計算
壹生口魚鮮時菓車到須即起清如過時臭壞與本公司無涉

1909 年新宁铁路载货票

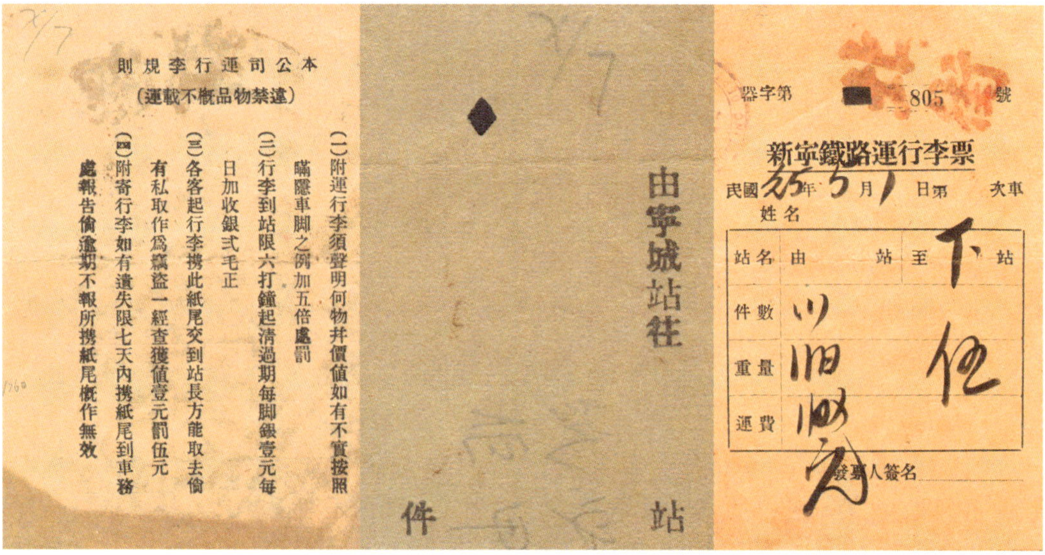
本公司運行李規則
（違禁物品概不載運）
(一)附運行李須聲明何物并價值如有不實按照瞞隱車脚之例加五倍處罰
(二)行李到站限六打鐘起清過期每脚銀壹元每日加收銀弍毛正
(三)各客起行李携此紙尾交到站長方能取去倘有私取作為竊盜一經查獲值壹元罰伍元
(四)附寄行李如有遺失限七天內携紙尾到車務處報告倘逾期不報所携紙尾概作無效

由寧城站往 站
件

器字第 [redacted] 805 號
新寧鐵路運行李票
民國 5 年 5 月 7 日 第 次車
姓名

站名	由	站	至 下坪	站
件數				
重量				
運費				

發票人簽名

1916 年新宁铁路运行李票（北街站）(1)

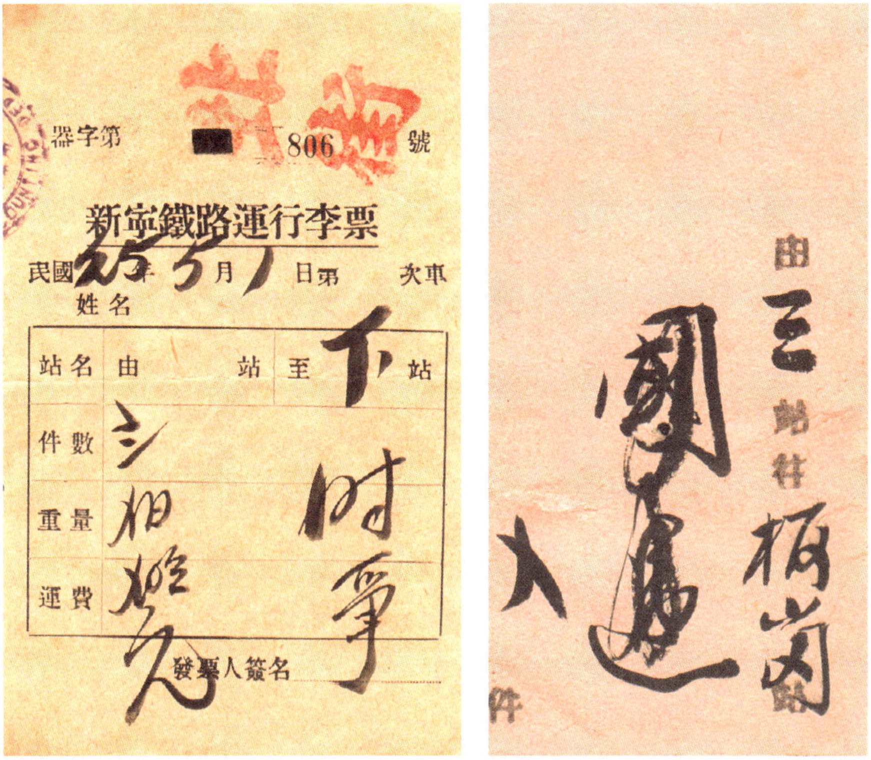

1916 年新宁铁路运行李票（北街站）（2）

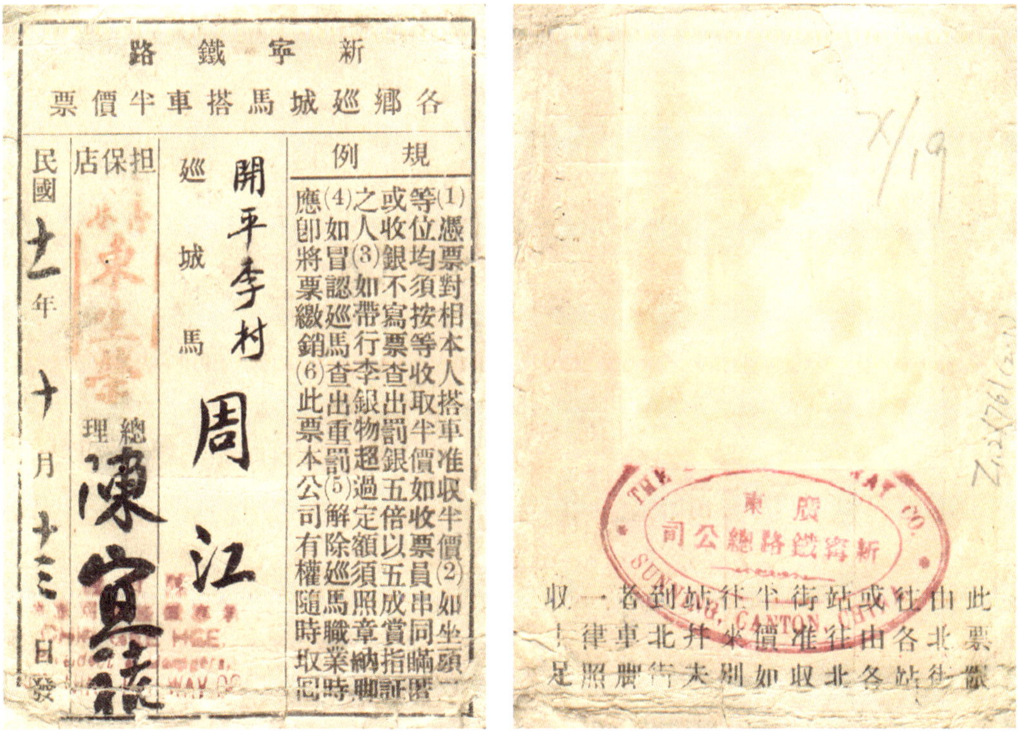

1922 年周江的新宁铁路各乡巡城马搭车半价票

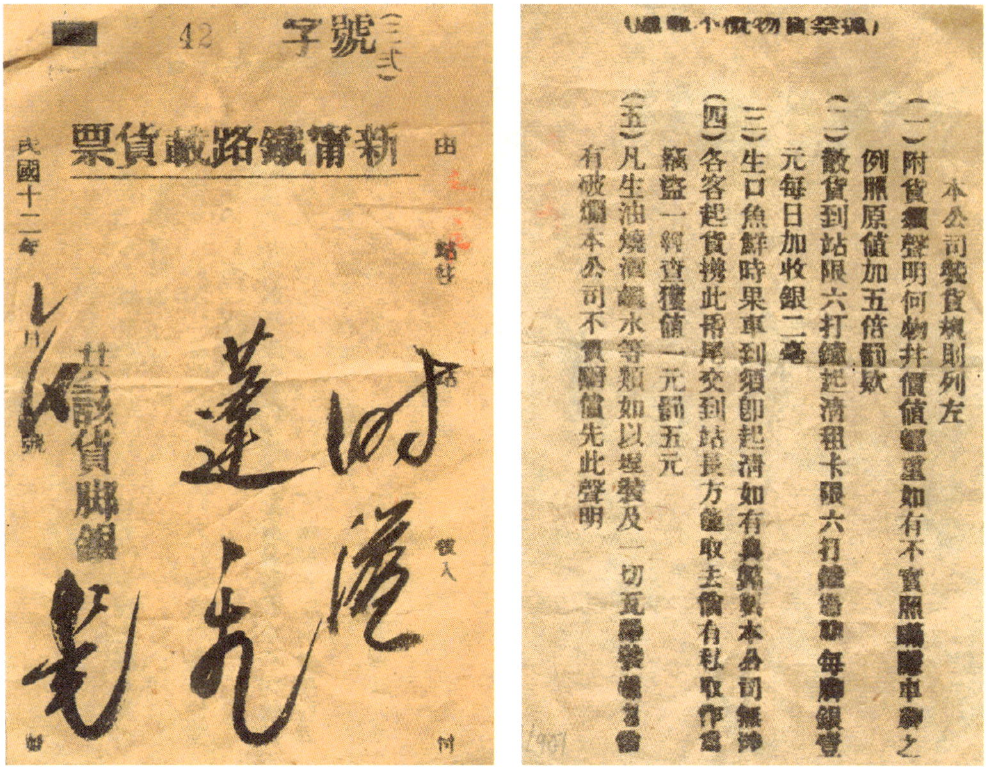
（三式） 號字 42

新甯鐵路載貨票

由 站 至 站

民國十二年 月 日

共 該貨脚銀

本公司載貨規則列左

（一）附貨須聲明何物并價值輕重如有不實照購隊車脚之例照原值加五倍罰款

（二）數貨到站限六打鐘起清租卡限六打鐘 每牌銀壹元每日加收銀二毫

（三）生口魚鮮時果車到須即起清如有臭爛本公司無涉

（四）各客起貨携此票尾交到站長方能取去倘有私取作為竊盜一經查獲值一元罰五元

（五）凡生油燒酒鹹水等類如以堤裝及一切瓦器 有破爛本公司不負賠償先此聲明

1923 年新宁铁路载货票

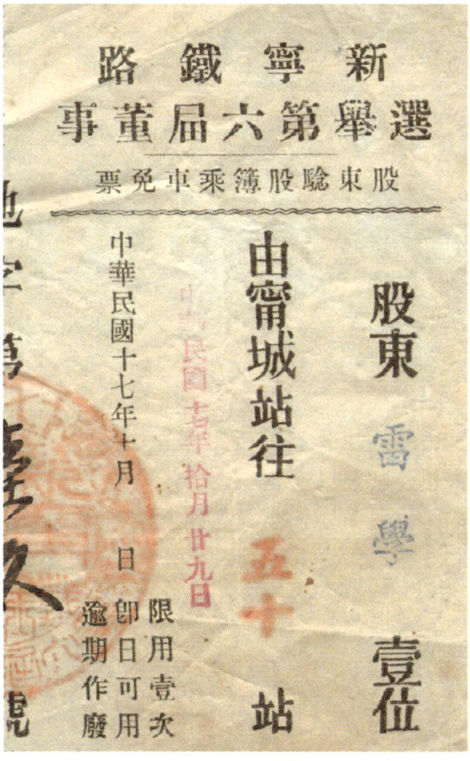
新寧鐵路

選舉第六屆董事

股東驗股簿乘車免票

股東 雷學 壹位

由甯城站往 五十 站

中華民國十七年十月 日

中華民國十七年拾月廿九日

限用壹次 即日可用 逾期作廢

1928 年股东雷学的新宁铁路选举第六届董事股东验股簿乘车免票券

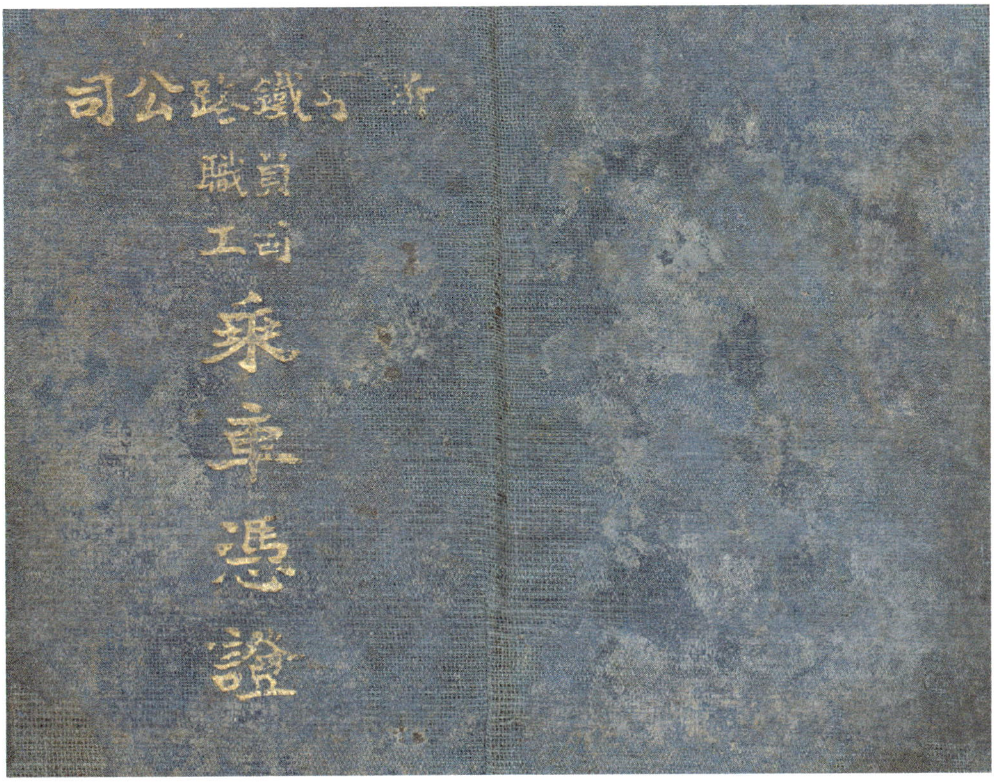

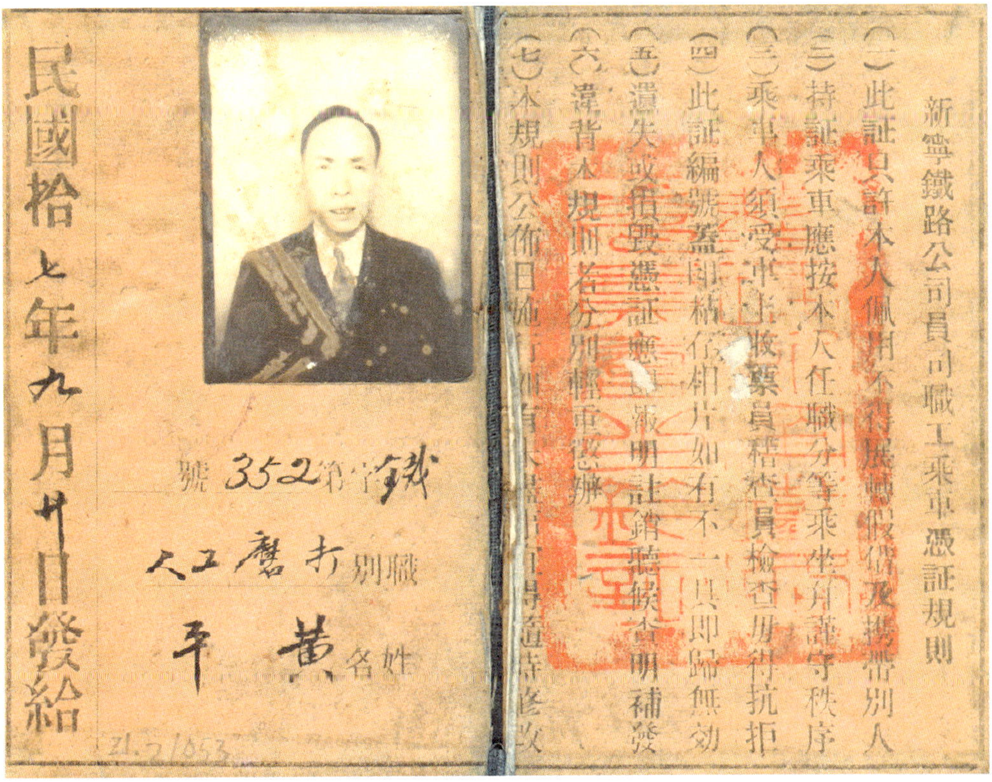

1928 年新宁铁路公司职工黄平乘车凭证

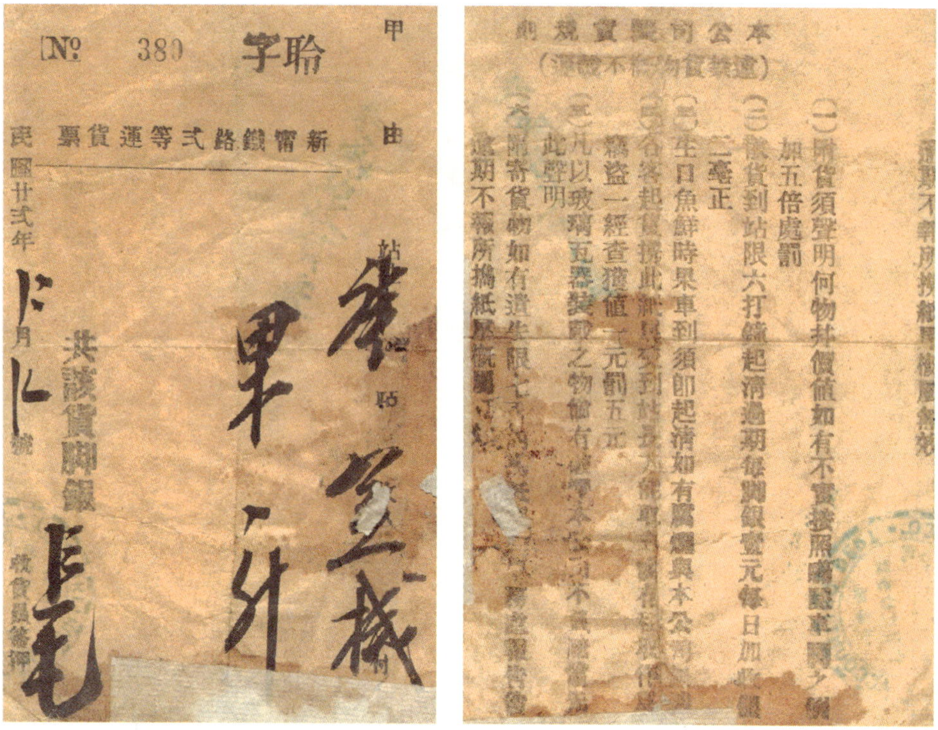
甲 聆字 No. 380

新甯鐵路弍等運貨票

由　站往　站　收入　付

民國廿弍年　月　號

共該貨脚銀

收貨員簽押

本公司裝貨規則

（違禁貨物概不裝運）

（一）附貨須聲明何物并價值如有不實接照兩頭車脚之例加五倍處罰

（二）散貨到站限六打鐘起清過期每脚銀壹元每日加收銀二毫正

（三）生口魚鮮時果車到須即起清如有腐爛與本公司無涉

（四）各客起貨携此紙尾交到站長方能取去倘有私取作爲竊盜一經查獲值一元罰五元

（五）凡以玻璃瓦器裝載之物倘有破爛本公司不負賠償先此聲明

（六）附寄貨物如有遺失限七天內携紙尾到車務處報告倘逾期不報所携紙尾概屬無效

1933 年新宁铁路二等运货票（1）

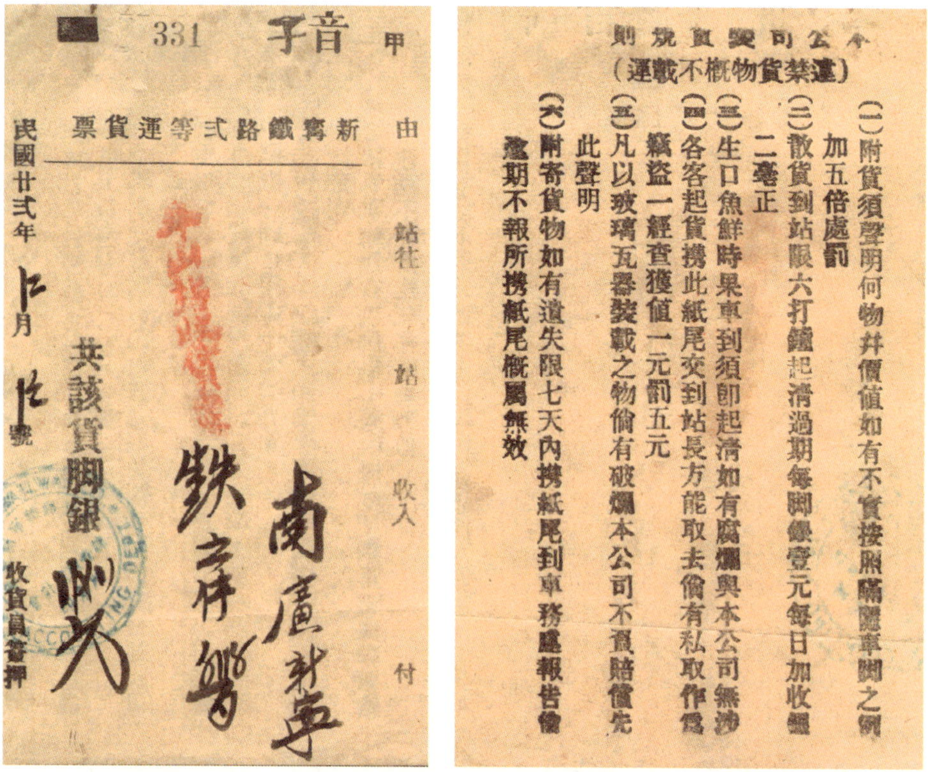
甲 音字 331

新甯鐵路弍等運貨票

由　站往　站　收入　付

民國廿弍年　月　號

共該貨脚銀

收貨員簽押

本公司裝貨規則

（違禁貨物概不裝運）

（一）附貨須聲明何物并價值如有不實接照兩頭車脚之例加五倍處罰

（二）散貨到站限六打鐘起清過期每脚銀壹元每日加收銀二毫正

（三）生口魚鮮時果車到須即起清如有腐爛與本公司無涉

（四）各客起貨携此紙尾交到站長方能取去倘有私取作爲竊盜一經查獲值一元罰五元

（五）凡以玻璃瓦器裝載之物倘有破爛本公司不負賠償先此聲明

（六）附寄貨物如有遺失限七天內携紙尾到車務處報告倘逾期不報所携紙尾概屬無效

1933 年新宁铁路二等运货票（2）

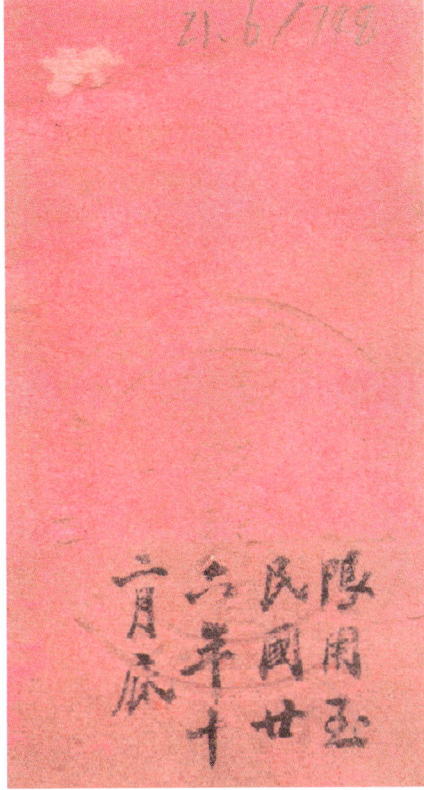

1935 年马潮瀞的新宁铁路头等免费证

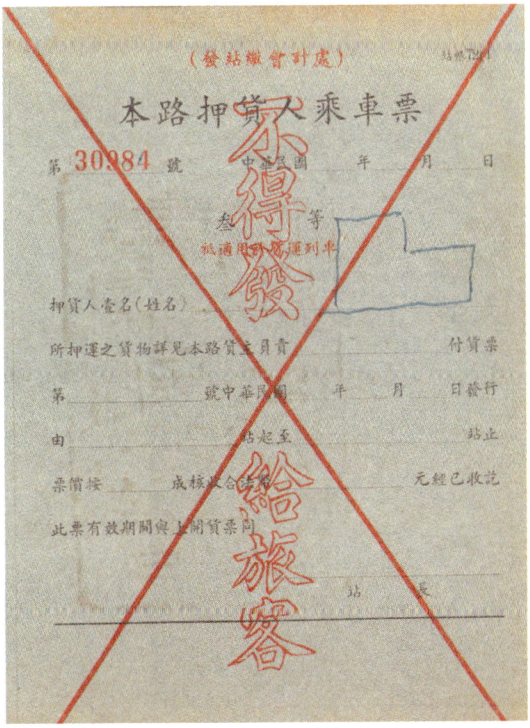

新宁铁路押货人乘车票（空白）

股份簿

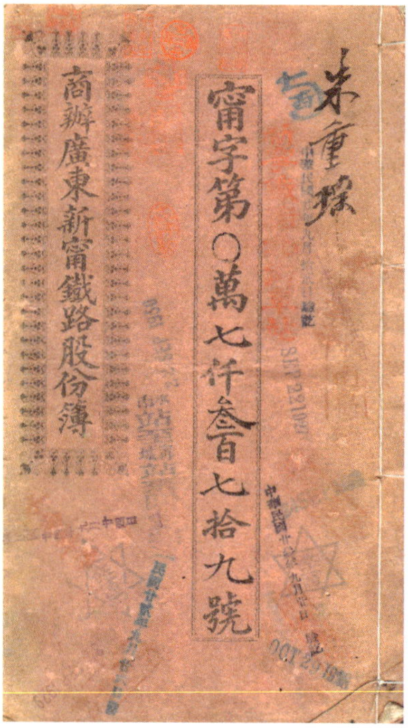

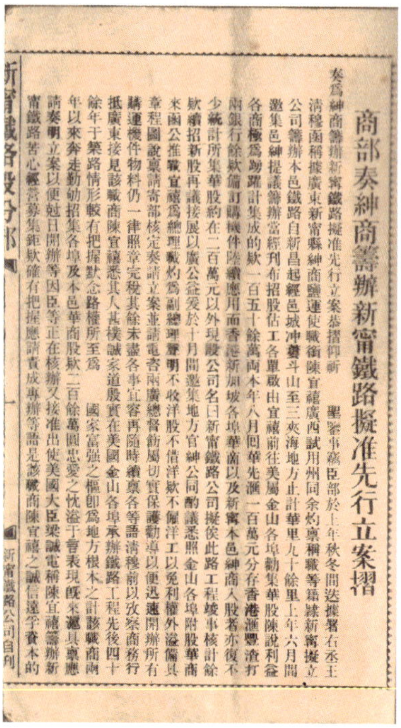

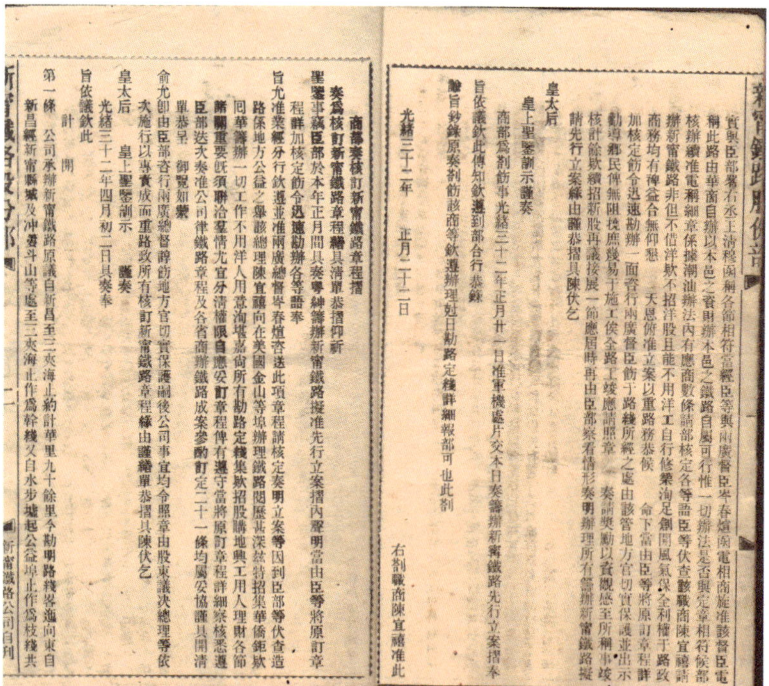

1909 年朱重瑶的商办广东新宁铁路股份簿（1）

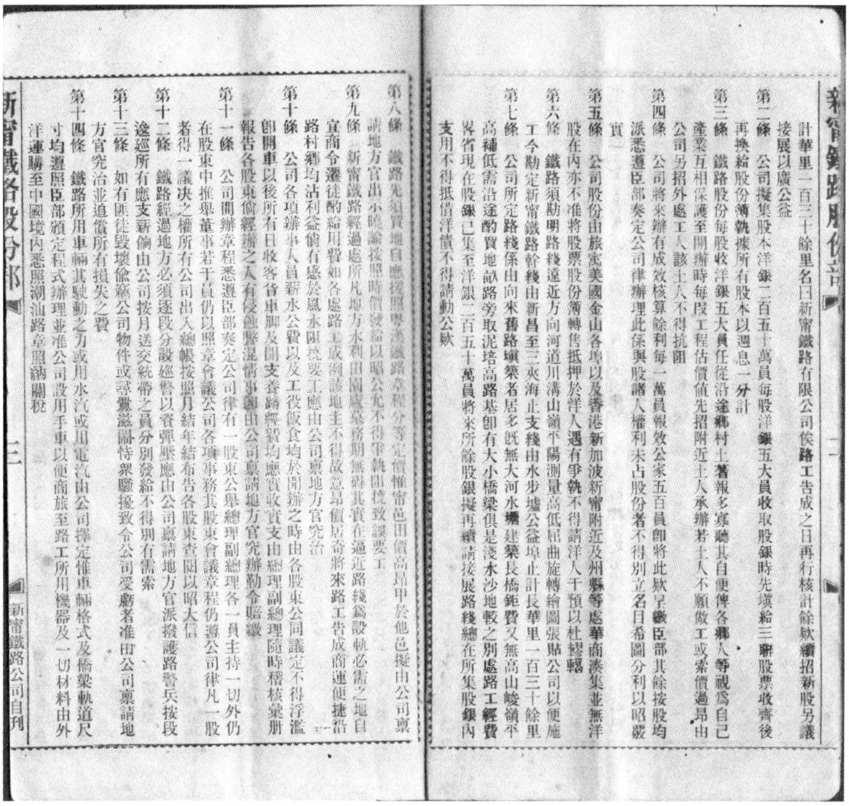

新寧鐵路股份部　二

計華里一百三十餘里名曰新寧鐵路有限公司俟路工告成之日再行核計餘款續招新股另議
接展以廣公益
第二條　公司擬集股本洋銀二百五十萬員每股洋銀五大員收取股銀時先塡給三聯股票收齊後
再換給股份簿執據所有股本以週息一分計
第三條　鐵路股份每股收洋銀五大員任從沿途鄉村土著報多寡聽其自便俾各鄉人等視爲自己
產業互相保護至開辦時每段工程估價値先招附近土人承辦若土人不願做工或索價過昂由
公司另招外處工人該土人不得抗阻
第四條　公司將來辦有成效核算餘利每一萬員報效公家五百員卽將此款呈繳臣部其餘按股均
派悉遵臣部奏定公司律辦理此係與股諸人權利未占股份者不得別立名目希圖分利以昭覈
實
第五條　公司股份由旅寓美國金山各埠以及香港新加坡新寧附近及州縣等處華商湊集並無洋
股在內亦不准將股票股份簿轉售抵押於洋人遇有爭執不得請洋人干預以杜轇轕
第六條　鐵路須勘明路綫遠近方向河道川溝山嶺平陽測量高低屈曲旋轉繪圖張貼公司以便施
工今勘定新寧鐵路幹綫由新昌至三夾海止支綫由水步墟公益埠止計長華里一百三十餘里
第七條　公司所定路綫係由向來舊路塡築者居多既無大河水壩建築長橋鉅費又無高山峻嶺平
高補低需沿途酌買地畝路旁取泥培高路基卽有大小橋梁俱是淺水沙地較之別處路工經費
畧省現在股銀已集至洋銀二百五十萬員將來所餘股銀擬再續請接展路綫總在所集股銀內
支用不得抵借洋債不得請動公款

第八條　鐵路先須買地自應援照粵漢鐵路章程分等定價惟甯邑田價高昂甲於他邑擬由公司稟
請地方官出示曉諭按照時價發給以昭公允不得爭執阻撓致誤要工
第九條　新甯鐵路經過處所凡地方水利田園廬墓務期無礙其實在逼近路綫爲設軌必需之地自
宜商令遷徙酌給用費如各處路工成例該地主不得故意昂價居奇將來路工告成商運便捷沿
路村鄉均沾利益倘有惑於風水阻撓要工應由公司稟地方官究治
第十條　公司各項辦事人員薪水公費以及工役飯食均於開辦之時由各股東公同議定不得浮濫
卽開車以後所有日收客貨車脚及開支養路經費均應實收實支由總理副總理隨時稽核彙冊
報告各股東倘經辦之人有侵蝕弊混情事卽由公司稟請地方官究辦勒令賠繳
第十一條　公司開辦章程悉遵臣部奏定公司律有一股東公舉總理副總理各一員主持一切外仍
在股東中推舉董事若干員仍以照章會議公司各項事務其股東會議章程仍遵公司律凡一股
者得一議決之權所有公司出入總帳按照月結年結布告各股東查閱以昭大信
第十二條　鐵路經過地方必須逐段分設巡警以資彈壓應由公司稟請地方官派撥護路警兵按段
逡巡所有應支薪餉由公司按月送交統帶之員分別發給不得別有需索
第十三條　如有匪徒毀壞偸竊公司物件或尋釁滋鬧恃衆騷擾致令公司受虧者准由公司稟請地
方官究治並追償所有損失之費
第十四條　鐵路所用車輛其駛動之力或用水汽或用電汽由公司擇定惟車輛格式及橋梁軌道尺
寸均遵照臣部頒定程式辦理並准公司設用手車以便商旅至路工所用機器及一切材料由外
洋運購至中國境內悉照潮汕路章照納關稅

新甯鐵路股份部　三　新甯鐵路公司自刊

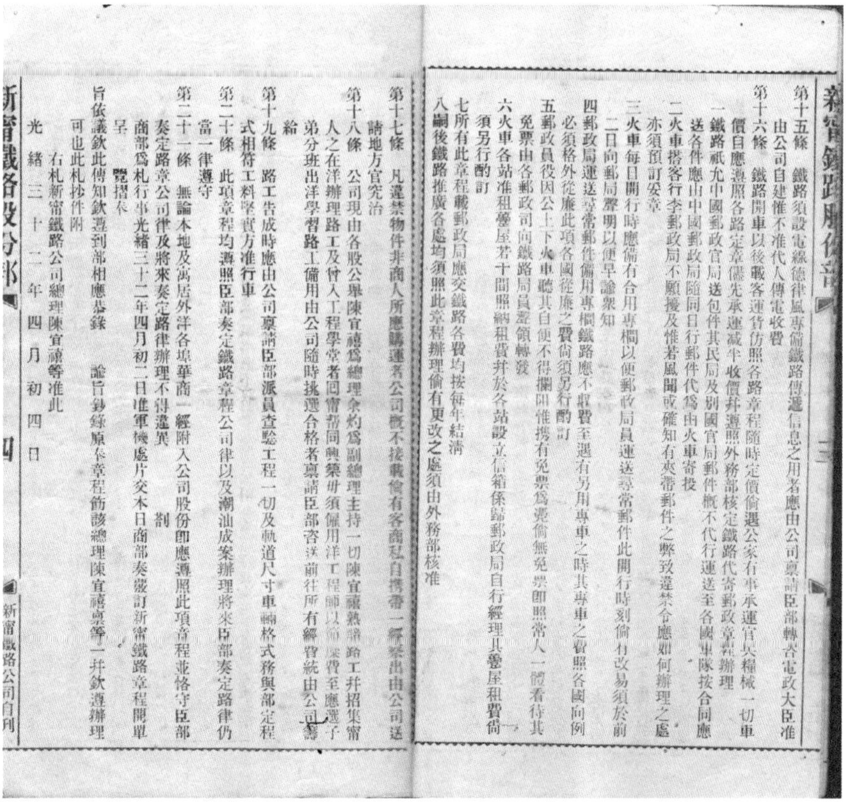

新甯鐵路股份部　三

第十五條　鐵路須設電線德律風專備鐵路傳遞信息之用者應由公司稟請臣部轉咨電政大臣准
由公司自建惟不准代人傳電收費
第十六條　鐵路開車以後載客運貨仿照各路章程隨時定價倘遇公家有事承運官兵糧械一切車
價自應遵照各路定章儘先承運減半收價并遵照外務部核定鐵路代寄郵政章程辦理
一鐵路祗允中國郵政官局送包件其民局及別國官局郵件概不代行運送至各國車隊按合同應
送各件應由中國郵政局隨同日行郵件代爲由火車寄投
二火車搭客行李郵政局不願擾及惟若風聞或確知有夾帶郵件之弊致違禁令應如何辦理之處
亦須預訂妥章
三火車每日開行時應備有合用專櫃以便郵政局員運送尋常郵件此開行時刻倘有改易須於前
二日向郵局聲明以便早諭衆知
四郵政局運送尋常郵件備用專櫃鐵路應不取費至遇有另用專車之時其專車之費照各國向例
必須格外從廉此項各國從廉之費倘須另行酌訂
五郵政員役因公上下火車聽其自便不得攔阻惟携有免票爲憑倘無免票卽照常人一體看待其
免票由各郵政司向鐵路局員聲領轉發
六火車各站准租臺屋若干間照納租費并於各站設立信箱係歸郵政局自行經理其臺屋租費倘
須另行酌訂
七所有此章程載郵政局應交鐵路各費均按每年結淸
八嗣後鐵路推廣各處均須照此章程辦理倘有更改之處須由外務部核准

第十七條　凡違禁物件非商人所應購運者公司槪不挍載倘有客商私自携帶一經察出由公司送
請地方官究治
第十八條　公司現由各股公舉陳宜禧爲總理余灼爲副總理主持一切陳宜禧熟諳路工并招集甯
人之在洋辦理路工及曾入工程學堂者回甯帮同興築毋須僱用洋工程師以節糜費至應選子
弟分班出洋學習路工備用由公司隨時挑選合格者稟請臣部咨送前往所有經費統由公司籌
給
第十九條　路工告成時應由公司稟請臣部派員查驗工程一切及軌道尺寸車輛格式務與部定程
式相符工料堅實方准行車
第二十條　此項章程均遵照臣部奏定鐵路章程公司律以及潮汕成案辦理將來臣部奏定路律仍
當一律遵守
第二十一條　無論本地及寓居外洋各埠華商一經附入公司股份卽應遵照此項章程並恪守臣部
奏定路章公司律及將來奏定路律辦理不得違異　劄
商部爲札行事光緒三十二年四月初二日准軍機處片交本日商部奏釐訂新甯鐵路章程開單
呈
覽摺奉
旨依議欽此傳知欽遵到部相應恭錄　諭旨鈔錄原奏章程飭該總理陳宜禧等一幷欽遵辦理
可也此札抄件附
右札新甯鐵路公司總理陳宜禧等准此
光緒三十二年四月初四日

新甯鐵路股份部　四　新甯鐵路公司自刊

1909 年朱重瑶的商办广东新宁铁路股份簿（2）

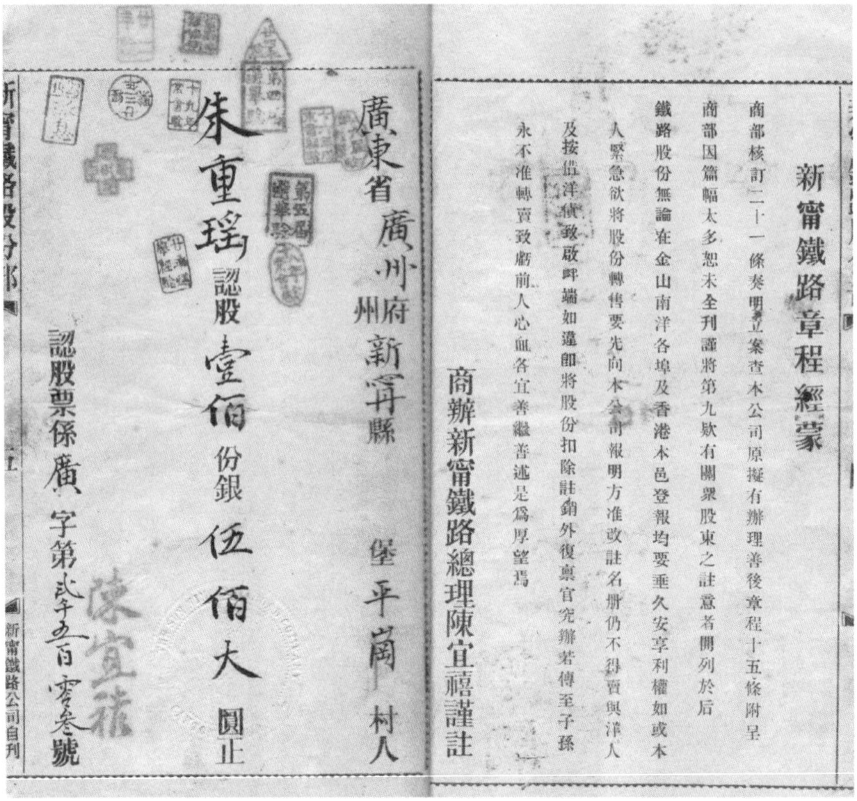
新甯鐵路章程經蒙
商部核訂二十一條奏明立案查本公司原擬有辦理善後章程十五條附呈
商部因篇幅太多恕未全刊謹將第九欵有關眾股東之註意者開列於后
鐵路股份無論在金山南洋各埠及香港本邑登報均要垂久安享利權如或本
人緊急欲將股份轉售要先向本公司報明方准改註名冊仍不得賣與洋人
及按借洋債致啟衅端如違即將股份扣除註銷外復稟官究辦若傳至子孫
永不准轉賣致虧前人心血各宜善繼善述是為厚望焉
商辦新甯鐵路總理陳宜禧謹註

廣東省廣州府新甯縣　堡平岡村人
朱重瑤認股壹佰份銀伍佰大圓正
認股票係廣字第弍千五百零叁號
陳宜禧
新甯鐵路股份部
新甯鐵路公司自刊

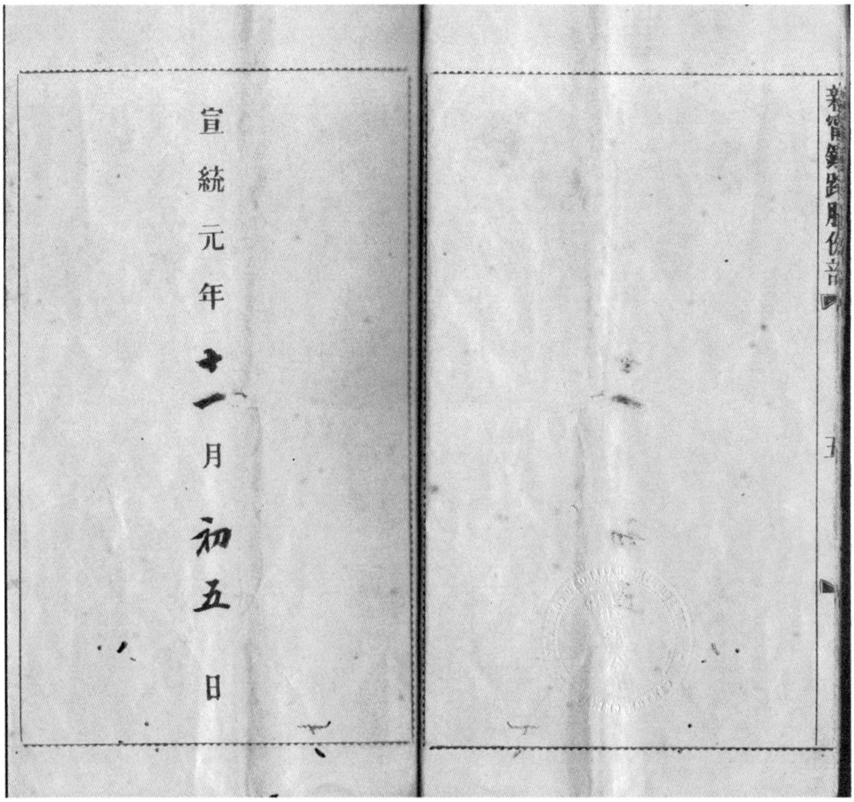
宣統元年十一月初五日
新甯鐵路股份部
五

1909 年朱重瑶的商办广东新宁铁路股份簿（3）

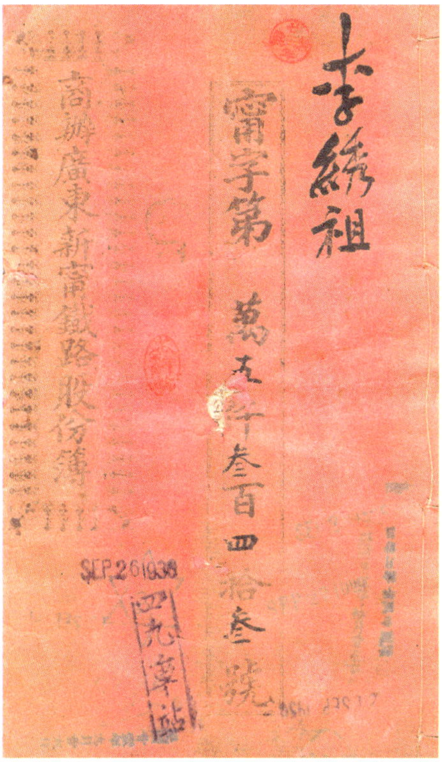

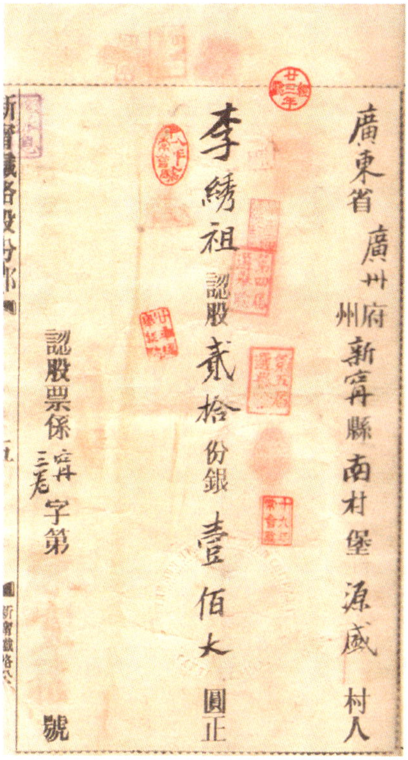

1909 年李绣祖的商办广东新宁铁路股份簿（节选）

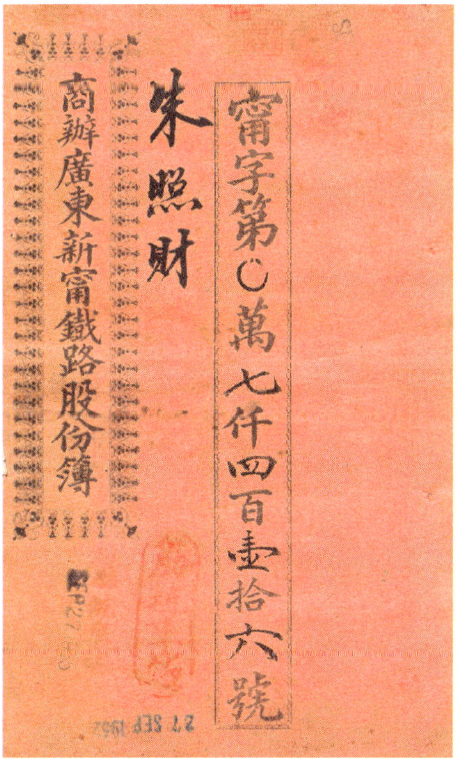

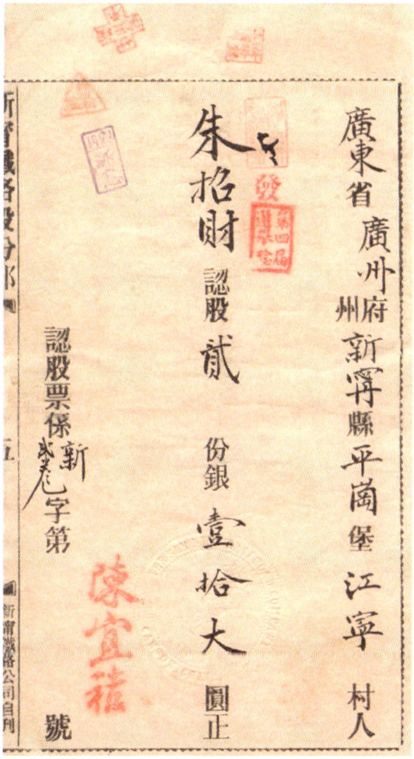

1909 年朱照（招）财的商办广东新宁铁路股份簿（节选）

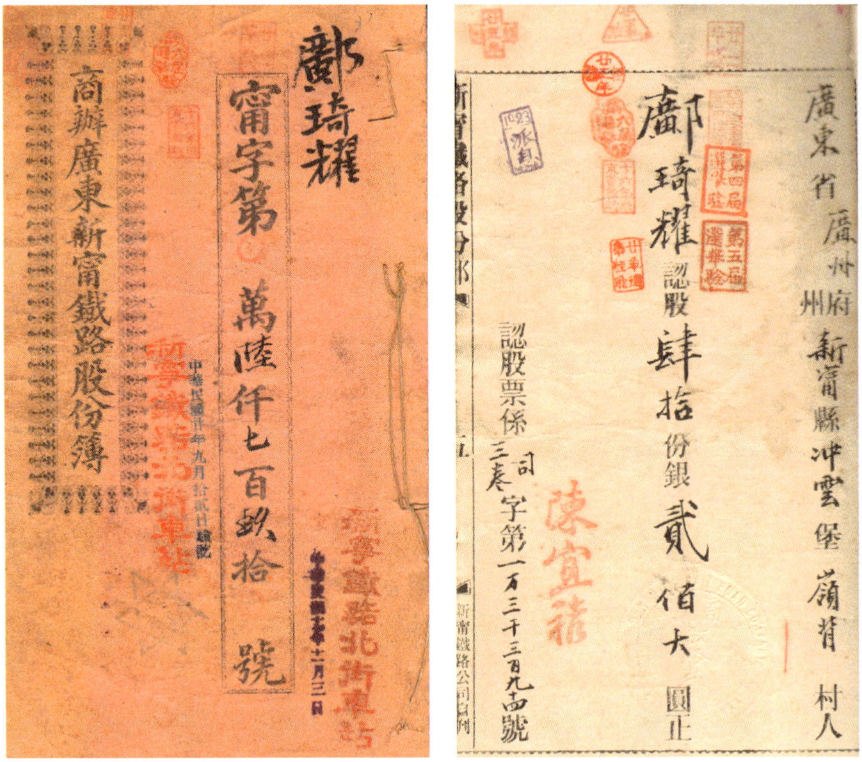

1909 年邝琦耀的商办广东新宁铁路股份簿（节选）

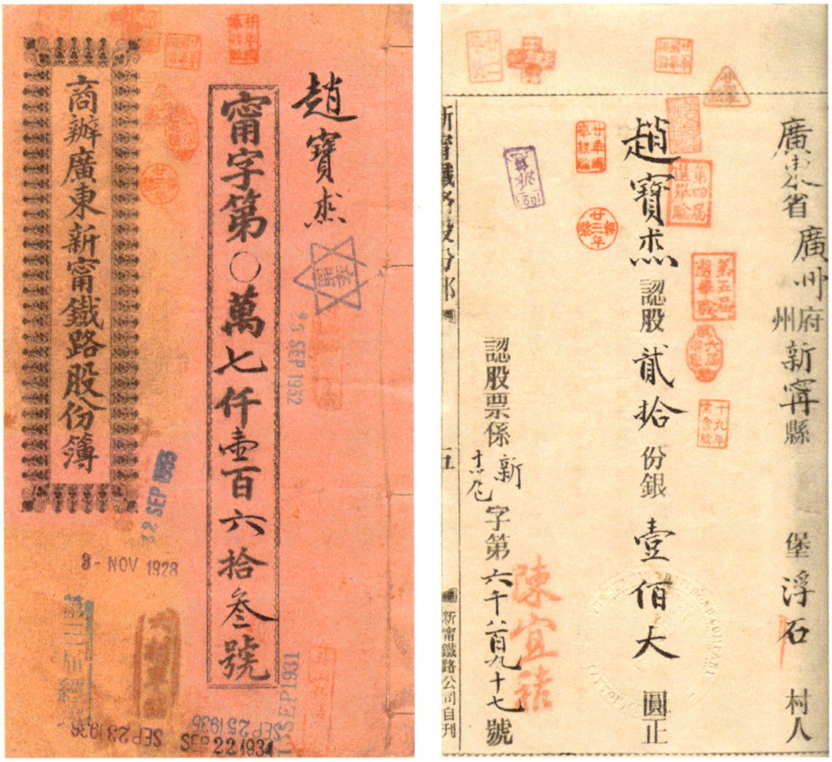

1909 年赵宝杰的商办广东新宁铁路股份簿（节选）

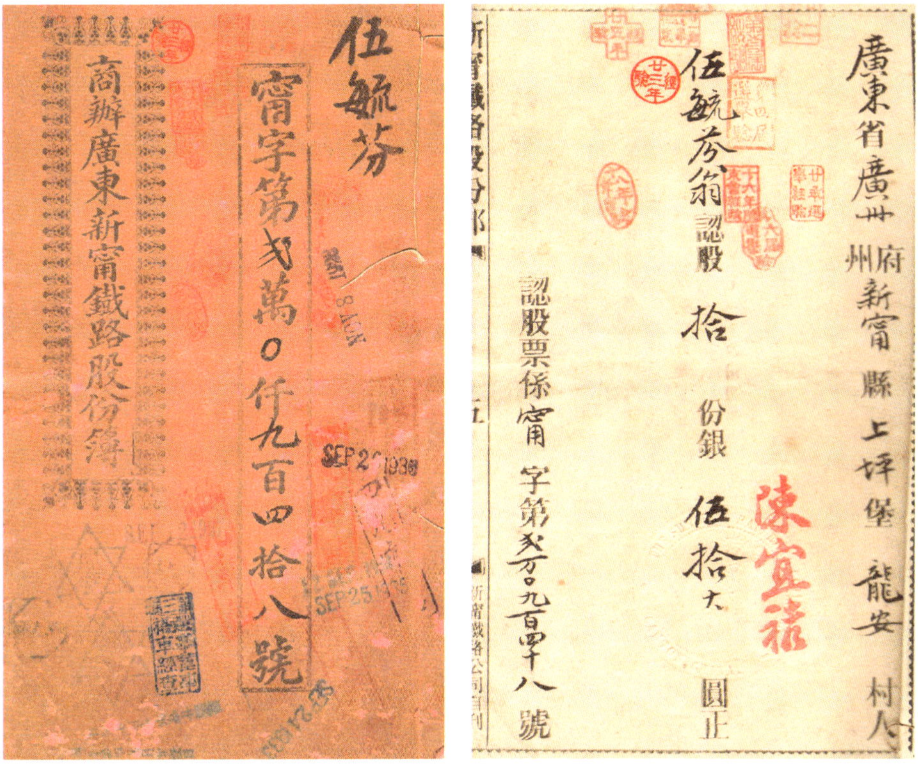

1909 年伍毓芬的商办广东新宁铁路股份簿（节选）

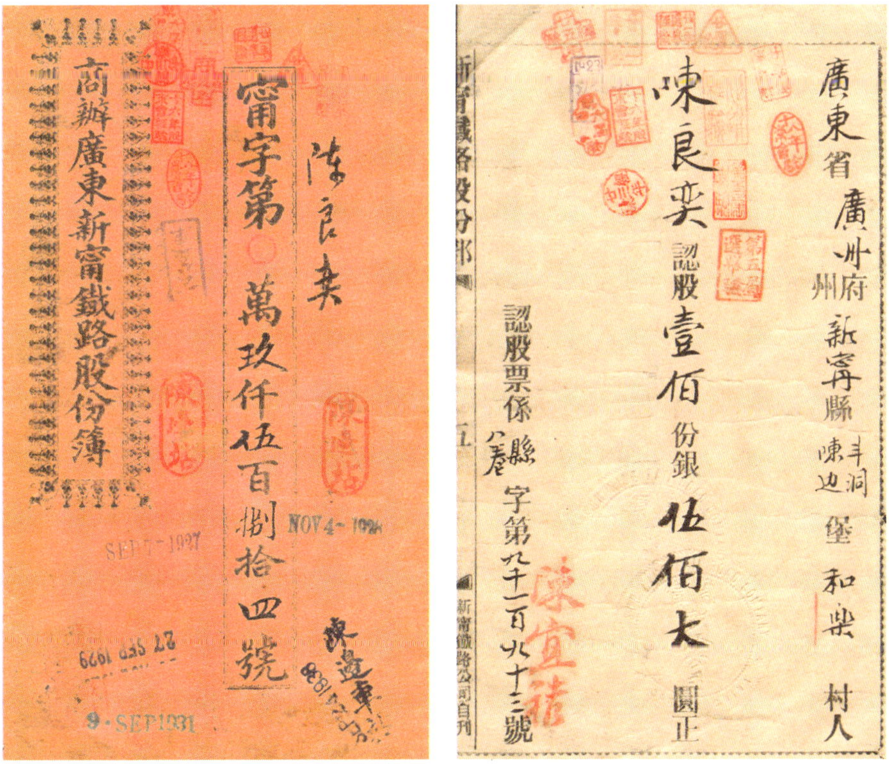

1909 年陈良奕的商办广东新宁铁路股份簿（节选）

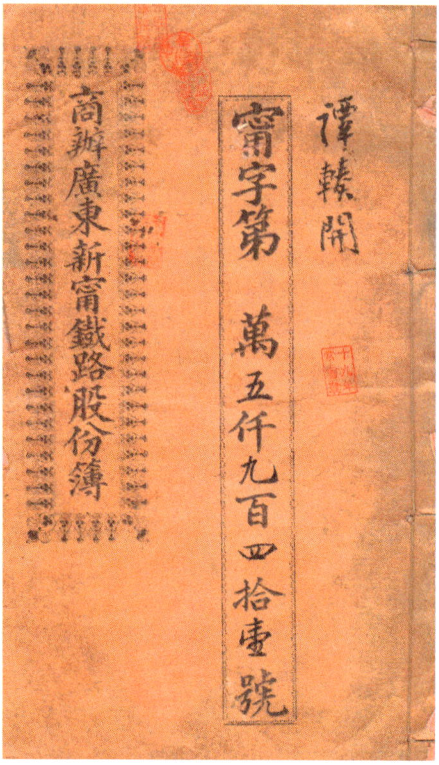

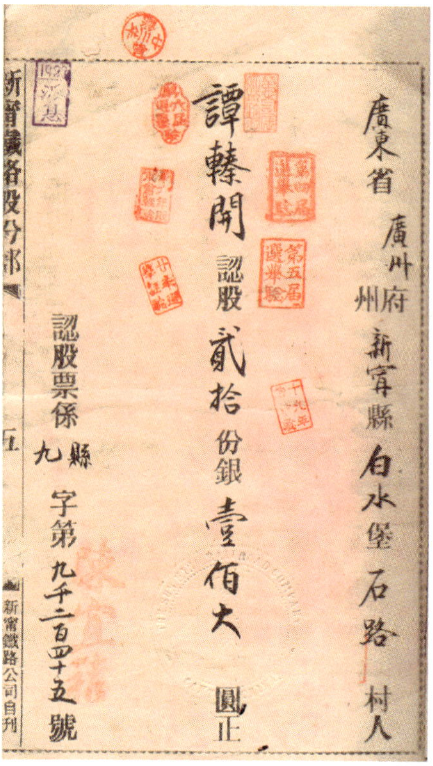

1909 年谭辏开的商办广东新宁铁路股份簿（节选）

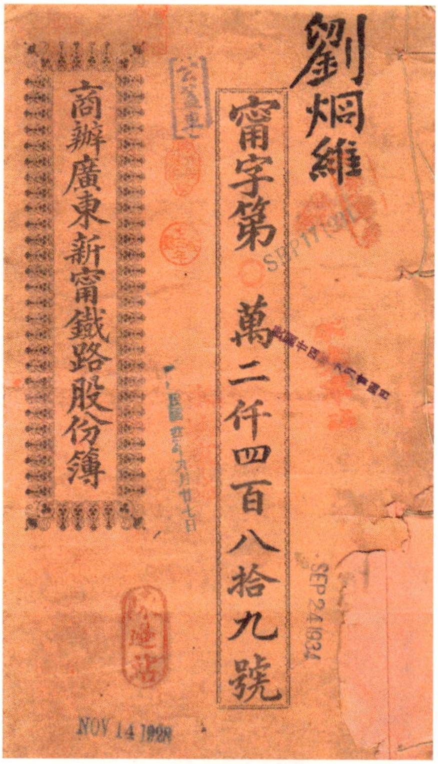

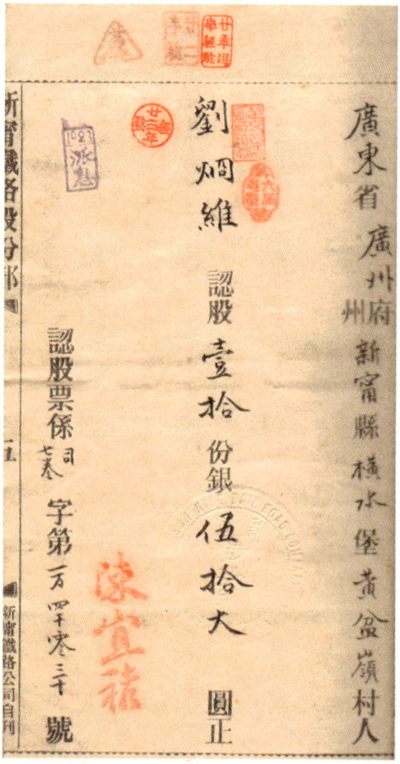

1910 年刘炯维的商办广东新宁铁路股份簿（节选）

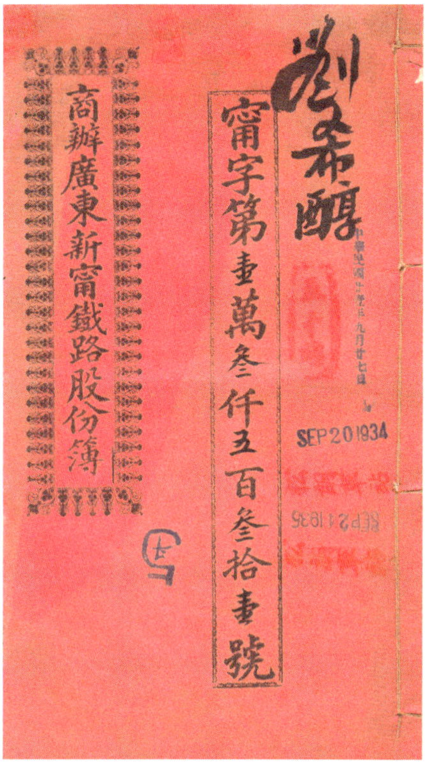
商辦廣東新寗鐵路股份簿
劉希醇
寗字第壹萬叁仟五百叁拾壹號
SEP 20 1934

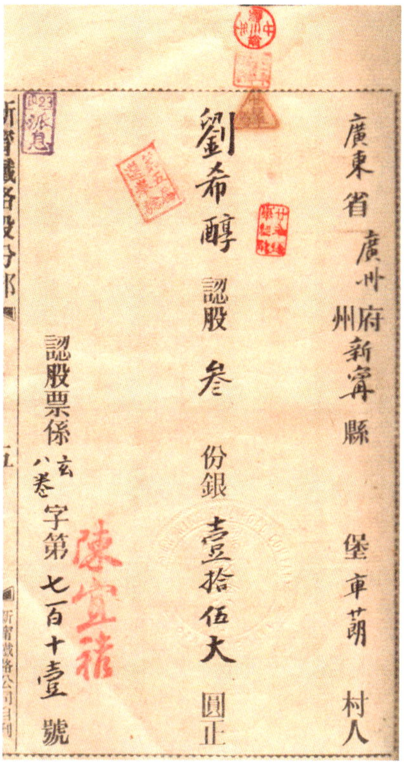
廣東省廣州府新寗縣 堡車蓢 村人
劉希醇 認股 叁 份銀 壹拾伍大圓正
認股票係 玄 字第 七百十壹 號
陳宜禧

1910 年刘希醇的商办广东新宁铁路股份簿（节选）

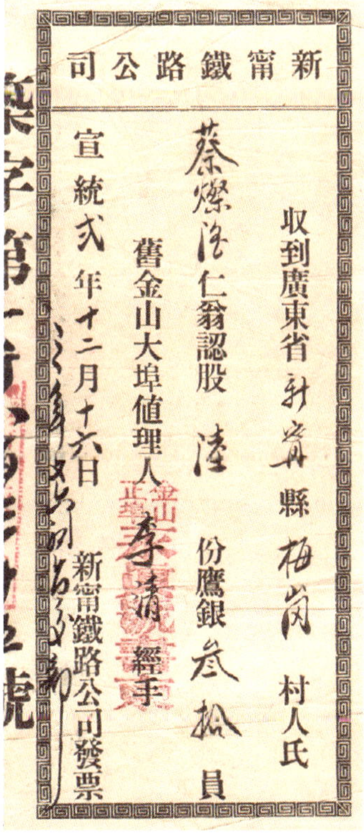
新寗鐵路公司
收到廣東省新寗縣梅崗 村人氏
蔡燦淦仁翁認股 湰 份鷹銀 叁拾 員
舊金山大埠值理人 李清 經手
宣統弍年十二月十六日
新寗鐵路公司發票

1910 年蔡灿淦的新宁铁路公司认股凭单（节选）

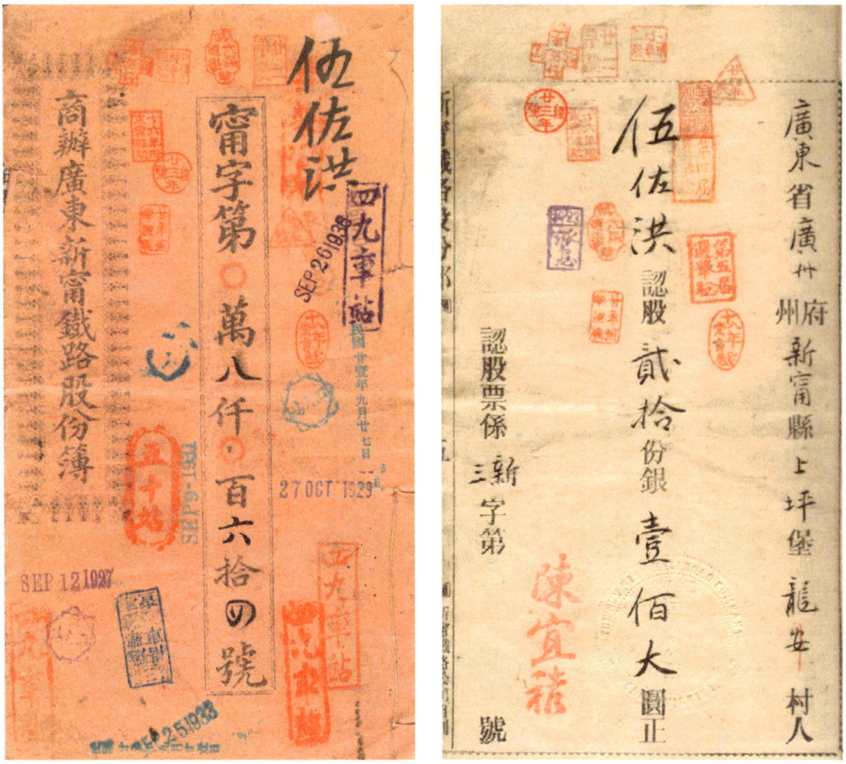

1910 年伍佐洪的商办广东新宁铁路股份簿（节选）

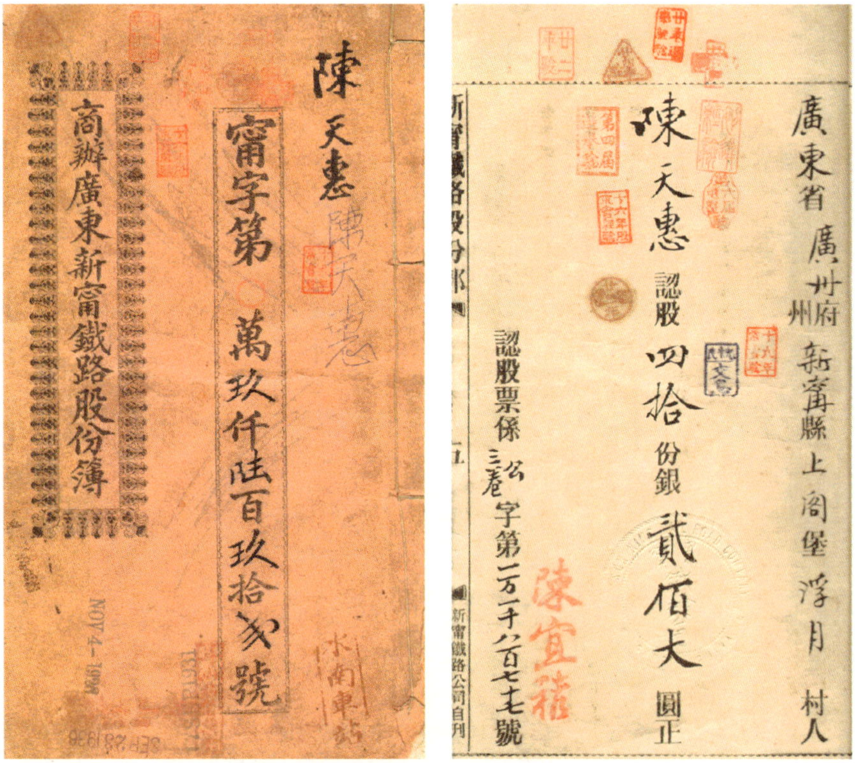

1914 年陈天惠的商办广东新宁铁路股份簿（节选）

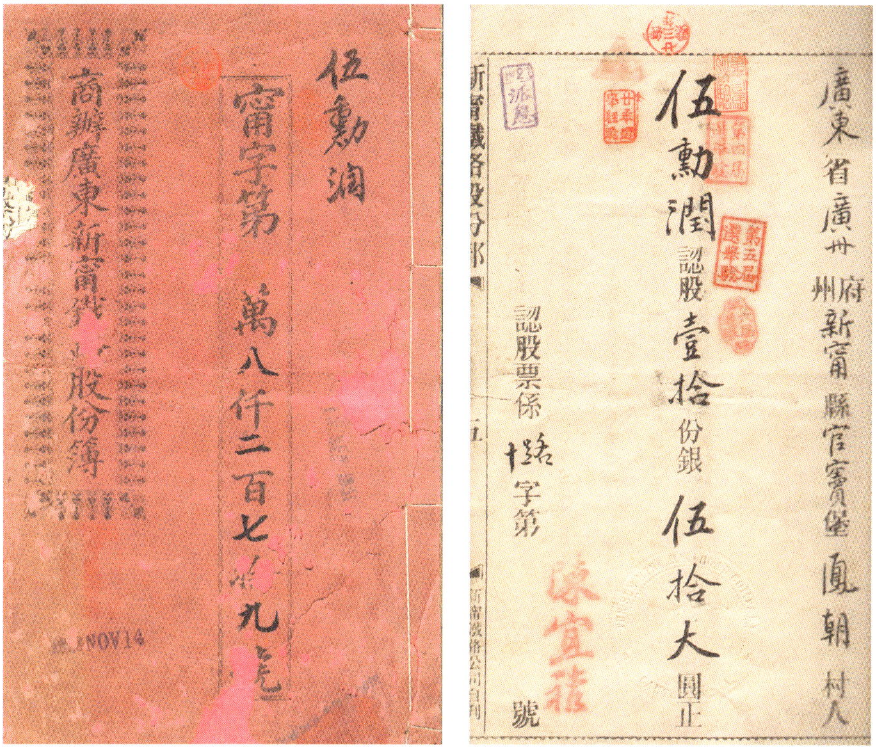

1918 年伍勋润的商办广东新宁铁路股份簿（节选）

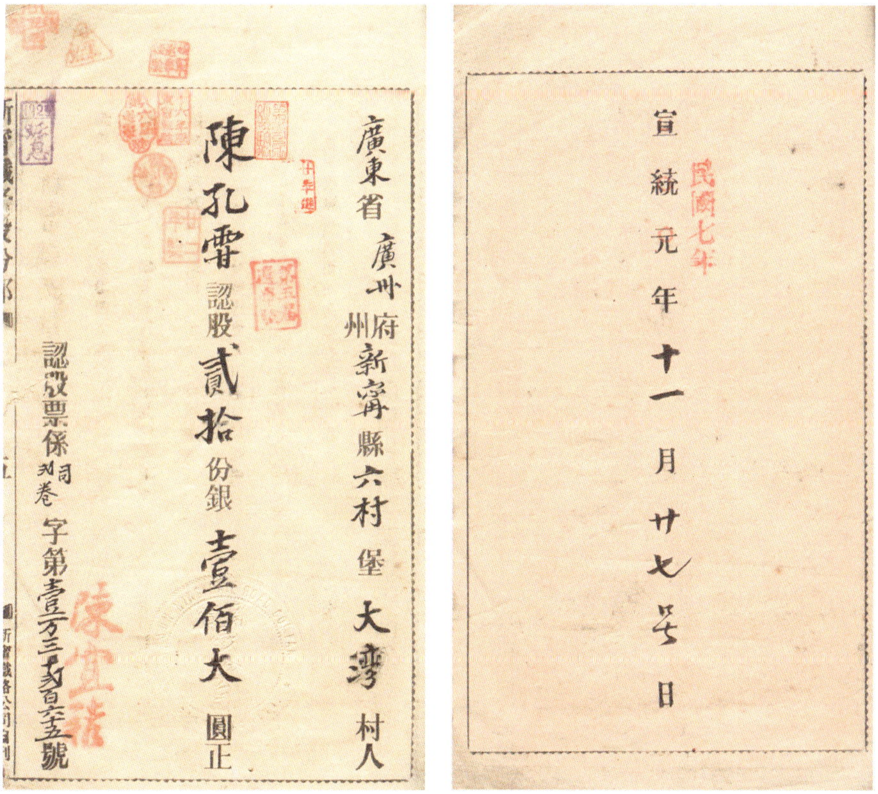

1918 年陈孔霄的商办广东新宁铁路股份簿（节选）

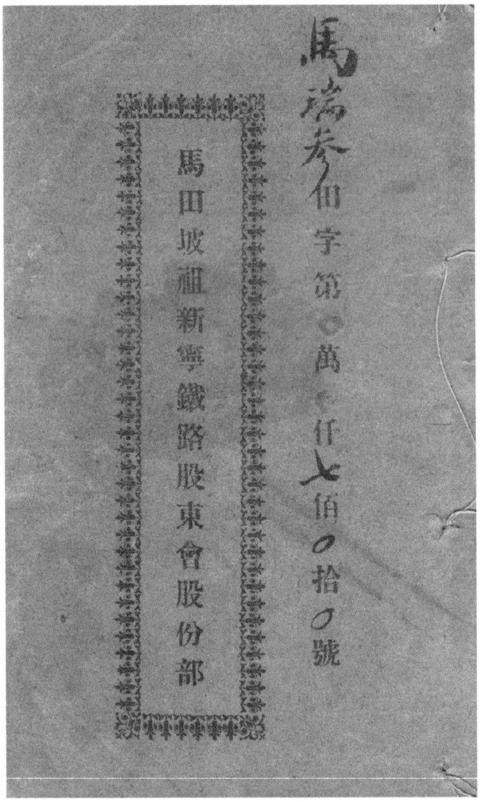
馬瑞參伯字第〇萬〇仟七佰〇拾〇號

馬田坡祖新寧鐵路股東會股份部

馬田坡祖新寧鐵路股東會緣起

吾人聚族而居白沙。河道淤淺。因感交通不便。乃商諸新寧鐵路公司陳總理宜禧。展築白沙枝路。中經數載。舉凡股欵之籌集。路線之爭持。脫非吾人羣策羣力。同趨一途。事之成敗。未能蓍龜。夫吾曹肩巨欵。竭全力。期事之必成。果何爲者。夫亦以斯路爲吾族生死之關頭耳。今者慘淡經營。已覩蕩平之象。朝發夕至。交通之利。于吾輩及身享受之矣。夫然。求所以保全公司于永久而勿壞。路線長此而無或變更者。寧非吾人之責任耶。是則集合我田坡祖子孫所有該公司之新舊股票。自行成一股東會。

一　香港荷里活道寶雲樓印

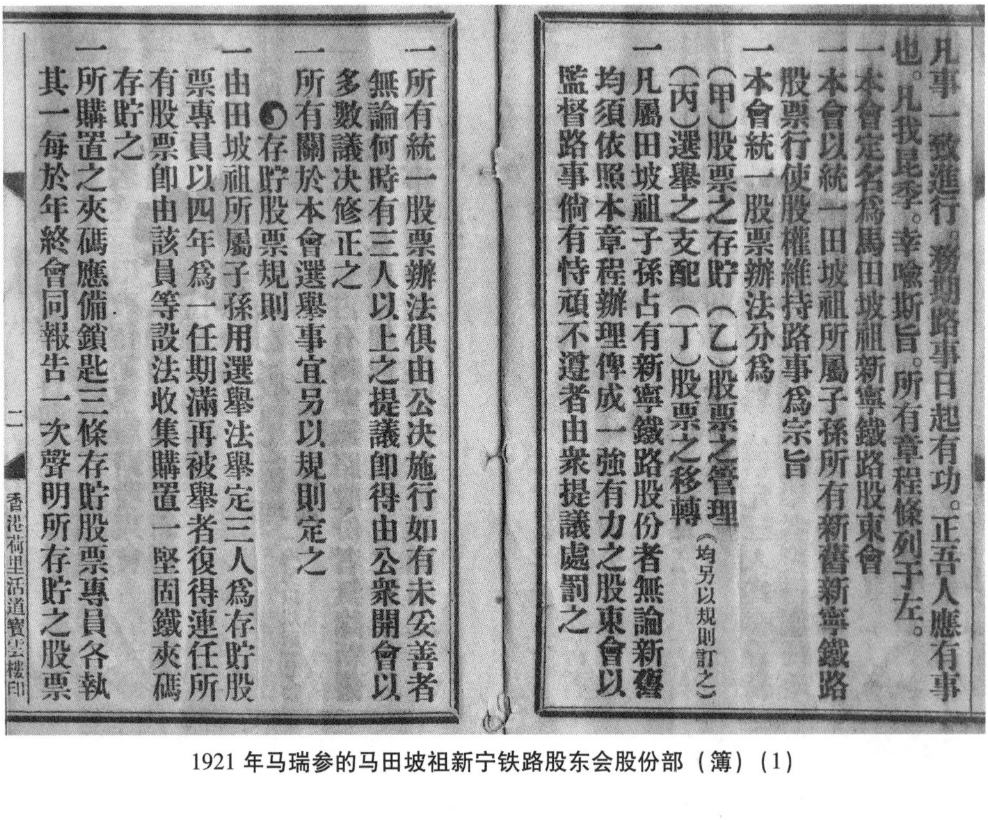
凡事一致進行。務期路事日起有功。正吾人應有事也。凡我昆季。幸喻斯旨。所有章程條列于左。

一本會定名爲馬田坡祖新寧鐵路股東會

一本會以統一田坡祖所屬子孫所有新舊新寧鐵路股票行使股權維持路事爲宗旨

一本會統一股票辦法分爲

(甲)股票之存貯　(乙)股票之管理

(丙)選舉之支配　(丁)股票之移轉　(均另以規則訂之)

一凡屬田坡祖子孫占有新寧鐵路股份者無論新舊均須依照本章程辦理俾成一強有力之股東會以監督路事倘有恃頑不遵者由衆提議處罰之

一所有統一股票辦法俱由公決施行如有未妥善者無論何時有三人以上之提議即得由公衆開會以多數議決修正之

一所有關於本會選舉事宜另以規則定之

◎存貯股票規則

一由田坡祖所屬子孫用選舉法舉定三人爲存貯股票專員以四年爲一任期滿再被舉者復得連任所有股票即由該員等設法收集購置一堅固鐵夾碼存貯之

一所購置之夾碼應備鎖匙三條存貯股票專員各執其一每於年終會同報告一次聲明所存貯之股票

二　香港荷里活道寶雲樓印

1921 年马瑞参的马田坡祖新宁铁路股东会股份部（簿）（1）

均無損失以昭慎重
一存貯股票專員或田坡祖子孫無論何時有一人發覺所存貯之股票有損失情弊時得以一人名義隨時報告從速查追或向公司掛號請求補給
◉管理股票規則
一管理股票專員即以舉出之存貯股票專員兼任之均為名譽職非有特別事故經衆認可者不得告退惟關於管理上之手續或過繁難得由該員等提議僱用書記帮同辦理給回伕馬至應給若干由公衆臨時酌定之
一收集所有股票後即以最速之時間將所有股票編號登記同時製備同樣之股票及息摺由管理股票專員會同簽名加盖本會圖章發回各該股東以憑支息並資存據
一無論何時公司一經發出派息之布告即應由管理員督同書記將所有存貯該公司所發之息摺持向公司領取息金於最速之時間報告公衆俾得依期到管理員處支領
一關於息金收支各項管理員得設立簿記以備公衆隨時檢查
一管理股票專員任期內如有作弊情事無論何時經發覺查有確據除所有損失由該員負責賠償外得

三　香港荷里活道寶雲樓印

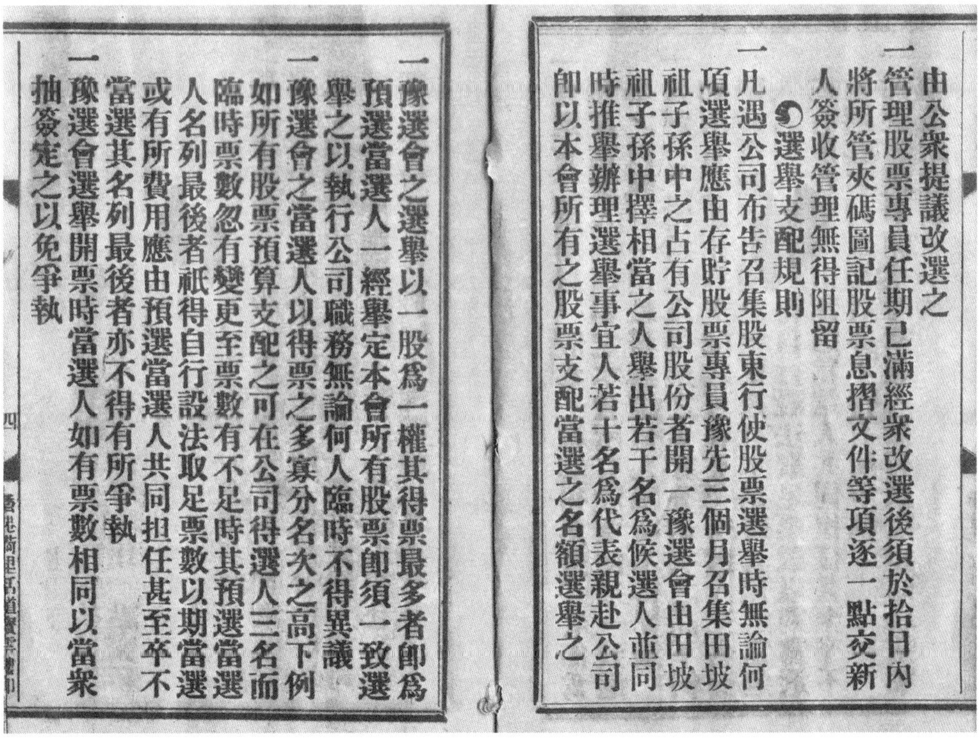
由公衆提議改選之
一管理股票專員任期已滿經衆改選後須於拾日內將所管夾碼圖記股票息摺文件等項逐一點交新人簽收管理無得阻留
◉選舉支配規則
一凡遇公司布告召集股東行使股票選舉時無論何項選舉應由存貯股票專員豫先三個月召集田坡祖子孫中之占有公司股份者開一豫選會由田坡祖子孫中擇相當之人舉出若干名為候選人並同時推舉辦理選舉事宜人若干名為代表親赴公司即以本會所有之股票支配當選之名額選舉之
一豫選會之選舉以一股為一權其得票最多者即為預選當選人一經舉定本會所有股票即須一致選舉之以執行公司職務無論何人臨時不得異議
一豫選會之當選人以得票之多寡分名次之高下例如所有股票預算支配之可在公司得選人三名而臨時票數忽有變更至票數有不足時其預選當選人名列最後者祇得自行設法取足票數以期當選或有所費用應由預選當選人共同担任甚至卒不當選其名列最後者亦不得有所爭執
一豫選會選舉開票時當選人如有票數相同以當衆抽簽定之以免爭執

四　香港荷里活道寶雲樓印

1921 年马瑞参的马田坡祖新宁铁路股东会股份部（簿）（2）

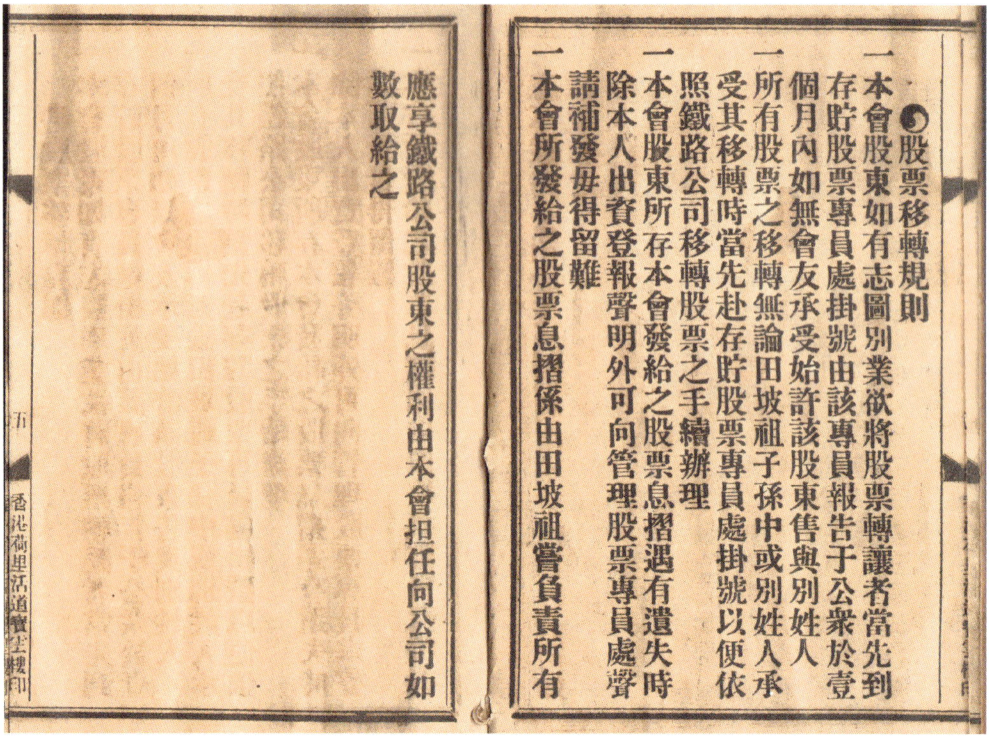

◎股票移轉規則

一本會股東如有志圖別業欲將股票轉讓者當先到存貯股票專員處掛號由該專員報告于公衆於壹個月內如無會友承受始許該股東售與別姓人

一所有股票之移轉無論田坡祖子孫中或別姓人承受其移轉時當先赴存貯股票專員處掛號以便依照鐵路公司移轉股票之手續辦理

一本會股東所存本會發給之股票息摺遇有遺失時除本人出資登報聲明外可向管理股票專員處聲請補發毋得留難

一本會所發給之股票息摺係由田坡祖嘗負責所有應享鐵路公司股東之權利由本會担任向公司如數取給之

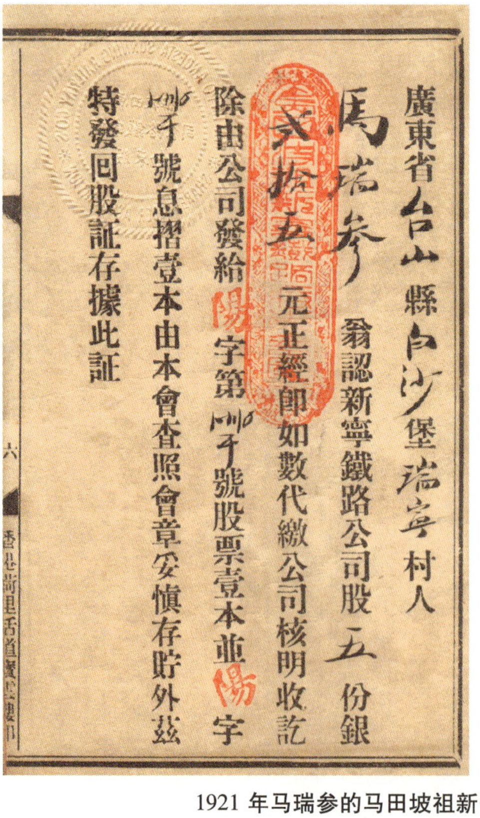

廣東省台山縣白沙堡瑞寧村人馬瑞參翁認新寧鐵路公司股五份銀貳拾五元正經郎如數代繳公司核明收訖除由公司發給陽字第卌千號股票壹本並陽字卌千號息摺壹本由本會查照會章妥慎存貯外茲特發回股証存據此証

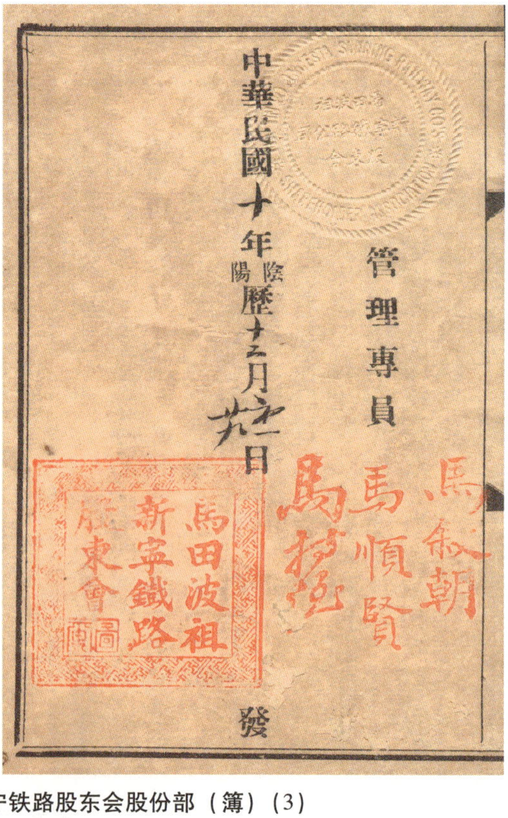

管理專員 馬叙朝 馬順賢

馬田波祖新寧鐵路股東會

中華民國十年陰陽歷十二月廿二日 發

1921 年马瑞参的马田坡祖新宁铁路股东会股份部（簿）（3）

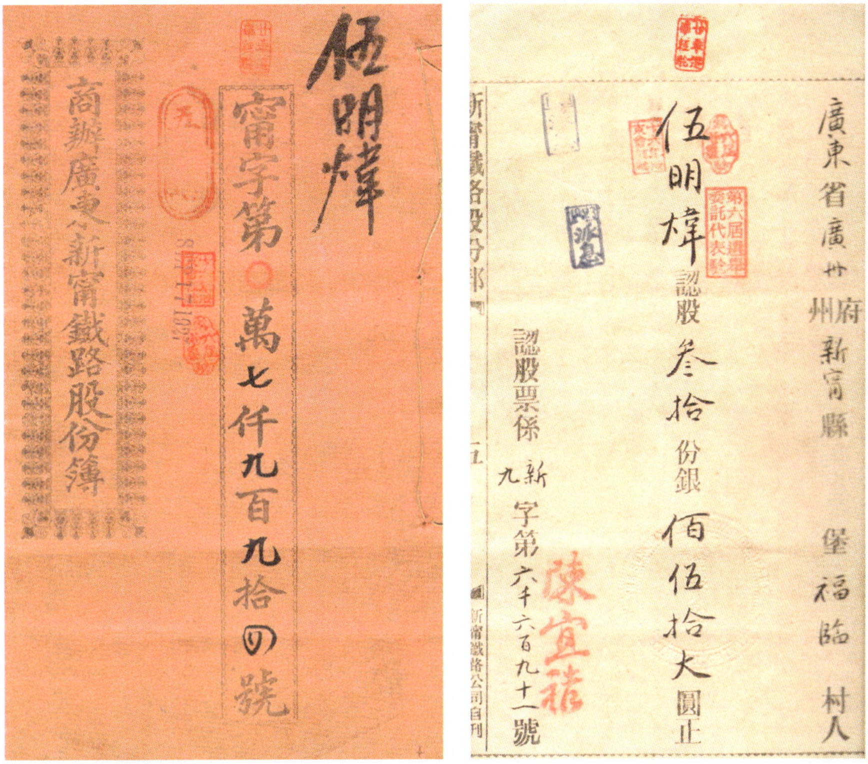
商辦廣東新甯鐵路股份簿

甯字第〇萬七仟九百九拾四號

伍明煒

廣東省廣州府新甯縣　　堡福臨村人

伍明煒認股叁拾份銀佰伍拾大圓正

新甯鐵路股份部

認股票係新字第六千六百九十一號

新甯鐵路公司自刊

陳宜禧

1923 年伍明炜的商办广东新宁铁路股份簿（节选）

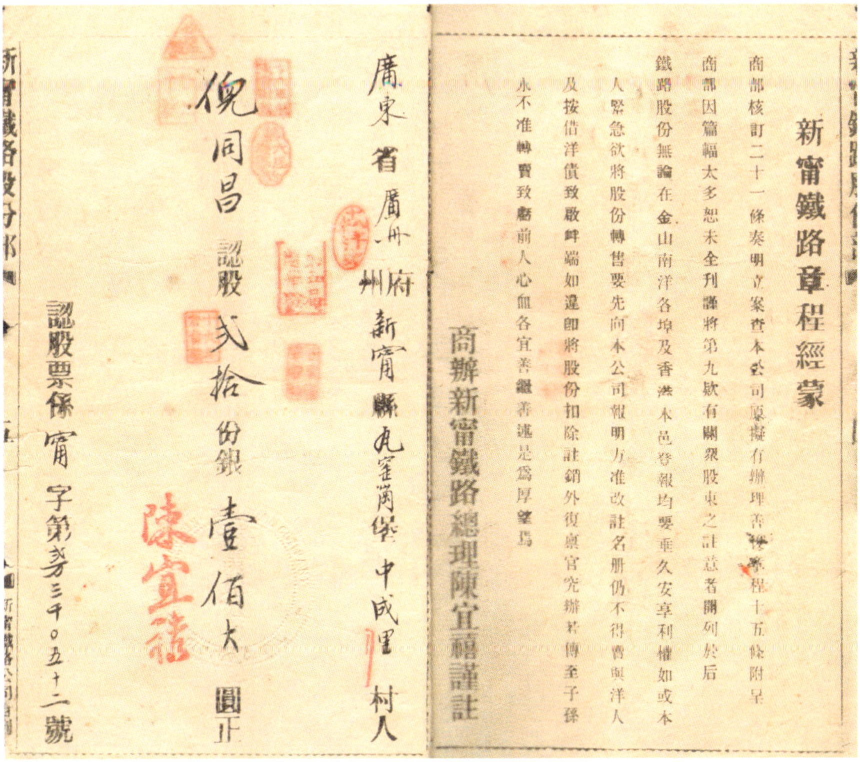
新甯鐵路股份部

廣東省廣州府新甯縣　　中威里村人

倪同昌認股弍拾份銀壹佰大圓正

認股票係甯字第三千〇五十二號

陳宜禧

新甯鐵路章程經蒙

商部核訂二十一條奏明立案查本公司原擬有辦理善後章程十五條附呈

商部因篇幅太多恕未全刊謹將第九款有關衆股東之計慈者開列於后

鐵路股份無論在金山南洋各埠及香港本邑登報均要垂久安享利權如或本

人緊急欲將股份轉售要先向本公司報明方准改註名冊仍不得售與洋人

及按借洋債致啟衅端如違即將股份扣除註銷外復稟官究辦若傳至子孫

永不准轉賣致虧前人心血各宜善體善述是爲厚望焉

商辦新甯鐵路總理陳宜禧謹註

倪同昌的商办广东新宁铁路股份簿（节选）

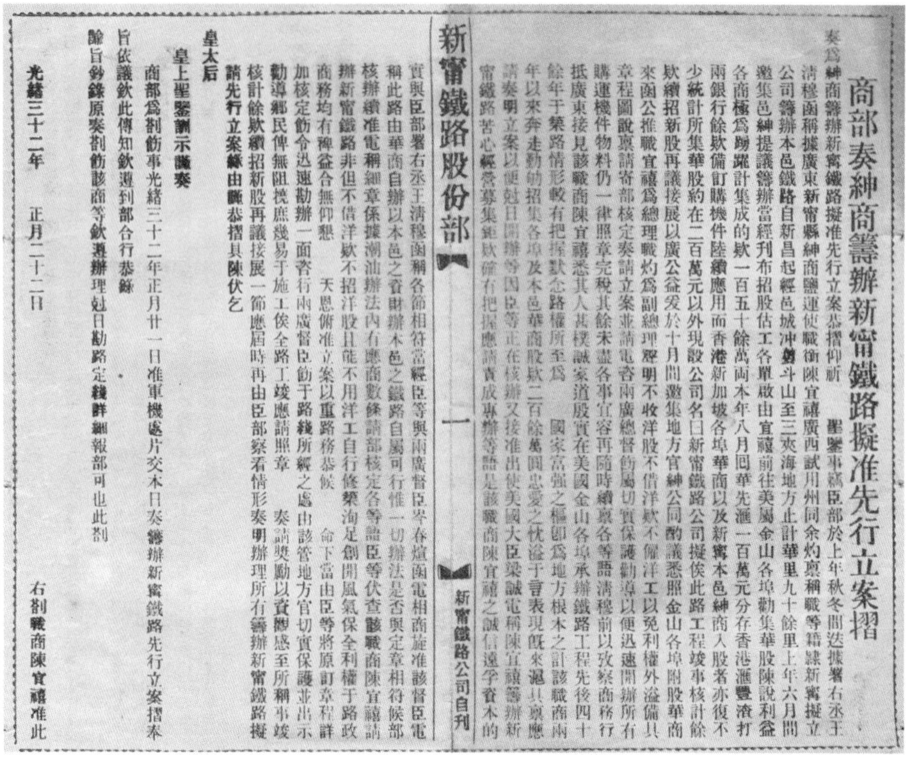

商部奏紳商籌辦新甯鐵路擬准先行立案摺

奏爲紳商籌辦新甯鐵路擬准先行立案恭摺仰祈　聖鑒事竊臣部於上年秋冬間迭據署右丞王清穆函稱據廣東新甯縣紳商鹽運使職銜陳宜禧廣西試用州同余灼稟稱職等籍隸新甯擬立公司籌辦本邑鐵路自新昌起經邑城沖蔞斗山至三夾海地方止計華里九十餘里上年六月間邀集邑紳提議籌辦當經刊布招股估工各單啟由宜禧前往美屬金山各埠勸集華股陳說利益各商極爲踴躍計集成的欵一百五十餘萬兩本年八月回華先滙一百萬元分存香港滙豐渣打兩銀行餘欵備訂購機件陸續應用而香港新加坡各埠華商以及新甯本邑紳商入股者亦復不少統計所集華股約在二百萬元以外現設公司名曰新甯鐵路公司擬俟此路工程竣事核計餘欵續招新股再議接展以廣公益爰於十月間邀集地方官紳公同酌議悉照金山各埠附股華商來函公推職宜禧爲總理職灼爲副總理聲明不收洋股不借洋欵不僱洋工以免利權外溢備具章程圖說稟請咨部核定奏請立案並請電咨兩廣總督飭屬切實保護勸導以便迅速開辦所有購運機件物料仍一律照章完稅其餘未盡各事宜容再隨時續稟各等語清穆前以考察商務行抵廣東接見該職商陳宜禧悉其人甚樸誠家道殷實在美國金山各埠承辦鐵路工程先後四十餘年于築路情形較有把握默念路權所至爲　國家富強之樞紐爲地方根本之計該職商兩年以來奔走勸助招集各埠及本邑華商股欵二百餘萬圓忠愛之忱溢于言表現既來滬具稟應請奏明立案以便尅日開辦等因臣等正在核辦又接准出使美國大臣梁誠電稱陳宜禧籌辦新甯鐵路苦心經營募集鉅欵確有把握應請責成專辦等語是該職商陳宜禧之誠信遠孚資本的

新甯鐵路股份部　一　新甯鐵路公司自刊

實與臣部署右丞王清穆函稱各節相符當經臣等與兩廣督臣岑春煊函電相商旋准該督臣電稱此路由華商自辦以本邑之資財辦本邑之鐵路自屬可行惟一切辦法是否與定章相符候部核辦續准電稱細章係據潮汕辦法內有應商數條請部核定各等語臣等伏查該職商陳宜禧請辦新甯鐵路非但不借洋欵不招洋股且能不用洋工自行修築洵足創開風氣保全利權于路政商務均有裨益合無仰懇　天恩俯准立案以重路務恭候　命下當由臣等將原訂章程詳加核定飭令迅速勸辦一面咨行兩廣督臣飭于路綫所經之處由該管地方官切實保護並出示勸導鄉民俾無阻撓庶幾易于施工俟全路工竣應請照章　奏請獎勵以資觀感至所稱事竣核計餘欵續招新股再議接展一節應屆時再由臣部察看情形奏明辦理所有籌辦新甯鐵路擬請先行立案緣由謹恭摺具陳伏乞

皇太后

皇上聖鑒訓示謹奏

商部爲劄飭事光緒三十二年正月廿一日准軍機處片交本日奏籌辦新甯鐵路先行立案摺奉

旨依議欽此傳知欽遵到部合行恭錄

諭旨鈔錄原奏劄飭該商等欽遵辦理尅日勸路定綫詳細報部可也此劄

光緒三十二年　正月二十二日

右劄職商陳宜禧准此

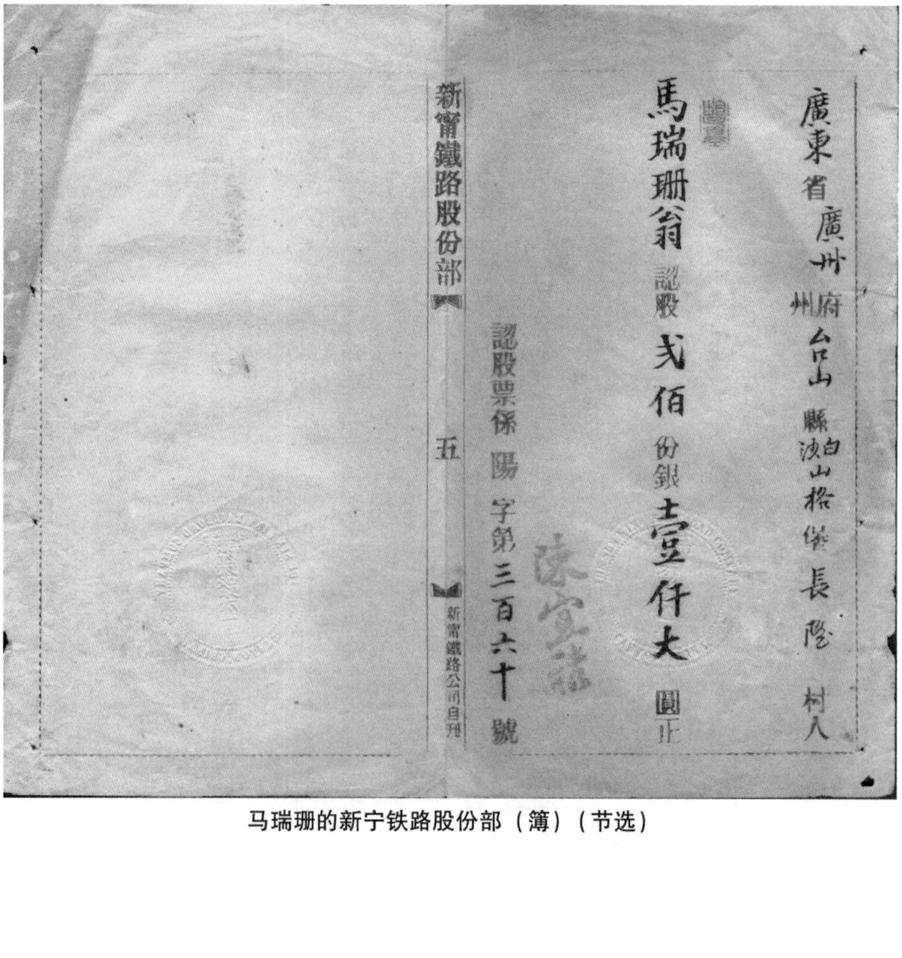

廣東省廣州府台山縣白沙山格堡長隆村人

馬瑞珊翁　認股弍佰份銀壹仟大圓正

認股票係陽字第三百六十號

陳宜禧

新甯鐵路股份部　五　新甯鐵路公司自刊

马瑞珊的新宁铁路股份部（簿）（节选）

息折及附（付）款单

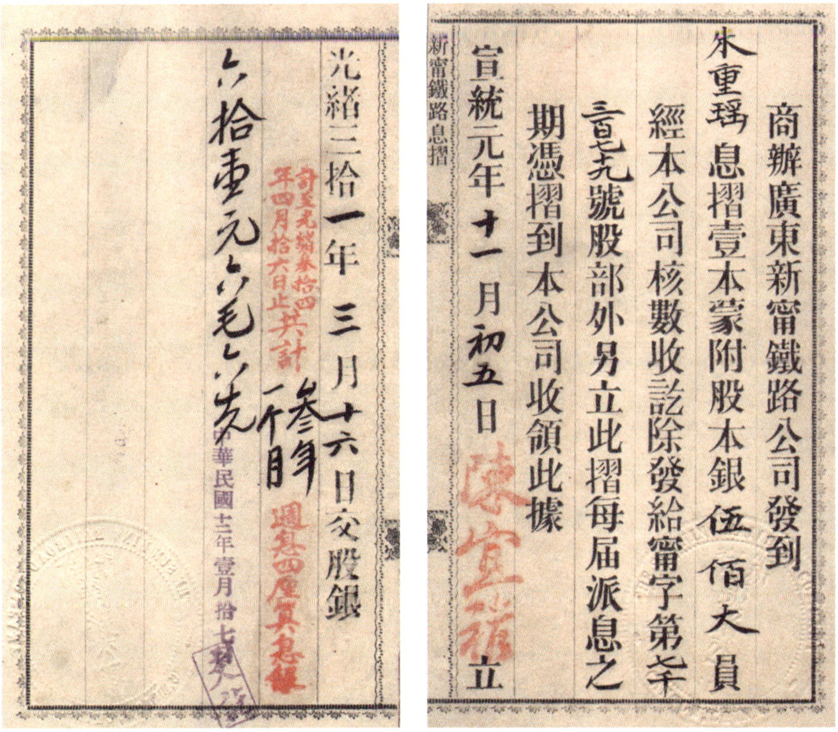

1909 年朱重瑶的商办广东新宁铁路公司息折

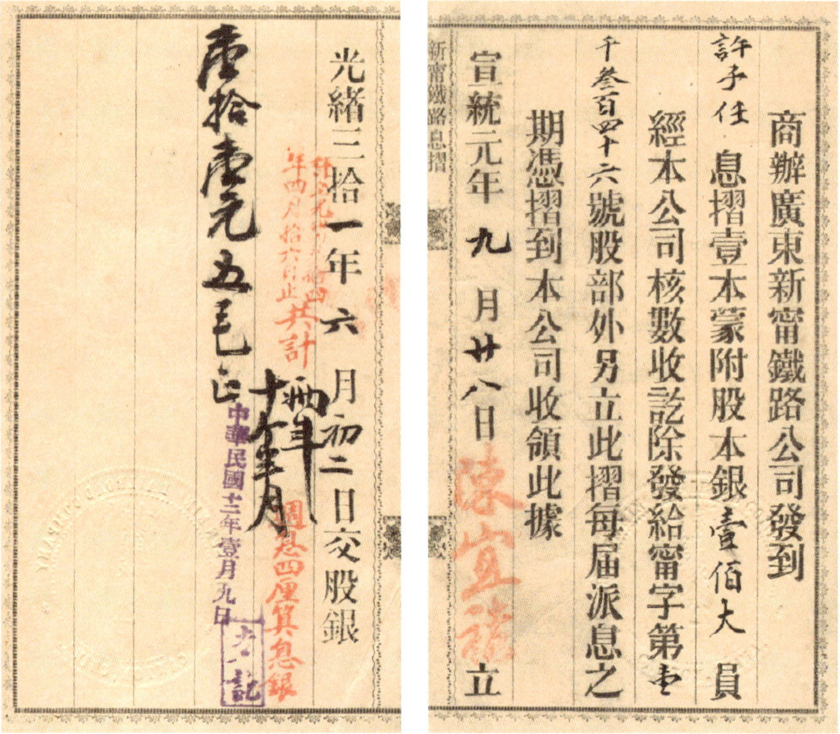
新甯鐵路息摺

商辦廣東新甯鐵路公司發到

許子任 息摺壹本豪附股本銀壹佰大員

經本公司核數收訖除發給甯字第壹

千叁百四十六號股部外另立此摺每屆派息之

期憑摺到本公司收領此據

宣統元年九月廿八日 陳宜禧 立

光緒三拾一年六月初二日交股銀

共計 週息四厘算息銀

1909 年许子任的商办广东新宁铁路公司息折

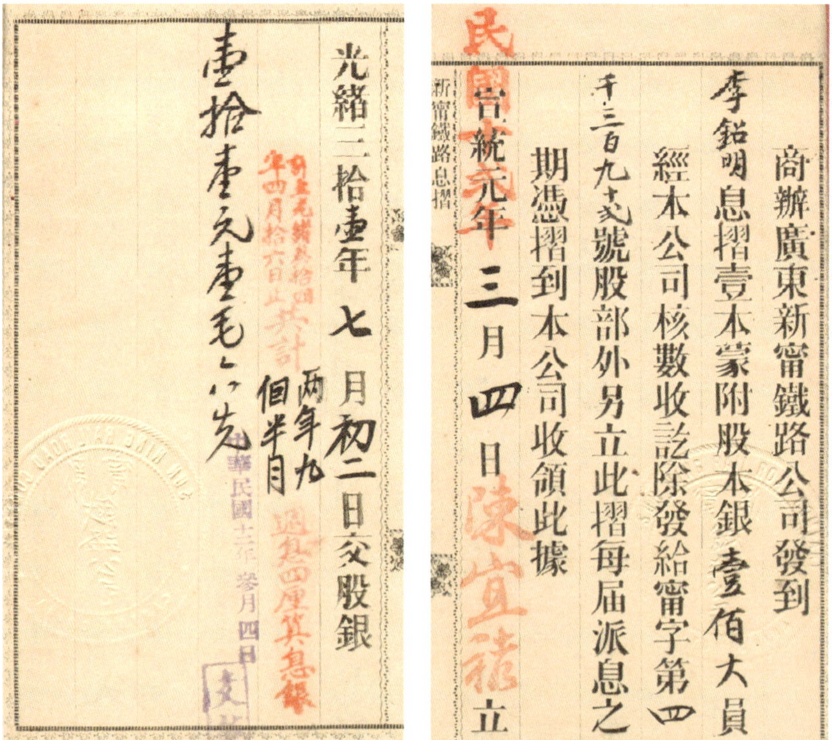
新甯鐵路息摺

商辦廣東新甯鐵路公司發到

李鋁明 息摺壹本豪附股本銀壹佰大員

經本公司核數收訖除發給甯字第四

千三百九十六號股部外另立此摺每屆派息之

期憑摺到本公司收領此據

宣統元年三月四日 陳宜禧 立

光緒三拾壹年七月初二日交股銀

共計 週息四厘算息銀

1909 年李铝明的商办广东新宁铁路公司息折

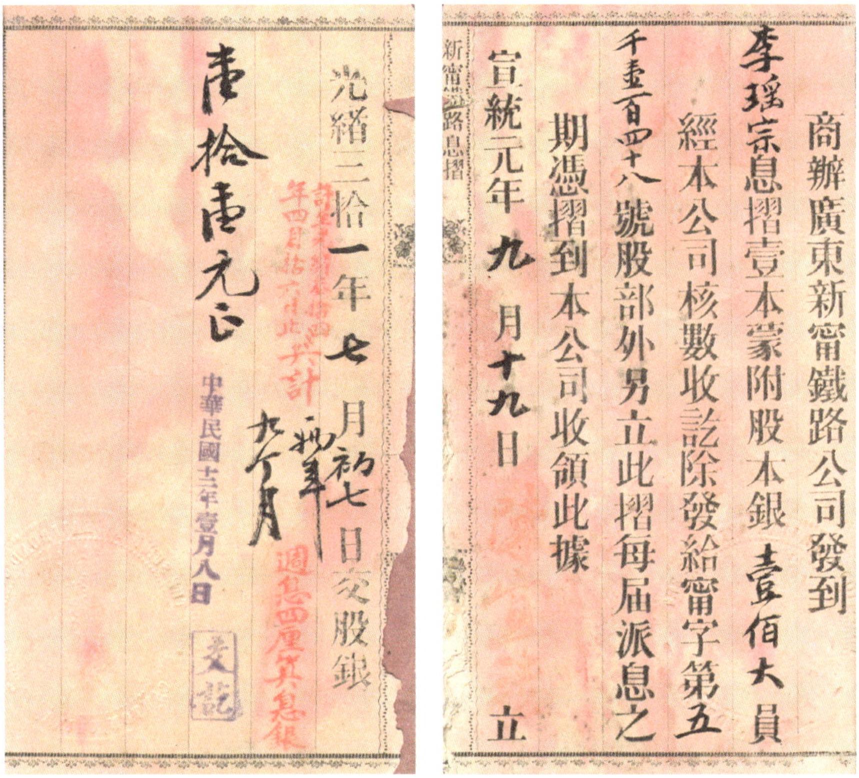

1909 年李瑶宗的商办广东新宁铁路公司息折

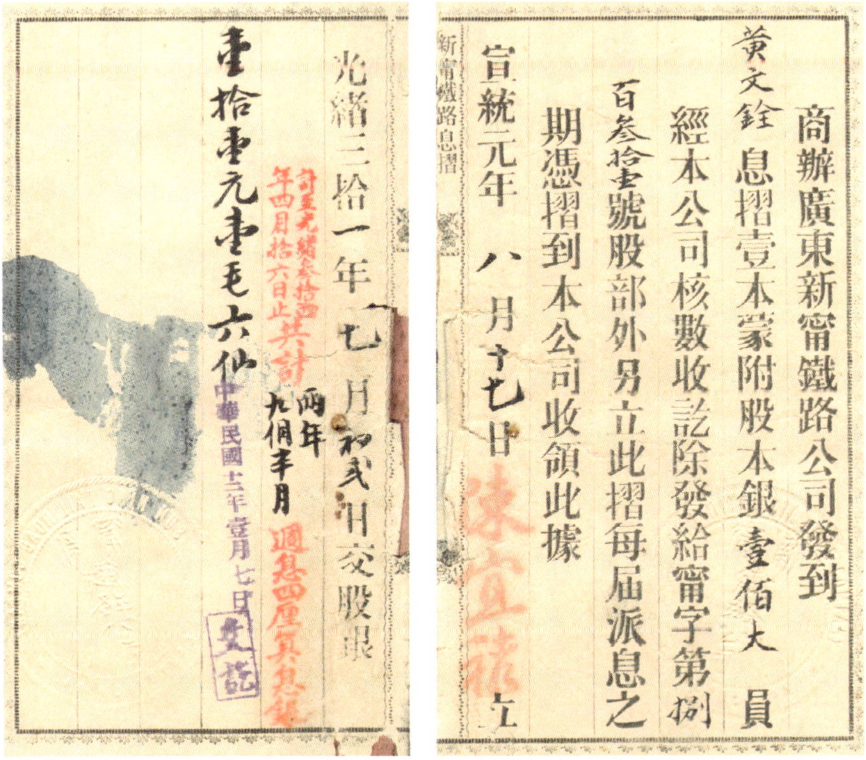

1909 年黄文铨的商办广东新宁铁路公司息折

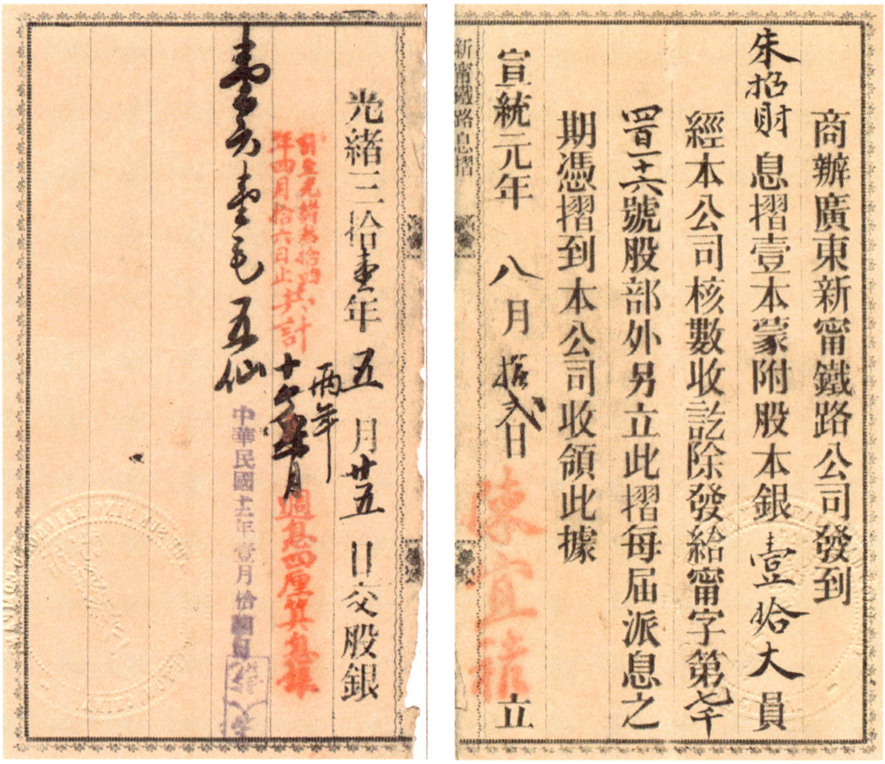

1909 年朱招财的商办广东新宁铁路公司息折

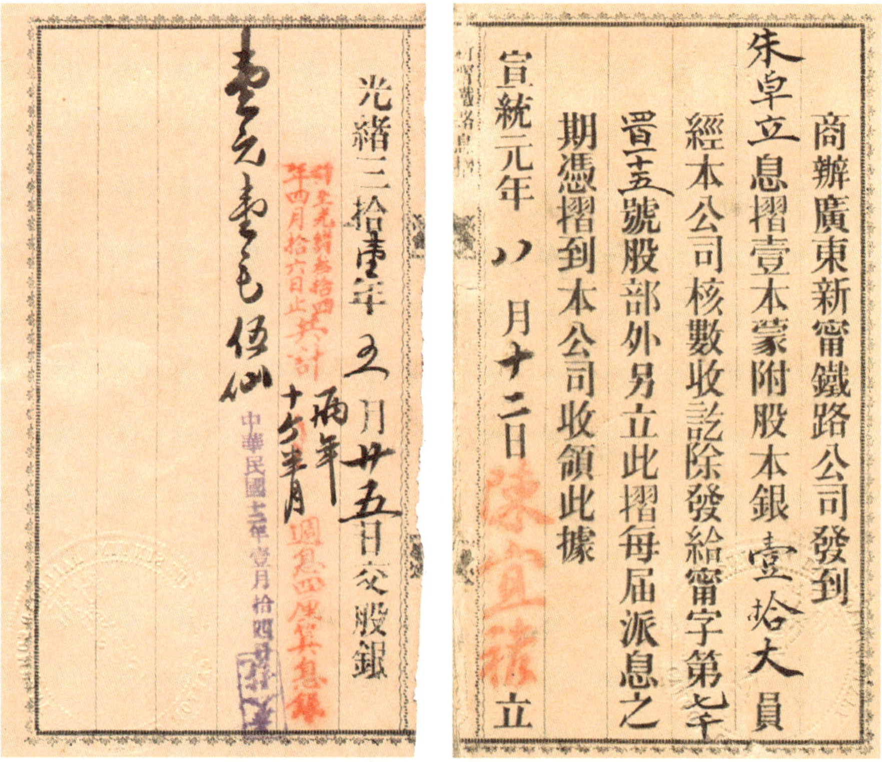

1909 年朱卓立的商办广东新宁铁路公司息折

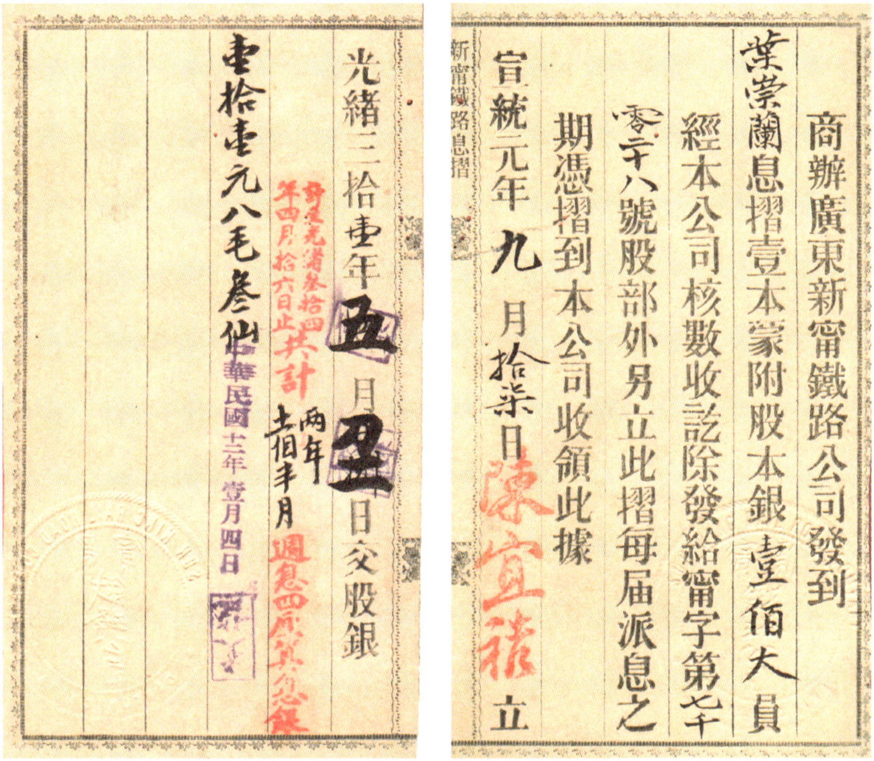
商辦廣東新寧鐵路公司發到
葉崇蘭息摺壹本豪附股本銀壹佰大員
經本公司核數收訖除發給寧字第七千
零十八號股部外另立此摺每屆派息之
期憑摺到本公司收領此據
宣統元年九月拾柒日陳宜禧立
新寧鐵路息摺
光緒三拾壹年五月日交股銀
壹拾壹元八毛叁仙
計至光緒叁拾四年四月拾六日止共計兩年十一個半月
中華民國十三年壹月四日

1909 年叶崇兰的商办广东新宁铁路公司息折

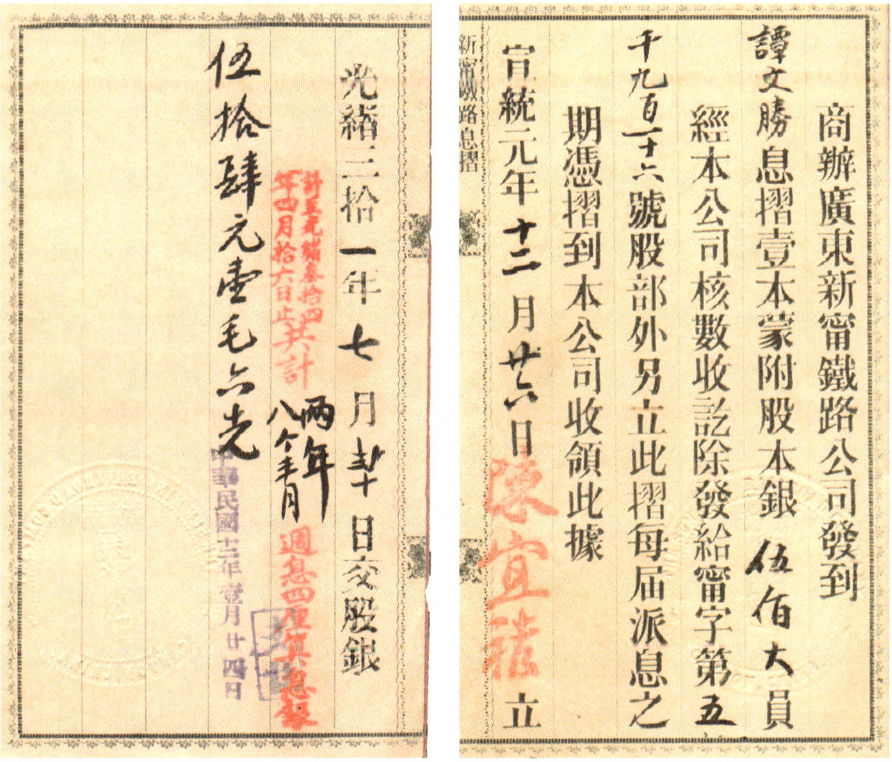
商辦廣東新寧鐵路公司發到
譚文勝息摺壹本豪附股本銀伍佰大員
經本公司核數收訖除發給寧字第五
千九百十六號股部外另立此摺每屆派息之
期憑摺到本公司收領此據
宣統元年十二月廿六日陳宜禧立
新寧鐵路息摺
光緒三拾一年七月廿日交股銀
伍拾肆元壹毛六仙
計至光緒叁拾四年四月拾六日止共計兩年八個月
中華民國十三年壹月廿四日

1909 年谭文胜的商办广东新宁铁路公司息折

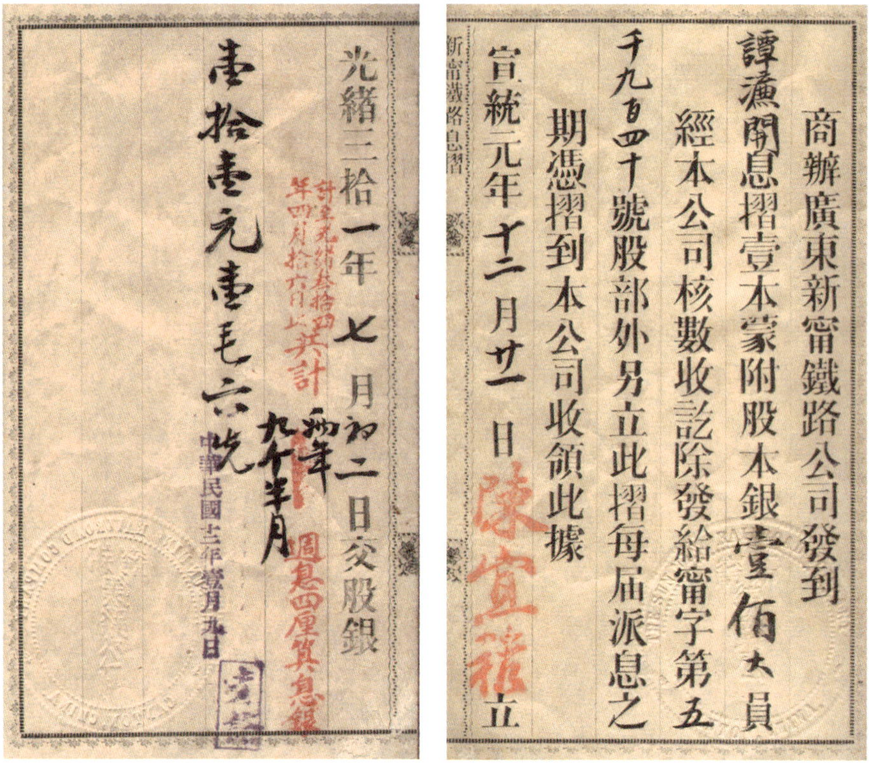

1909 年谭濂开的商办广东新宁铁路公司息折

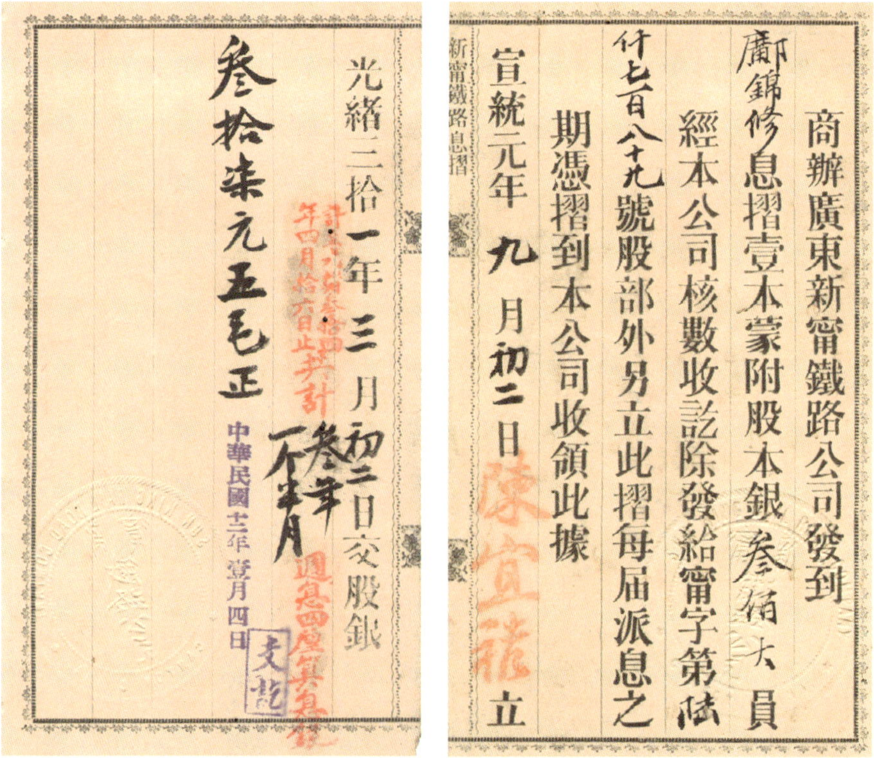

1909 年邝锦修的商办广东新宁铁路公司息折

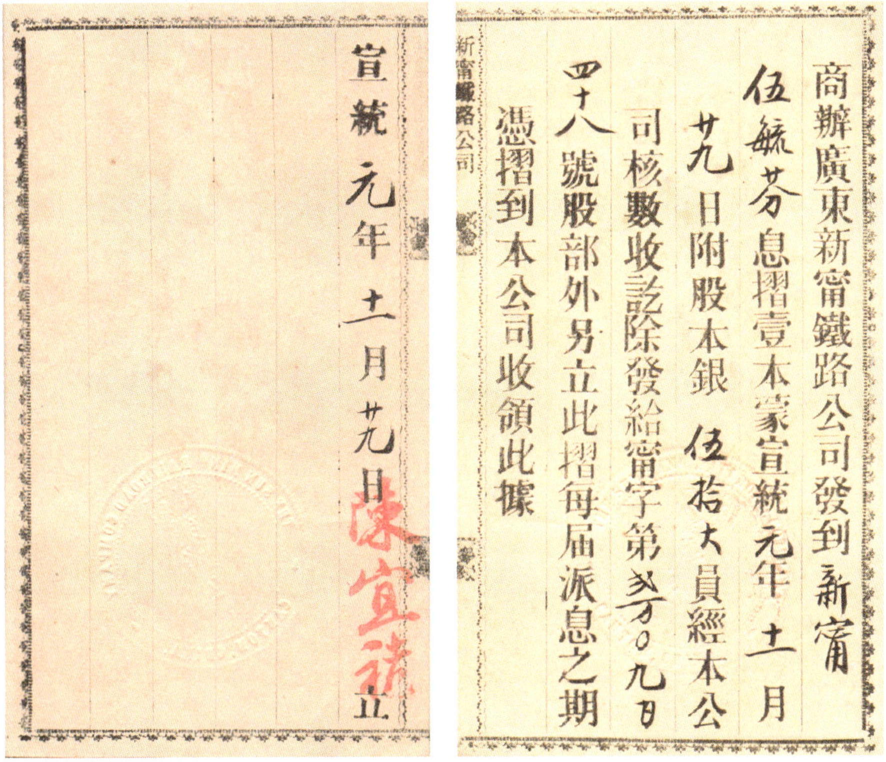
商辦廣東新寧鐵路公司發到新寧
伍毓芬息摺壹本蒙宣統元年十一月
廿九日附股本銀 伍拾大員經本公
司核數收訖除發給寧字第叁万〇九百
四十八號股部外另立此摺每屆派息之期
憑摺到本公司收領此據
新寧鐵路公司
宣統元年十一月廿九日 陳宜禧 立

1909 年伍毓芬的商办广东新宁铁路公司息折

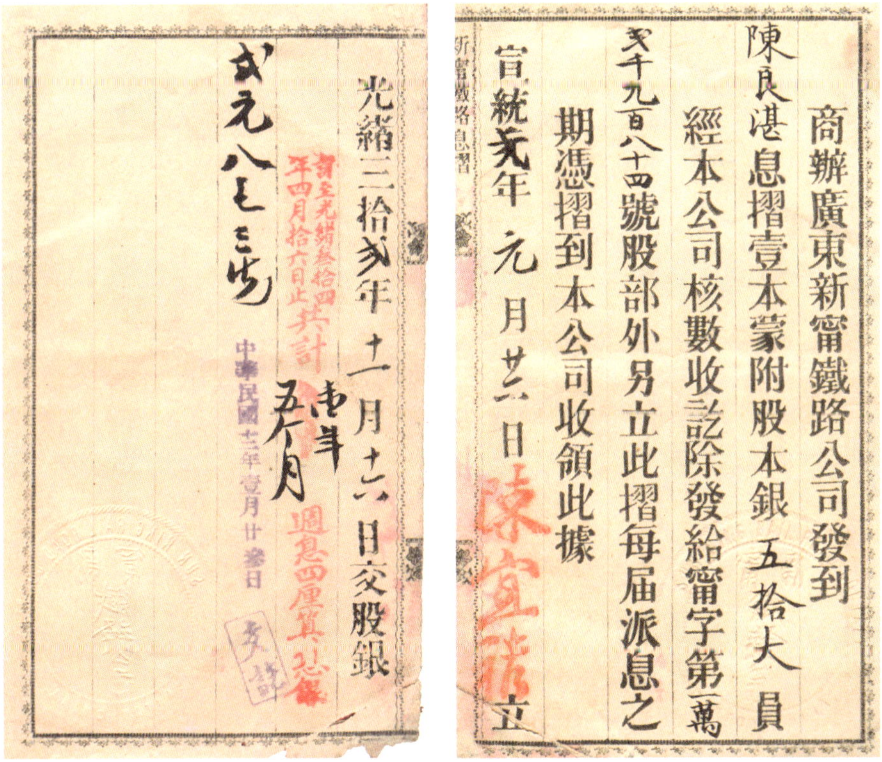
商辦廣東新寧鐵路公司發到
陳良湛息摺壹本蒙附股本銀 五拾大員
經本公司核數收訖除發給寧字第一萬
叁千九百八十四號股部外另立此摺每屆派息之
期憑摺到本公司收領此據
新寧鐵路息摺
宣統貳年 元月廿六日 陳宜禧 立
光緒三拾叁年十一月十六日交股銀
資至光緒叁拾四年四月拾六日止共計
週息四厘算
中華民國十三年壹月廿叁日

1910 年陈良湛的商办广东新宁铁路公司息折

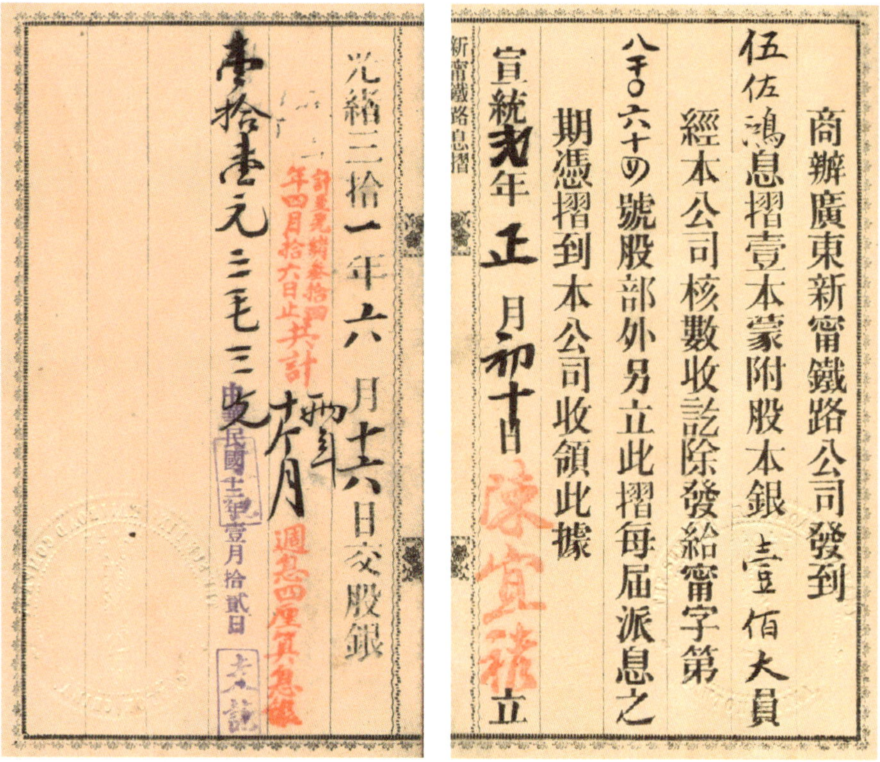

新甯鐵路息摺

商辦廣東新甯鐵路公司發到
伍佐鴻息摺壹本蒙附股本銀壹佰大員
經本公司核數收訖除發給甯字第
八千〇六十の號股部外另立此摺每屆派息之
期憑摺到本公司收領此據
宣統貳年正月初十日 陳宜禧 立

光緒三拾一年六月十六日交股銀
計至光緒叁拾四年四月拾六日止共計 兩年 週息四厘算息銀
壹拾壹元三毛三仙
中華民國十二年壹月拾貳日

1910 年伍佐鸿的商办广东新宁铁路公司息折

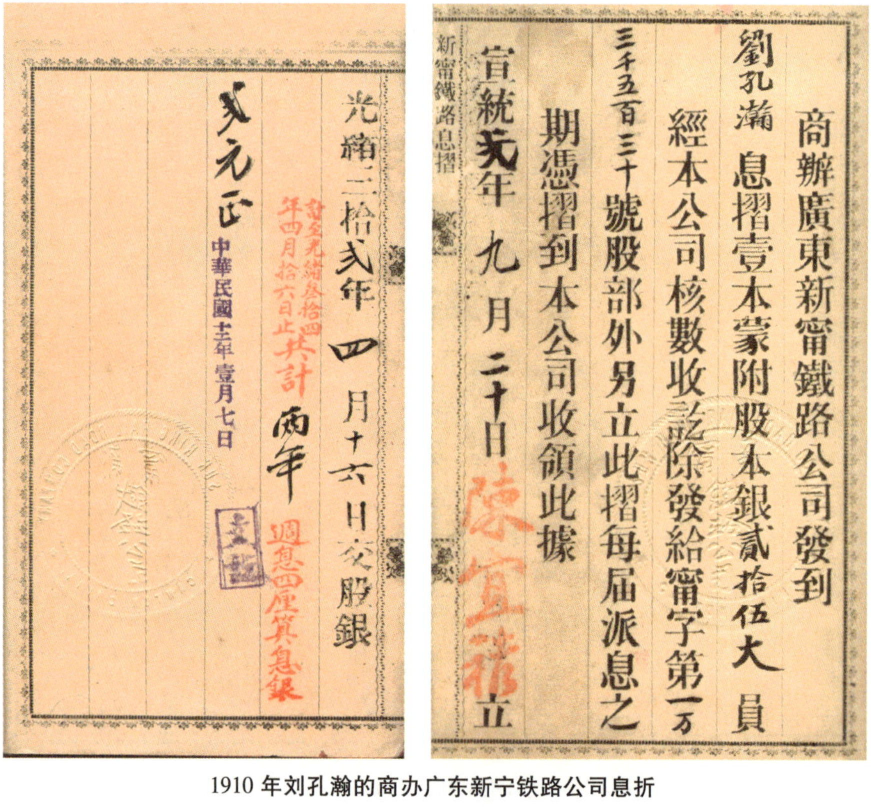

新甯鐵路息摺

商辦廣東新甯鐵路公司發到
劉孔瀚息摺壹本蒙附股本銀貳拾伍大員
經本公司核數收訖除發給甯字第一万
三千五百三十號股部外另立此摺每屆派息之
期憑摺到本公司收領此據
宣統貳年九月二十日 陳宜禧 立

光緒三拾弍年四月十六日交股銀
計至光緒叁拾四年四月拾六日止共計 兩年 週息四厘算息銀
弍元正
中華民國十二年壹月七日

1910 年刘孔瀚的商办广东新宁铁路公司息折

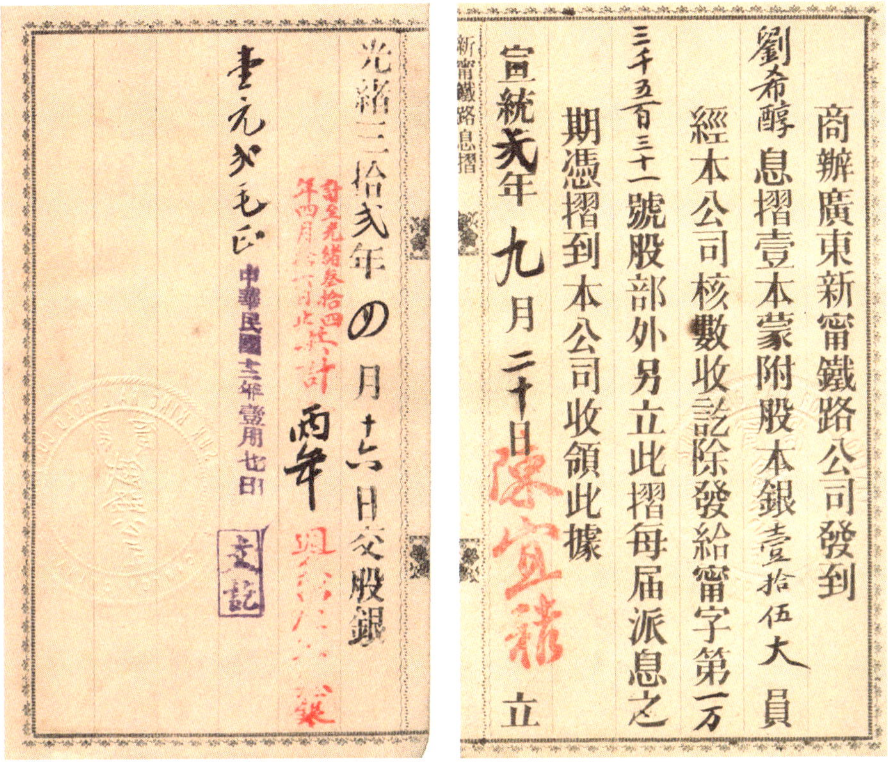

商辦廣東新甯鐵路公司發到
劉希醇 息摺壹本蒙附股本銀壹拾伍大員
經本公司核數收訖除發給甯字第一万
三千五百三十一號股部外另立此摺每届派息之
期憑摺到本公司收領此據
宣統貳年九月二十日 立
新甯鐵路息摺
光緒三拾貳年四月十六日交股銀
中華民國十三年壹月七日

1910 年刘希醇的商办广东新宁铁路公司息折

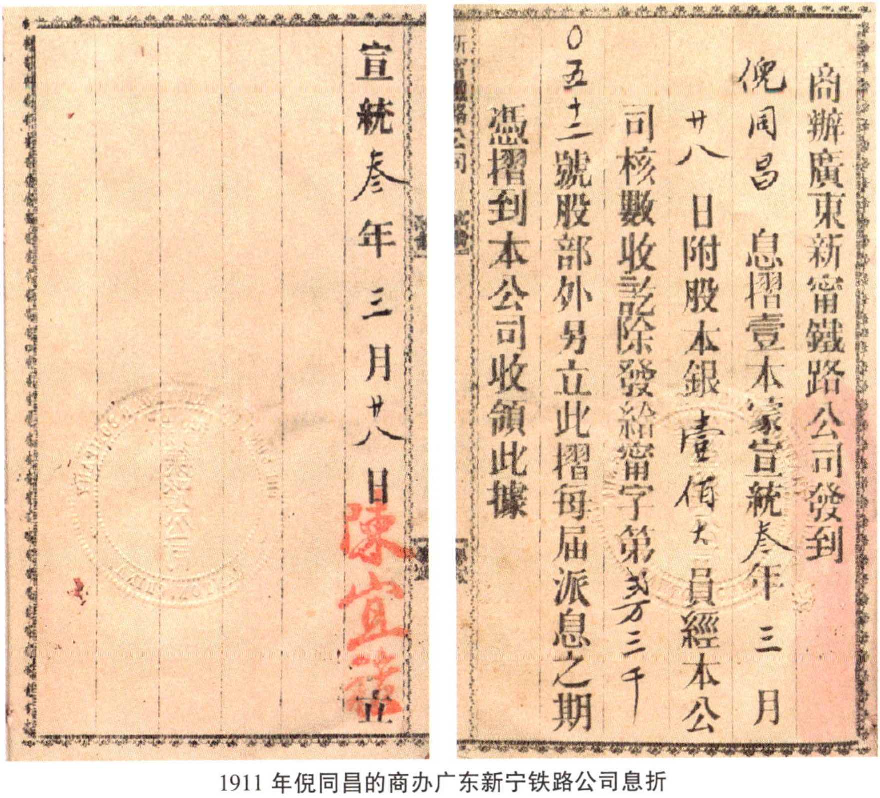

商辦廣東新甯鐵路公司發到
倪同昌 息摺壹本蒙宣統叁年三月
廿八日附股本銀壹佰大員經本公
司核數收訖除發給甯字第貳万三千
〇五十二號股部外另立此摺每届派息之期
憑摺到本公司收領此據
宣統叁年三月廿八日 立

1911 年倪同昌的商办广东新宁铁路公司息折

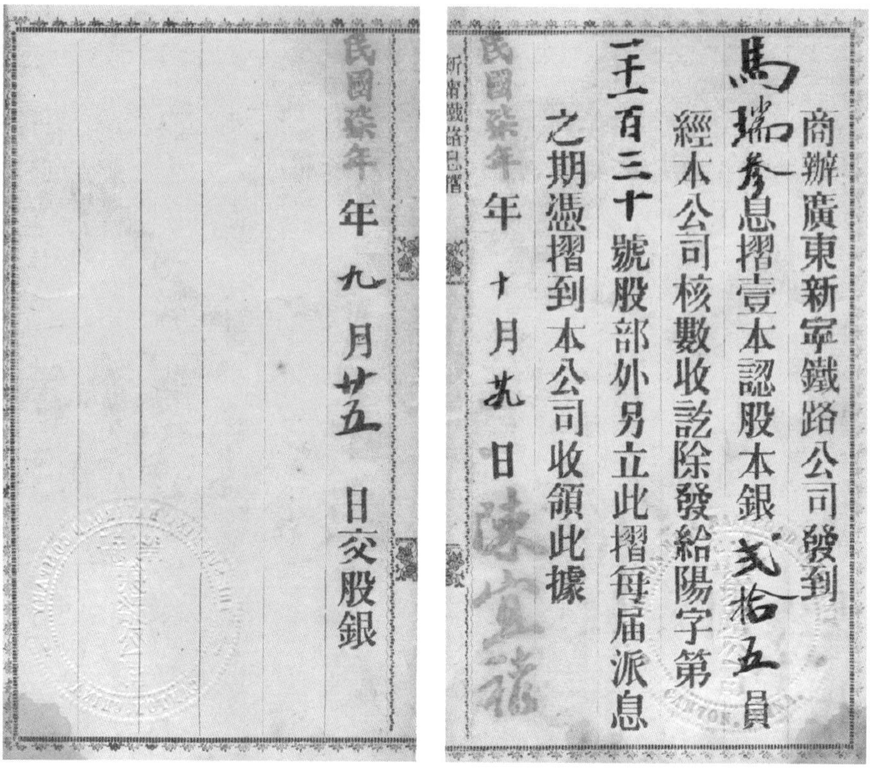

新寧鐵路息摺

商辦廣東新寧鐵路公司發到

馬瑞參 息摺壹本認股本銀 弍拾五 員

經本公司核數收訖除發給陽字第

一千一百三十 號股部外另立此摺每屆派息

之期憑摺到本公司收領此據

民國柒年 年 十月 廿九 日 陳宜禧

民國柒年 年 九月 廿五 日交股銀

1918 年马瑞参的商办广东新宁铁路公司息折

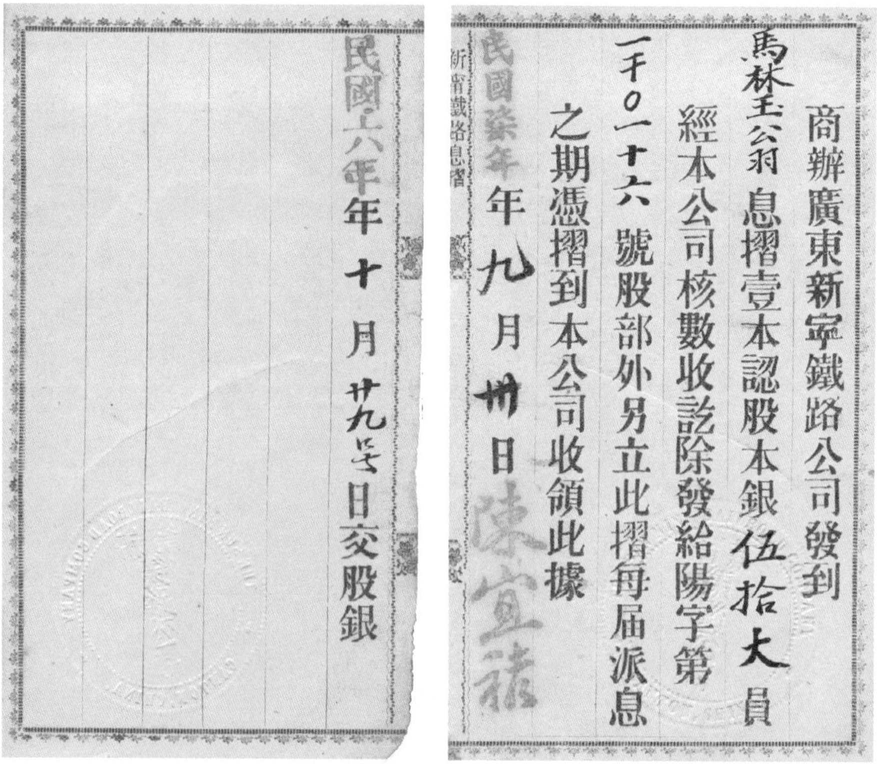

新寧鐵路息摺

商辦廣東新寧鐵路公司發到

馬林玉公翁 息摺壹本認股本銀 伍拾大 員

經本公司核數收訖除發給陽字第

一千〇一十六 號股部外另立此摺每屆派息

之期憑摺到本公司收領此據

民國柒年 年 九月 卅 日 陳宜禧

民國六年 年 十月 廿九号 日交股銀

1918 年马林玉的商办广东新宁铁路公司息折

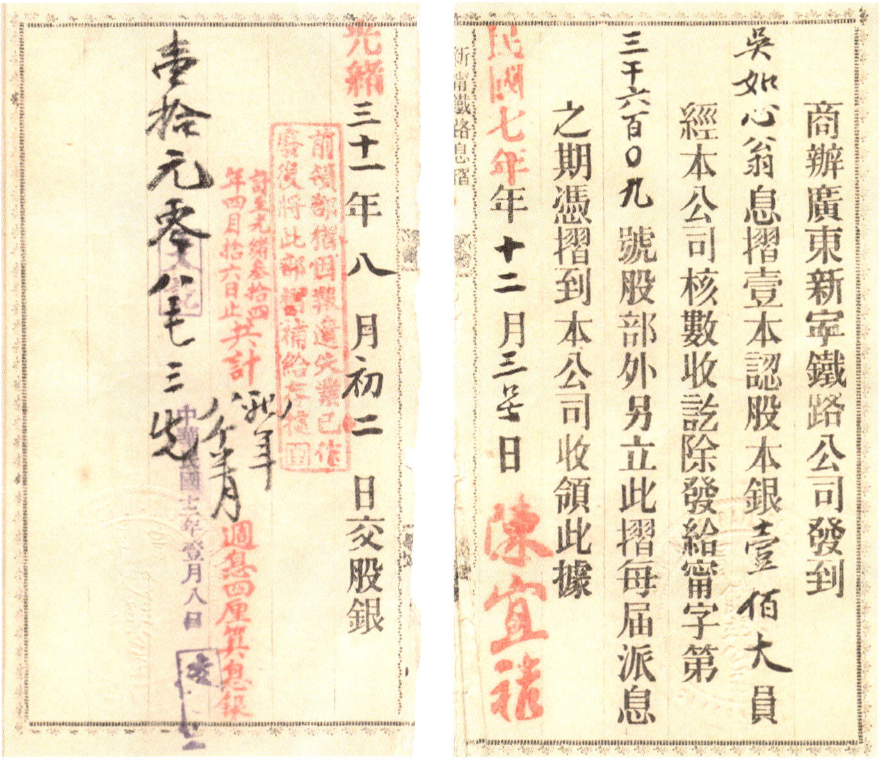
商辦廣東新寧鐵路公司發到
吳如心翁息摺壹本認股本銀壹佰大員
經本公司核數收訖除發給甯字第
三千六百〇九號股部外另立此摺每届派息
之期憑摺到本公司收領此據
民國七年十二月三十日
陳宜禧
光緒三十一年八月初二日交股銀

1918 年吴如心的商办广东新宁铁路公司息折

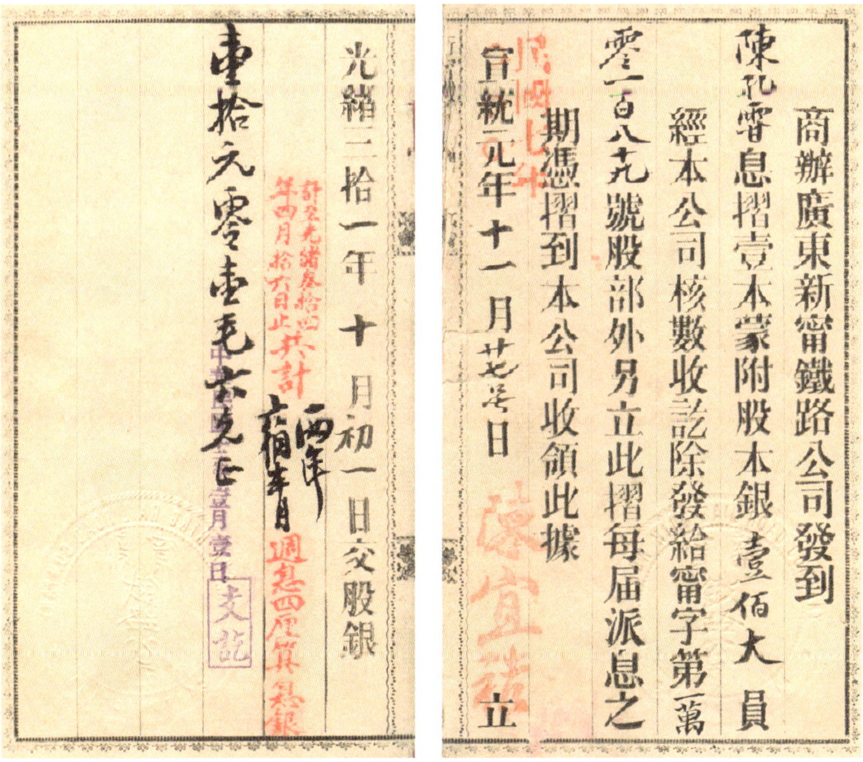
商辦廣東新甯鐵路公司發到
陳孔霄息摺壹本蒙附股本銀壹佰大員
經本公司核數收訖除發給甯字第一萬
零一百八十九號股部外另立此摺每届派息之
期憑摺到本公司收領此據
宣統元年十一月廿五日　立
陳宜禧
光緒三十一年十月初一日交股銀

1909 年陈孔霄的商办广东新宁铁路公司息折

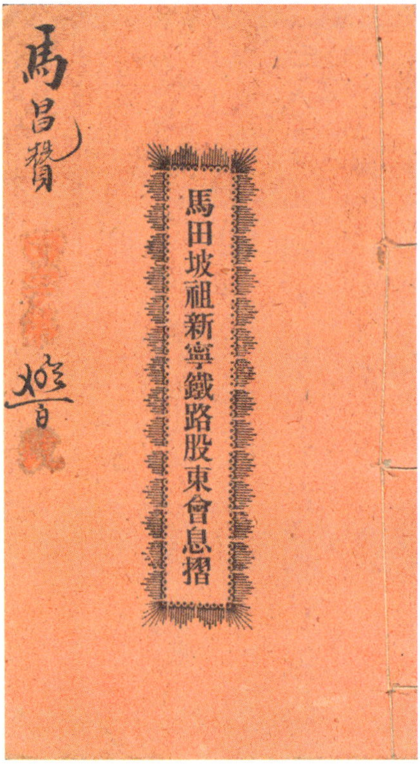
馬昌贊
馬田坡祖新寧鐵路股東會息摺

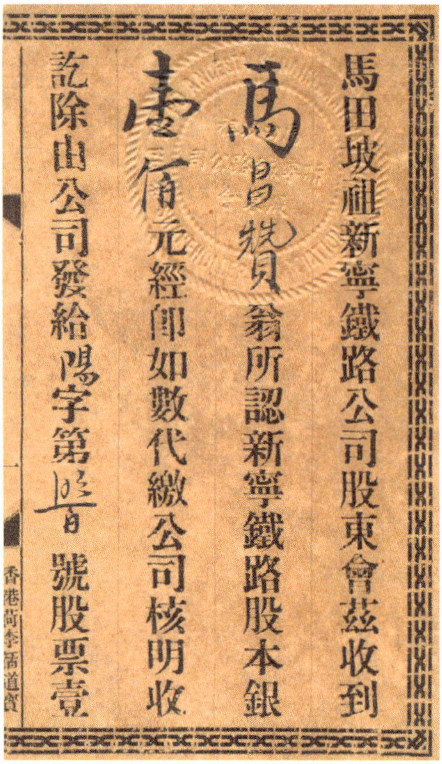
馬田坡祖新寧鐵路公司股東會茲收到
馬昌贊翁所認新寧鐵路股本銀
壹佰元經卽如數代繳公司核明收
訖除由公司發給陽字第 號股票壹

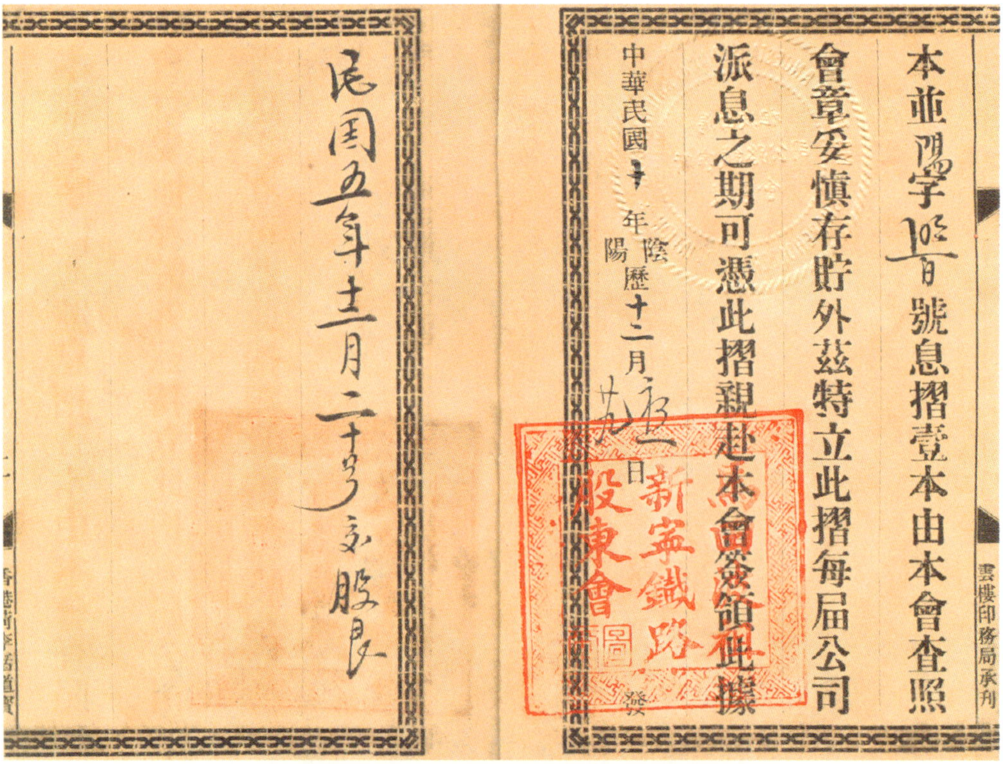
本並陽字 號息摺壹本由本會查照
會章妥慎存貯外茲特立此摺每屆公司
派息之期可憑此摺親赴本會領取此據
中華民國十年陰陽歷十二月 日發
新寧鐵路股東會
雲樓印務局承刊
民国五年十二月二十五 交股艮

1921 年马昌赞的马田坡祖新宁铁路股东会息折

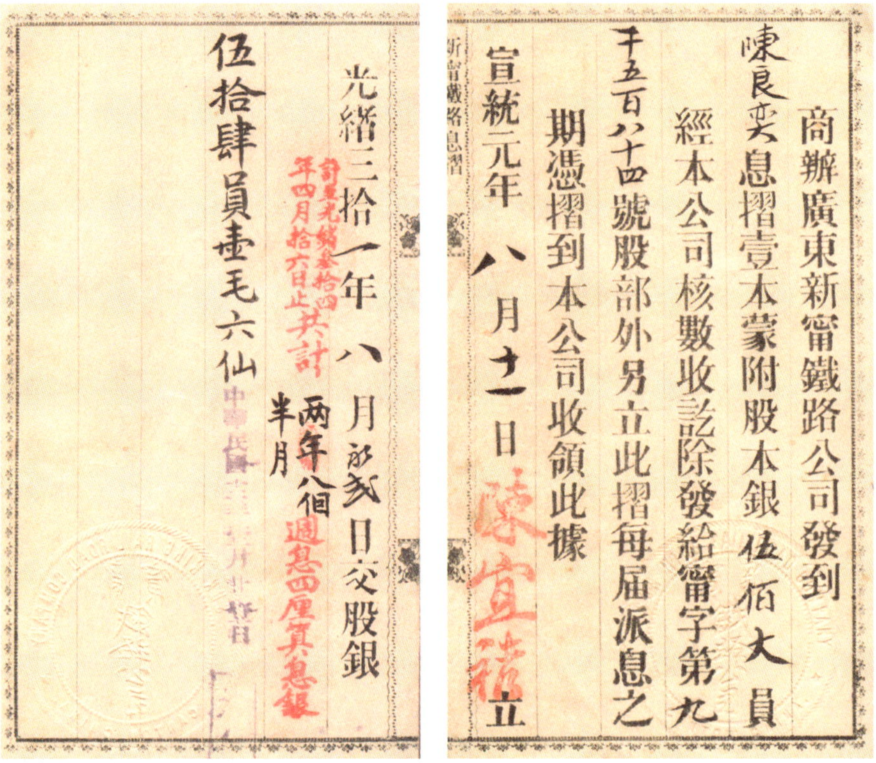

新甯鐵路息摺

商辦廣東新甯鐵路公司發到
陳良奕息摺壹本蒙附股本銀伍佰大員
經本公司核數收訖除發給甯字第九
千五百八十四號股部外另立此摺每届派息之
期憑摺到本公司收領此據
宣統元年　八　月　十二　日　立

光緒三拾一年　八　月　廿貳　日交股銀
伍拾肆員壹毛六仙
計至光緒叁拾四年四月拾六日止共計兩年八個半月
週息四厘算息銀

1909 年陈良奕的商办广东新宁铁路公司息折

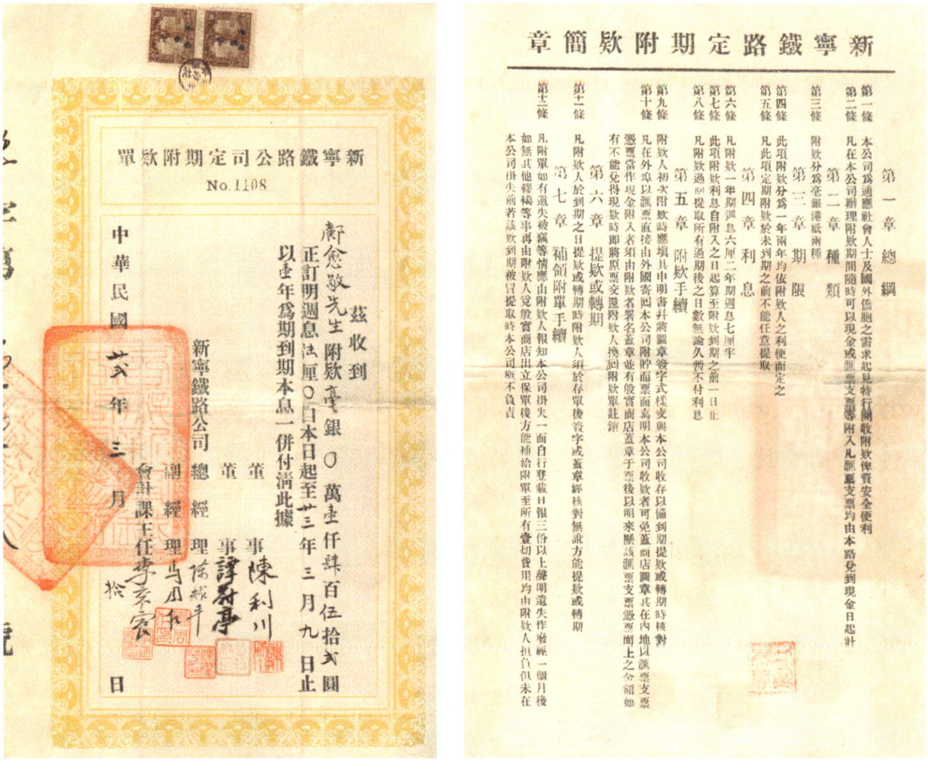

新寧鐵路公司定期附欵單

No.1108

茲收到
鄺愈敬先生附欵毫銀〇萬壹仟肆百伍拾弍圓
正訂明週息法厘〇日本日起至廿三年三月九日止
以壹年爲期到期本息一併付清此據

新寧鐵路公司
董　事　陳利川
董　事
總經理
副經理
會計課主任

中華民國廿弍年三月拾日

新寧鐵路定期附欵簡章

第一章　總綱

第一條　本公司爲適應社會人士及國外僑胞之需求起見特行開收附欵俾資安全便利

第二條　凡在本公司辦理附欵期間隨時可以現金或滙票支票等附入凡滙票支票均由本路兌到現金日起計

第二章　種類

第三條　附欵分爲毫銀港紙兩種

第三章　期限

第四條　此項附欵分爲一年兩年均依附欵人之利便而定之

第五條　凡此項定期附欵於未到期之前不能任意提取

第四章　利息

第六條　凡附欵一年期週息六厘二年期週息七厘半

第七條　此項附欵利息自附入之日起算至附欵到期之前一日止

第八條　凡附欵過期提取所有過期後之日數無論久暫不付利息

第五章　附欵手續

第九條　附欵人初次附欵時應塡具申明書并將圖章簽字式樣交與本公司收存以備到期提欵或轉期時核對

第十條　凡在外埠以滙票直接由外國寄回本公司附貯而票面寫明本公司收欵者可免蓋商店圖章其在內地以滙票支票憑票當作現金附入者須由附欵者署名蓋章並有殷實商店蓋章于票後以明來歷該滙票支票憑票面上之金額如有不能兌得現欵時即將原票交還附欵人換回附欵單註銷

第六章　提欵或轉期

第十一條　凡附欵人於到期之日提欵或轉期時附欵人須於存單後簽字或蓋章經核對無訛方能提欵或轉期

第七章　補領附單手續

第十二條　凡附單如有遺失被竊等情應由附欵人報知本公司掛失一面自行登載日報三份以上聲明遺失作廢經一個月後如無其他轇轕等事再由附欵人覓殷實商店出立保單後方能補給附單至所有一切費用均由附欵人担負但未在本公司掛失前若該欵到期被冒提取時本公司概不負責

1933 年邝愈敬的新宁铁路公司定期附（付）款单

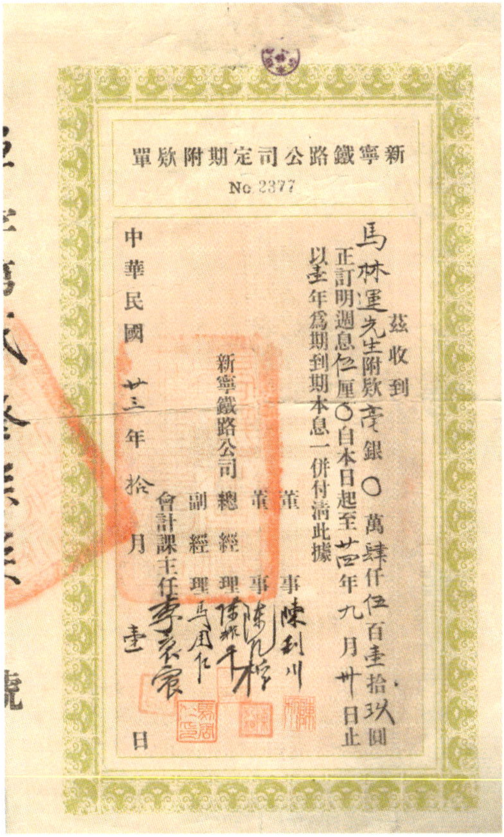
新寧鐵路公司定期附欵單
No. 2377

茲收到
馬林運先生附欵毫銀○萬肆仟伍百壹拾玖圓
正訂明週息伍厘○自本日起至廿四年九月卅日止
以壹年爲期到期本息一併付清此據

新寧鐵路公司
董事 陳利川
董事
總經理
副經理
會計課主任

中華民國廿三年拾月壹日

1934 年马林运的新宁铁路公司定期附（付）款单

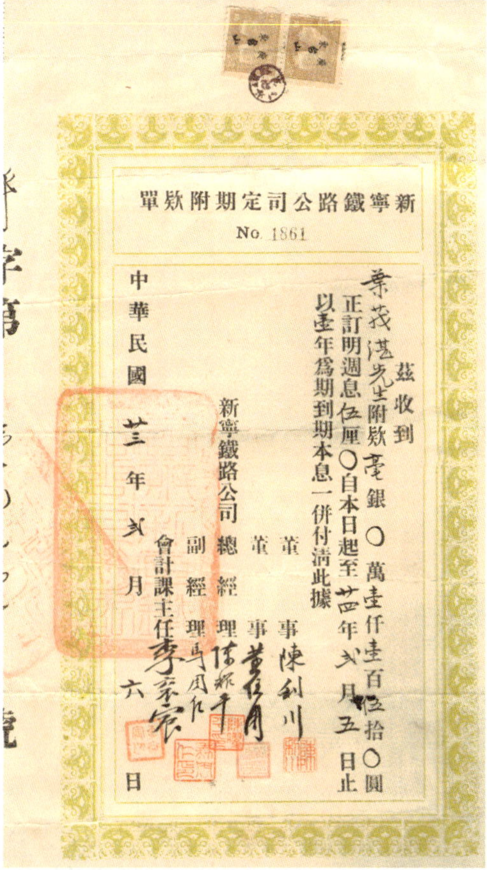
新寧鐵路公司定期附欵單
No. 1861

茲收到
葉茂湛先生附欵毫銀○萬壹仟壹百伍拾○圓
正訂明週息伍厘○自本日起至廿四年弍月五日止
以壹年爲期到期本息一併付清此據

新寧鐵路公司
董事 陳利川
董事
總經理
副經理
會計課主任

中華民國廿三年弍月六日

1934 年叶茂湛的新宁铁路公司定期附（付）款单

信　函

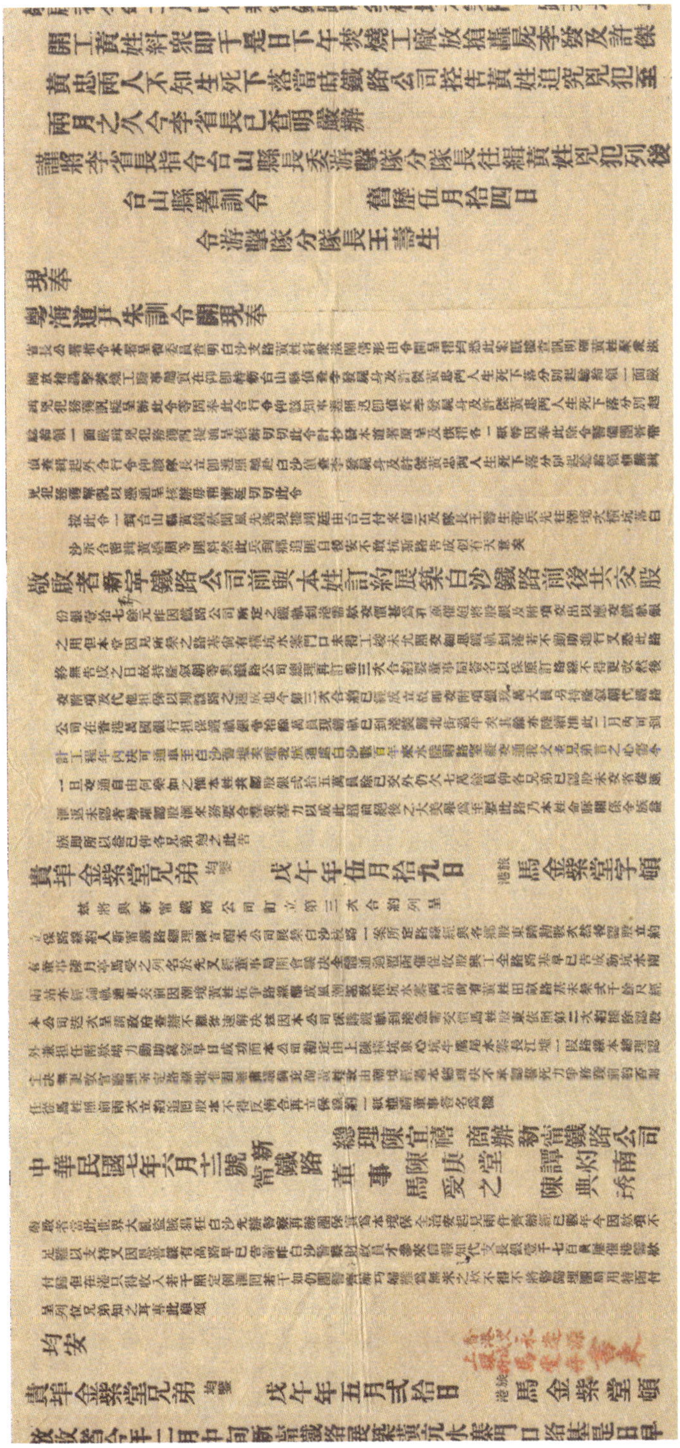

1918年香港马金紫堂发给台山马姓族人请求其配合新宁铁路支线建设的信函

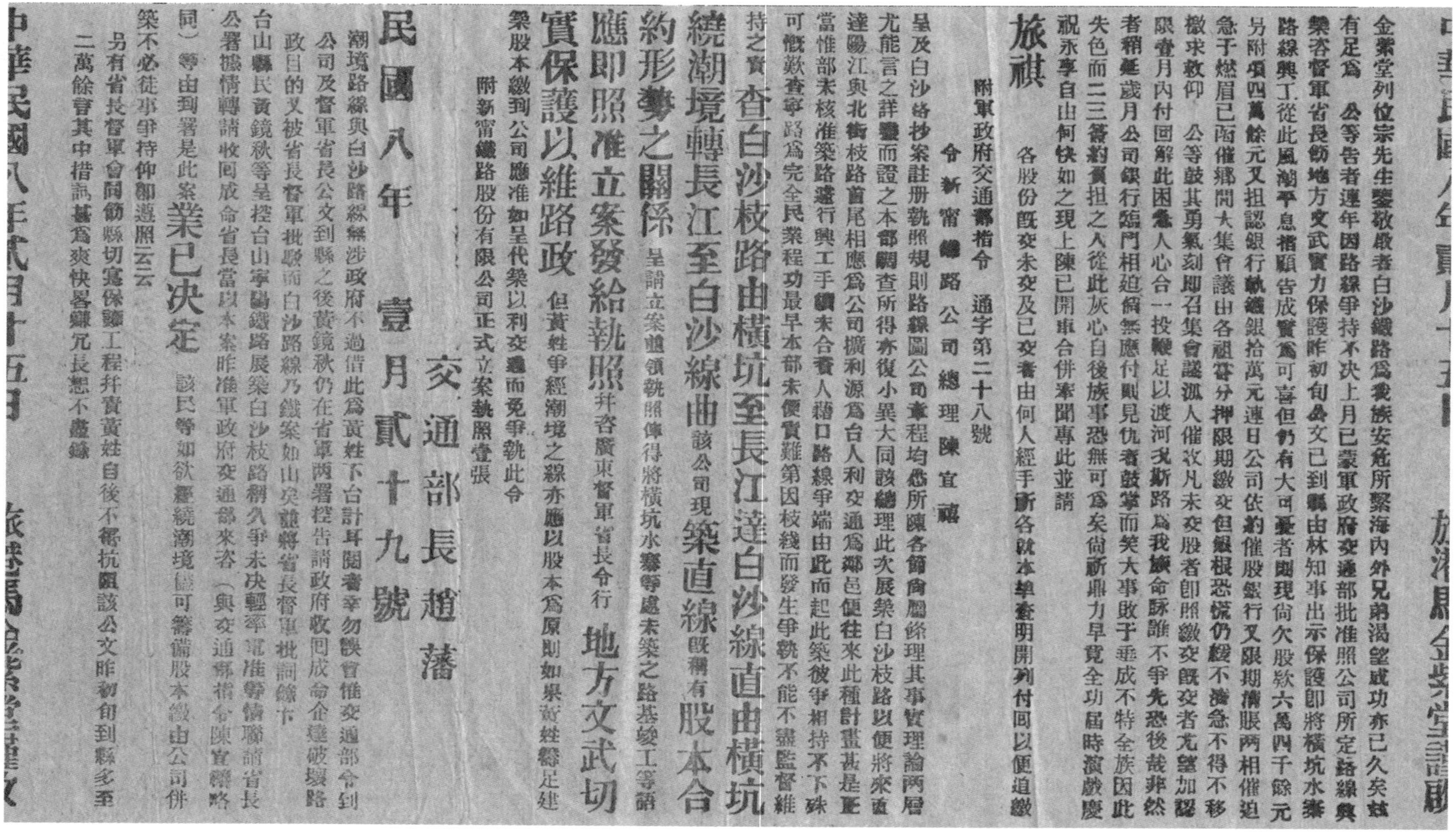
金紫堂列位宗先生鑒敬啟者白沙鐵路爲我族安危所繫海內外兄弟渴望成功亦已久矣茲
有足爲　公等告者連年因路綫爭持不決上月已蒙軍政府交通部批准照公司所定路線興
築咨督軍省長飭地方文武實力保護昨初旬㑹文已到縣由林知事出示保護即將橫坑水埗
路線興工從此風潮平息諸顯告成實爲可喜但仍有大可憂者則現尚欠股款六萬四千餘元
另附項四萬餘元又担認銀行執繳銀拾萬元連日公司依約催股銀行又限期清賬兩相催迫
急于燃眉已函催鄉間大集會議由各祖嘗分押限期繳交但無根恐慌仍緩不濟急不得不移
徵求救仰　公等鼓其勇氣刻即召集會議派人催收凡未交股者即照繳交既交者尤望加認
限壹月內付回解此困急人心合一投鞭足以渡河我斯路爲我族命脉誰不爭先恐後哉非然
者稍延歲月公司銀行臨門相迫倘無應付則見仇者鼓掌而笑大事敗于垂成不特全族因此
失色而二三簽約負担之人從此灰心自後族事恐無可爲矣倘衆鼎力早覓全功屆時演戲慶
祝永享自由何快如之現上陳已開車合併率聞專此並請
旅祺
各股份既交未交及已交者由何人經手祈各就本埠查明開列付回以便追繳

附軍政府交通部指令　通字第二十八號
令新甯鐵路公司總理陳宜禧
呈及白沙路抄案註册執照規則路線圖公司章程均悉所陳各節尚屬條理其事實理論兩層
尤能言之詳盡而證之本部調查所得亦復小異大同該總理此次展築白沙枝路以便將來直
達陽江與北街枝路首尾相應爲公司擴利源爲台人利交通爲鄉邑便往來此種計畫甚是匪
當惟部未核准築路遽行興工手續未合看人藉口路線爭端由此而起此築彼爭相持不下殊
可慨歎查寧路爲完全民業程功最早本部未便貿難第因枝綫而發生爭執不能不盡監督維
持之責　查白沙枝路由橫坑至長江達白沙線直由橫坑
繞潮境轉長江至白沙線曲該公司現築直線既稱有股本合
約形勢之關係呈請立案並領執照俾得將橫坑水埗等處未築之路基竣工等語
應即照准立案發給執照并咨廣東督軍省長令行　地方文武切
實保護以維路政　但黃姓爭經潮境之線亦應以股本爲原則如果黃姓籌足建
築股本繳到公司應准如呈代築以利交通而免爭執此令
附新甯鐵路股份有限公司正式立案執照壹張
交通部長趙藩
民國八年　壹月貳十九號

潮境路線與白沙路線無涉政府不過借此爲黃姓下台計耳閱者幸勿誤會惟交通部令到
公司及督軍省長公文到縣之後黃鏡秋仍在省軍兩署控告請政府收回成命企達破壞路
政目的又被省長督軍批駁而白沙路線乃鐵案如山矣　讀轉省長督軍批詞錄下
台山縣民黃鏡秋等呈控台山寧陽鐵路展築白沙枝路糾衆爭未決輕率呈准等情聯請省長
公署據情轉請收回成命省長當以本案昨准軍政府交通部來咨（與交通部指令陳宜禧略
同）等由到署是此案業已決定　該民等如欲另築繞潮境線可籌備股本繳由公司併
築不必徒事爭持仰即遵照云云
另有省長督軍會同飭縣切實保護工程并責黃姓自後不得抗阻該公文昨初旬到縣多至
二萬餘言其中措詞甚爲爽快畧錄冗長恕不盡錄
中華民國八年貳月十五日　旅港馬金紫堂謹啟

1919 年香港马金紫堂发给台山马姓族人请求其配合新宁铁路支线建设的信函

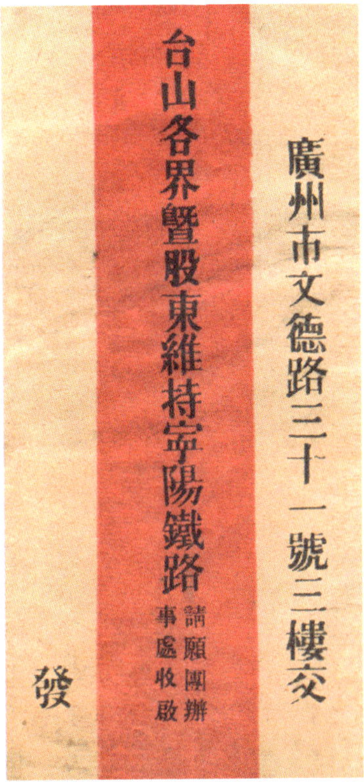

廣州市文德路三十一號三樓交
台山各界暨股東維持寧陽鐵路請願團辦事處收啟
發

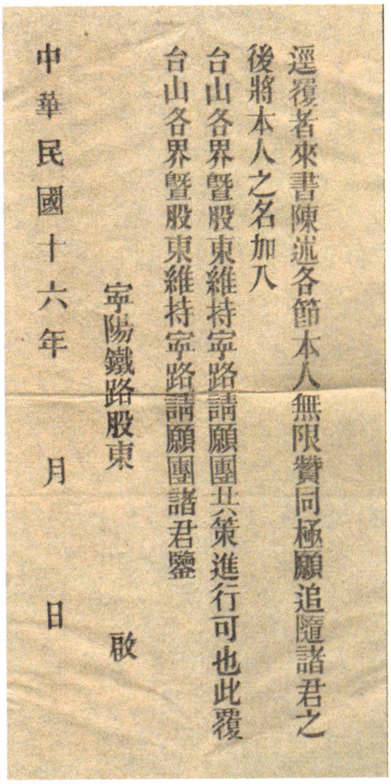

逕覆者來書陳述各節本人無限贊同極願追隨諸君之
後將本人之名加入
台山各界暨股東維持寧路請願團共策進行可也此覆
台山各界暨股東維持寧路請願團諸君鑒
寧陽鐵路股東　啟
中華民國十六年　月　日

1927 年台山各界暨股东维持宁阳铁路请愿团办事处的信及信封

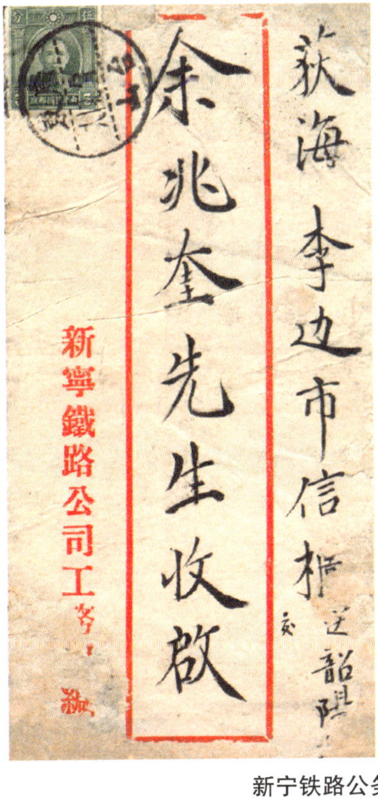

荻海李边市信押
余兆奎先生收啟
新寧鐵路公司工務處緘

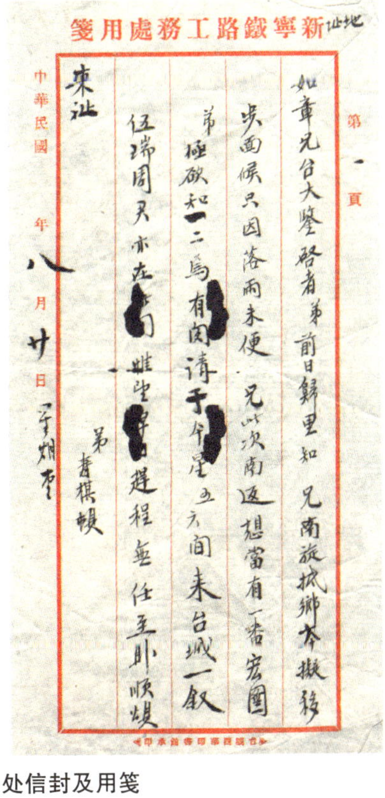

新寧鐵路工務處用箋　地址
第　一　頁
如章兄台大鑒啓者弟前日歸里知兄南旋抵鄉本擬移
步面候只因落雨未便兄此次南返想當有一番宏圖
弟極欲知一二焉[redacted]有関請于[redacted]星五六間来台城一叙
伍瑞周君亦在[redacted]姓望[redacted]趕程無任至盼順頌
東祉
弟　書棋頓
中華民國　年　八　月　廿　日

新宁铁路公务处信封及用笺

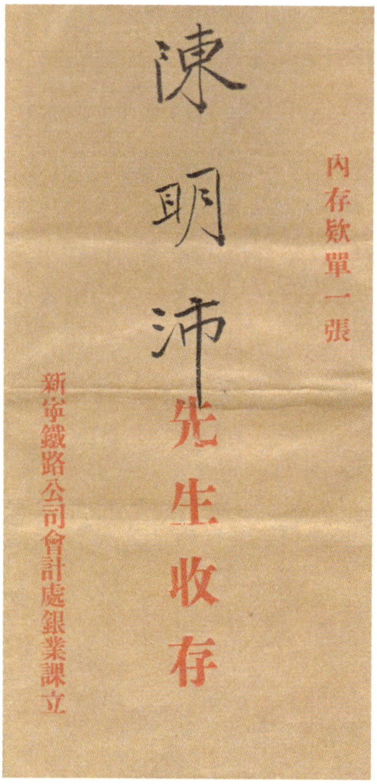

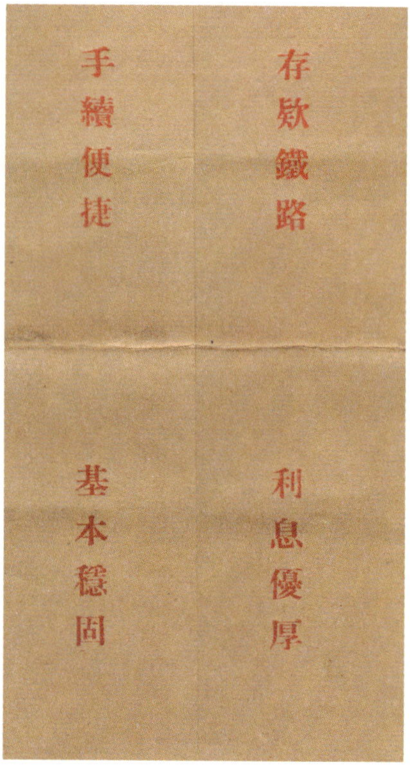

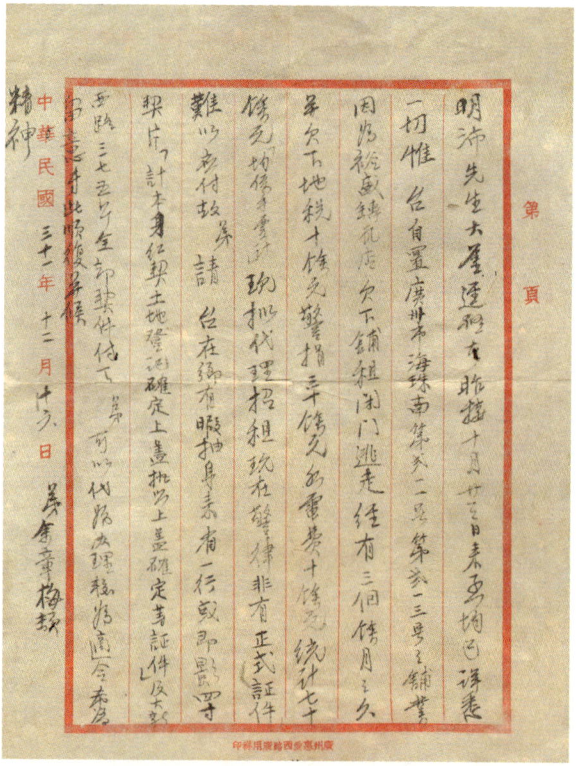

第　頁

明沛先生大鉴：逕启者，昨接十月廿七日来函，均已详悉
一切。惟台自置广州市海珠南第贰一号、第叁一三号之铺业，
因为经敌转乱后，其下铺租闲门逃走，经有三个月之久，
并欠下地税十余元、警捐三十余元、水电费十余元，统计七十
余元，均系本弟代支。现拟代理招租，现在警律非有正式証件
难以交付，故弟请台在乡有暇，抽身来省一行，或即影写
契片，计本身红契、土地登记、确定上盖、批以上盖确定书証件及大[illegible]
马路三七五号全部契件付下，弟可以代为办理，报为适合来函
字意。专此顺复，并候
精神
中華民國三十一年十二月廿六日　弟余章梅[illegible]

1942 年余章梅用新宁铁路信封写给陈明沛的信

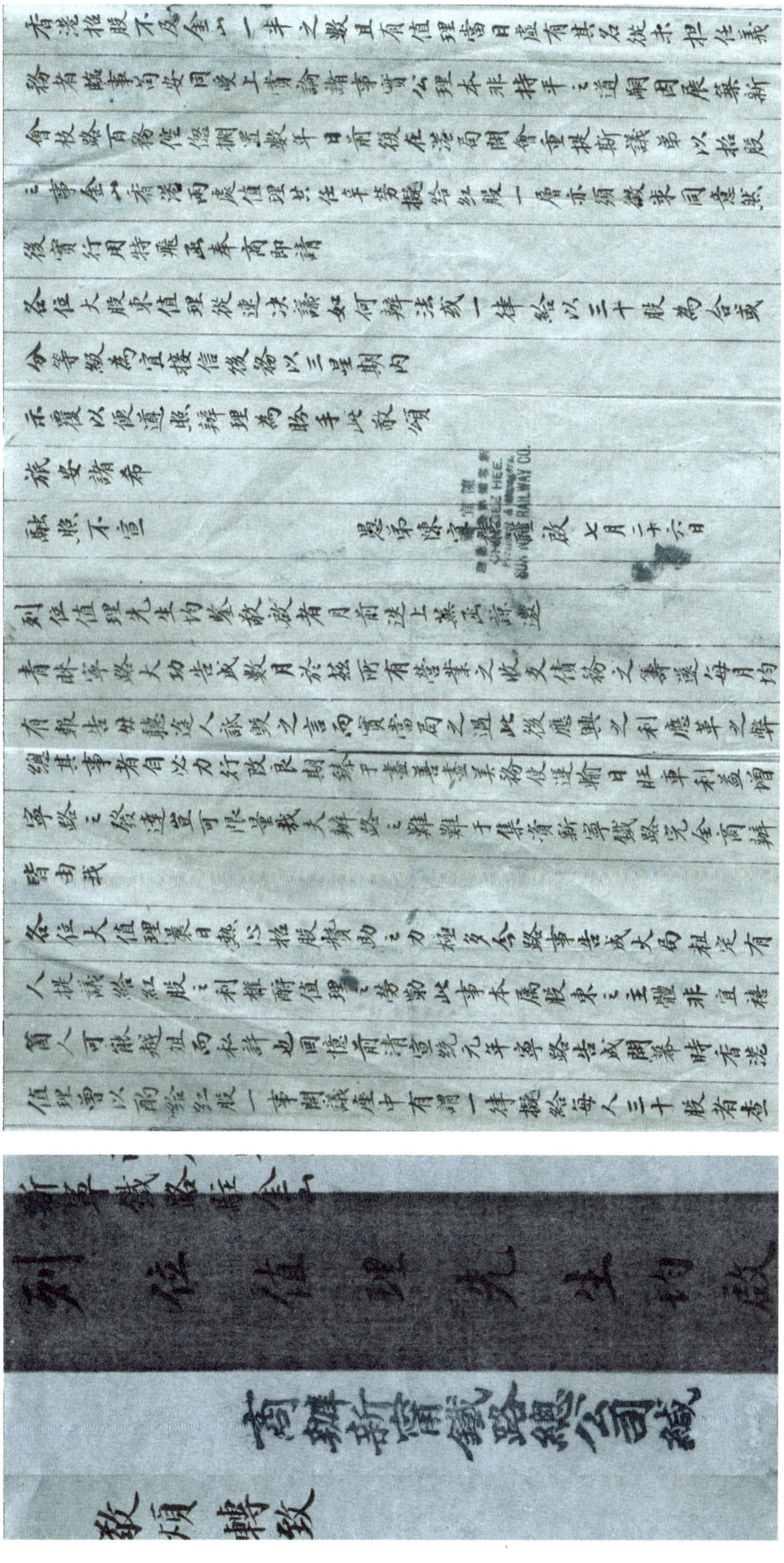

商办新宁铁路总公司陈宜禧写给新宁铁路驻金山列位值理的信及信封

年报、月报、布告

商辦廣東新寧鐵路公司民國弍年總結册

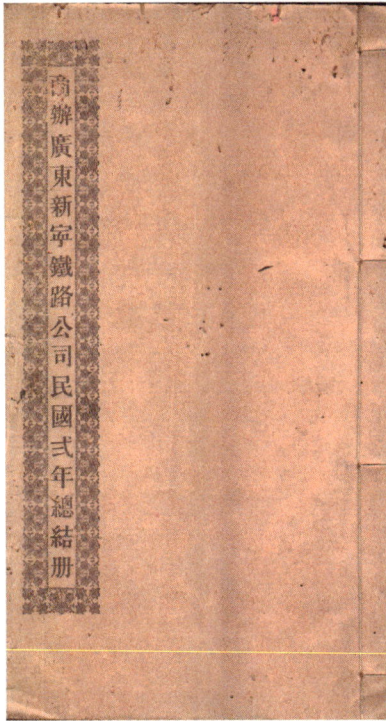

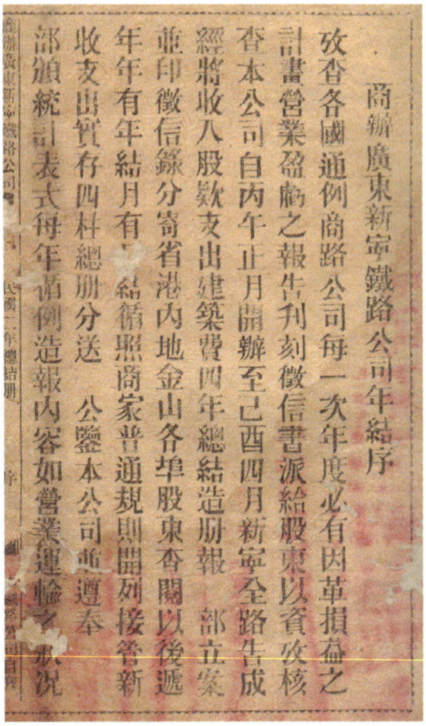
商辦廣東新寧鐵路公司年結序

攷查各國通例商路公司每一次年度必有因革損益之計畫營業盈虧之報告刊刻徵信書派給股東以資攷核查本公司自丙午正月開辦至己酉四月新寧全路告成經將收入股欵支出建築費四年總結造册報　部立案並印徵信錄分寄省港內地金山各埠股東查閱以後遞年年有年結月有月結循照商家普通規則開列接管新收支出實存四柱總册分送　公鑒本公司迺遵奉部頒統計表式每年循例造報內容如營業運輸之狀況

商辦廣東新寧鐵路公司　民國二年總結册　序　鐵路公司自刊

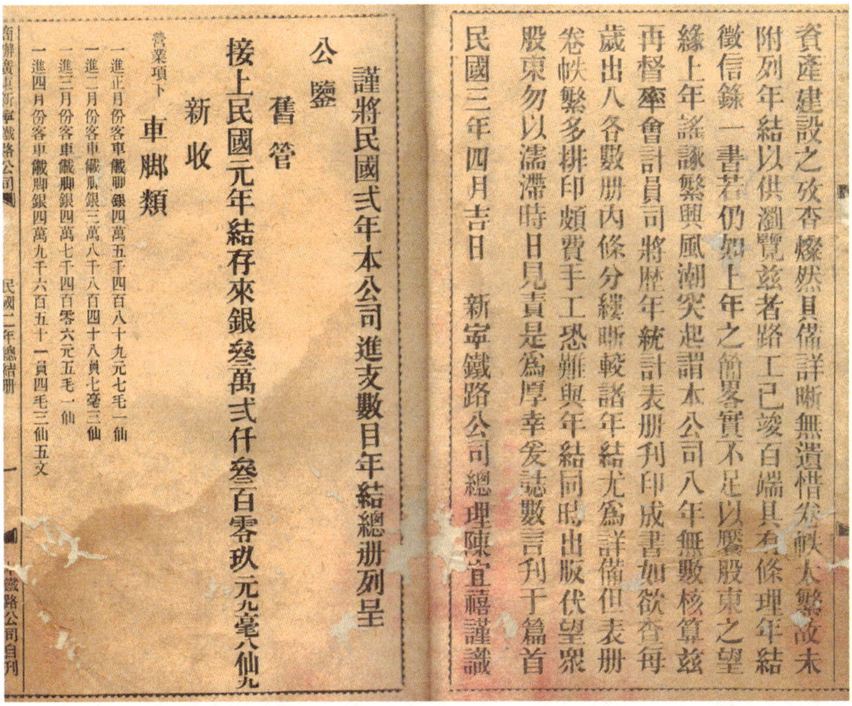
資產建設之攷查燦然具備詳晰無遺惜卷帙太繁故未附列年結以供瀏覽茲者路工已竣百端具有條理年結徵信錄一書若仍如上年之簡畧實不足以饜股東之望緣上年謠諑繁興風潮突起謂本公司八年無數核算茲再督率會計員司將歷年統計表册刊印成書加欵查每歲出入各數册內條分縷晰較諸年結尤爲詳備但表册卷帙繁多排印頗費手工恐難與年結同時出版伏望衆股東勿以濡滯時日見責是爲厚幸爰誌數言刊于篇首

民國三年四月吉日　新寧鐵路公司總理陳宜禧謹識

謹將民國弍年本公司進支數目年結總册列呈

公鑒

舊管

接上民國元年結存來銀叁萬弍仟叁百零玖元九毫八仙九

新收

營業項下　車脚類

一進正月份客車𢧐脚銀四萬五千四百八十九元七毛一仙

一進二月份客車𢧐脚銀三萬八千八百四十八員七毫三仙

一進三月份客車𢧐脚銀四萬七千四百零六元五毛一仙

一進四月份客車𢧐脚銀四萬九千六百五十一員四毛三仙五文

商辦廣東新寧鐵路公司　民國二年總結册　一　鐵路公司自刊

商办广东新宁铁路公司民国二年（1913）总结册（节选）（1）

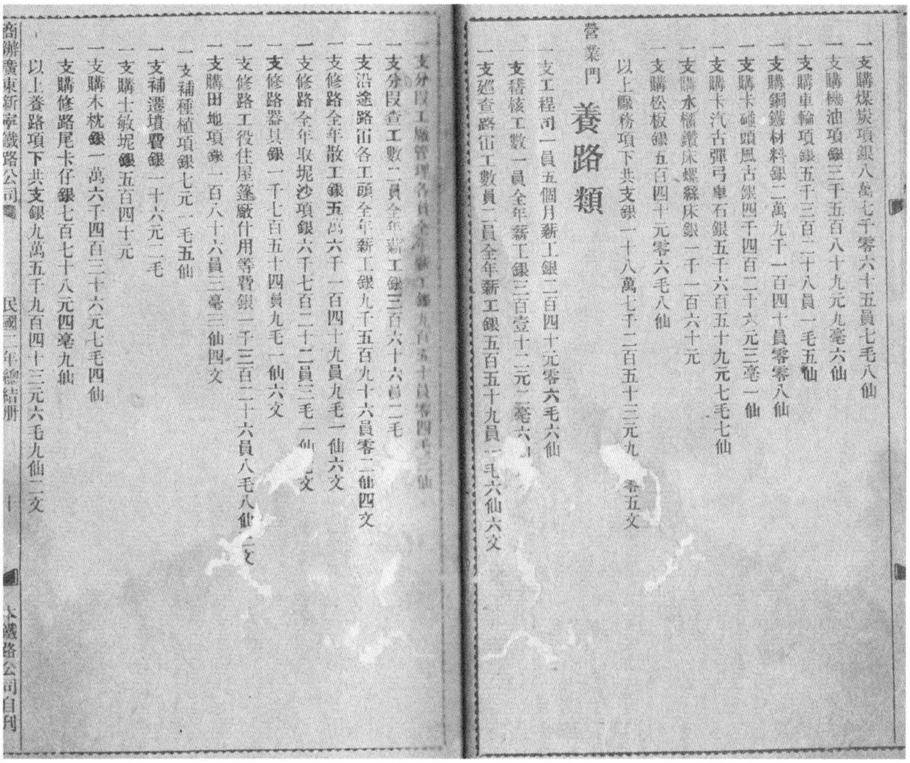

一支購煤炭項銀八萬七千零六十五員七毛八仙
一支購機油項銀三千五百八十九元九毫六仙
一支購車輪項銀五千三百二十八員一毛五仙
一支購銅鐵材料銀二萬九千一百四十員零零八仙
一支購卡碰頭風古銀四千四百二十六元三毫一仙
一支購卡汽古彈弓車石銀五千六百五十九元七毛七仙
一支購水櫃鑽床螺絲床銀一千一百六十元
一支購松板銀五百四十元零六毛八仙
以上廠務項下共支銀一十八萬七千二百五十三元九零五文

營業門　養路類

一支工程司一員五個月薪工銀二百四十元零六毛六仙
一支稽核工數一員全年薪工銀三百壹十二元二毫六[illegible]
一支巡查路街工數員二員全年薪工銀五百五十九員一毛六仙六文

一支分段工廠管理各員全年薪工銀[illegible]五十員零四[illegible]仙
一支分段查工數二員全年薪工銀三百六十六員二毛
一支沿途路街各工頭全年薪工銀九千五百九十六員零二仙四文
一支修路全年散工銀五萬六千一百四十九員九毛一仙六文
一支修路全年取坭沙項銀六千七百二十二員三毛一仙[illegible]文
一支修路器具銀一千七百五十四員九毛一仙六文
一支修路工役住屋篷廠什用等費銀一千三百二十六員八毛八仙[illegible]文
一支購田地項銀一百八十六員三毫三仙四文
一支補種植項銀七元一毛五仙
一支補遷墳費銀一十六元二毛
一支購士敏坭銀五百四十元
一支購木枕銀一萬六千四百二十六元七毛四仙
一支購修路尾卡仔銀七百七十八元四毫九仙
以上養路項下共支銀九萬五千九百四十三元六毛九仙二文

商辦廣東新寧鐵路公司　民國二年總結册　十一　本鐵路公司自刊

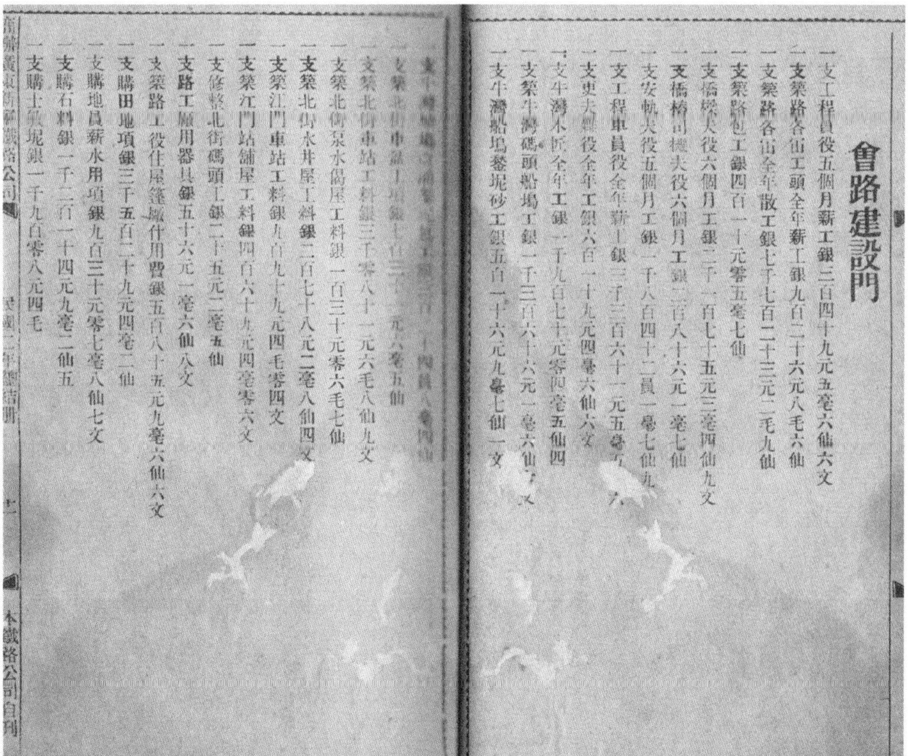

會路建設門

一支工程員役五個月薪工銀三百四十九元五毫六仙六文
一支築路各街工頭全年薪工銀九百二十六元八毛六仙
一支築路各街全年散工銀七千七百二十三元二毛九仙
一支築路包工銀四百一十元零五毫七仙
一支橋樑夫役六個月工銀二千一百七十五元三毫四仙九文
一支橋梯司機夫役六個月工銀二百八十六元一毫七仙
一支安軌夫役五個月工銀一千八百四十二員一毫七仙九[illegible]
一支工程車員役全年薪工銀三千三百六十一元五毫[illegible]
一支吏夫雜役全年工銀六百一十九元四毫六仙六文
一支牛灣木匠全年工銀一千九百七十元零四毫五仙四
一支築牛灣碼頭船塢工銀一千三百六十六元一毫六仙[illegible]文
一支牛灣船塢簽坭砂工銀五百一十六元九毫七仙一文

一支牛灣碼頭[illegible]十四員八毫四仙
一支築北街車站工[illegible]九元八毫五仙
一支築北街車站工料銀三千零八十一元六毛八仙九文
一支築北街泵水偈屋工料銀一百三十元零六毛七仙
一支築北街水井屋工料銀二百七十八元二毫八仙四文
一支築江門車站工料銀九百九十九元四毛零四文
一支築江門站舖屋工料銀四百六十九元四毫零六文
一支修整北街碼頭工銀二十五元二毫五仙
一支路工廠用器具銀五十六元一毫六仙八文
一支築路工役住屋篷廠什用費銀五百八十五元九毫六仙六文
一支購田地項銀三千五百二十九元四毫二仙
一支購地員薪水用項銀九百三十元零七毫八仙七文
一支購石料銀一千二百一十四元九毫二仙五
一支購士敏坭銀一千九百零八元四毛

商辦廣東新寧鐵路公司　民國二年總結册　十二　本鐵路公司自刊

商办广东新宁铁路公司民国二年（1913）总结册（节选）（2）

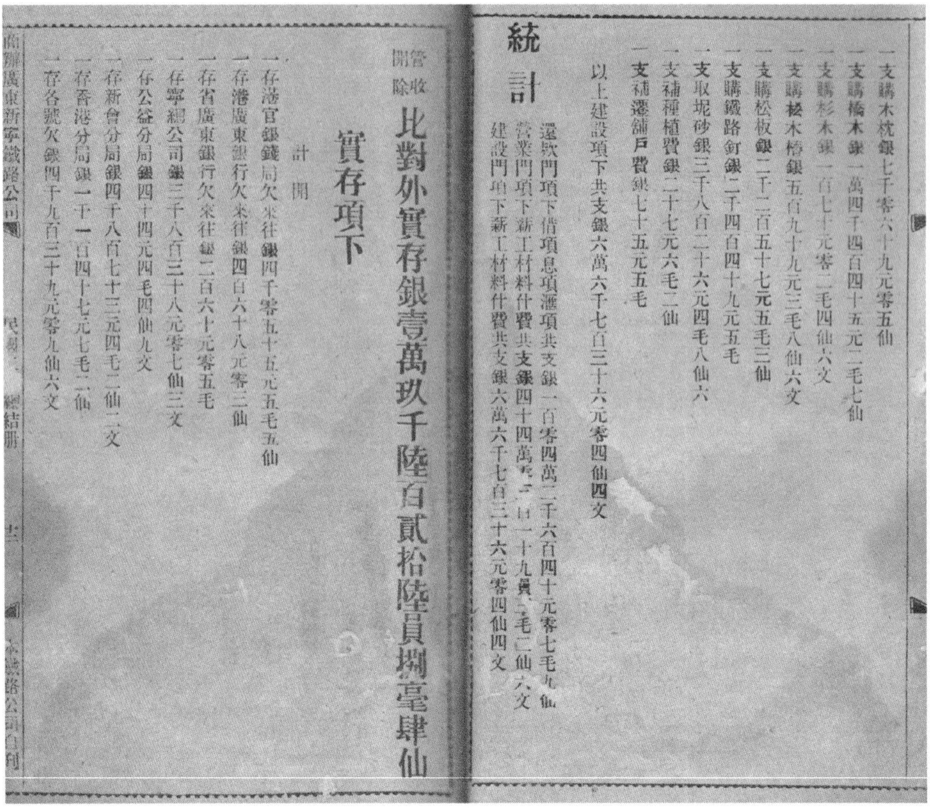

一支購木枕銀七千零六十九元零五仙
一支購橋木銀一萬四千四百四十五元二毛七仙
一支購杉木銀一百七十元零二毛四仙六文
一支購椶木椿銀五百九十九元三毛八仙六文
一支購松板銀二千二百五十七元五毛三仙
一支購鐵路釘銀二千四百四十九元五毛
一支取坭砂銀三千八百二十六元四毛八仙六
一支補種植費銀二十七元六毛二仙
一支補遷舖戶費銀七十五元五毛
以上建設項下共支銀六萬六千七百三十六元零四仙四文

統計

還欵門項下借項息項滙項共支銀一百零四萬二千六百四十元零七毛九仙
營業門項下新工材料什費共支銀四十四萬零二百一十九員二毛二仙六文
建設門項下新工材料什費共支銀六萬六千七百三十六元零四仙四文

管收開除 比對外實存銀壹萬玖千陸百貳拾陸員捌毫肆仙

實存項下

計開
一存港官銀錢局欠來往銀四千零五十五元五毛五仙
一存港廣東銀行欠來往銀四百六十八元零三仙
一存省廣東銀行欠來往銀二百六十元零五毛
一存寧綢公司銀三千八百三十八元零七仙三文
一存公益分局銀四十四元四毛四仙九文
一存新會分局銀四千八百七十三元四毛二仙二文
一存香港分局銀一千一百四十七元七毛二仙
一存各號欠銀四千九百三十九元零九仙六文

商辦廣東新寧鐵路公司 民國二年總結冊 十三 本鐵路公司自刊

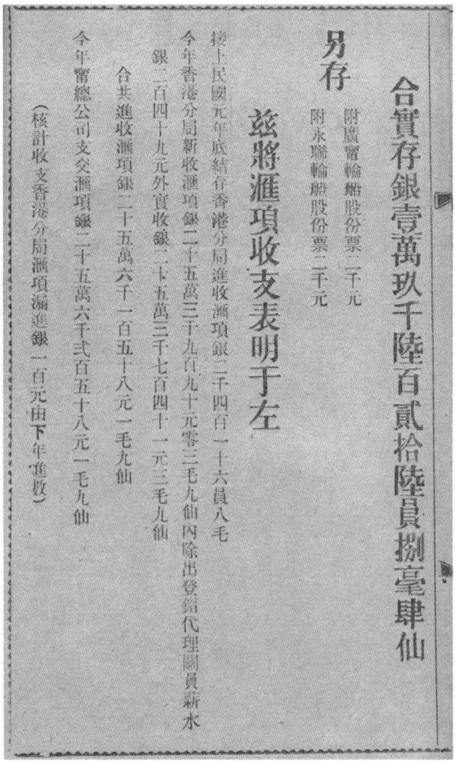

合實存銀壹萬玖千陸百貳拾陸員捌毫肆仙

另存
附廣寧輪船股份票二千元
附永聯輪船股份票二千元

茲將滙項收支表明于左

接上民國元年底結存香港分局進收滙項銀二千四百一十六員八毛
今年香港分局新收滙項銀二十五萬三千九百九十元零三毛九仙內除出登錯代理關員薪水
銀二百四十九元外實收銀二十五萬三千七百四十一元三毛九仙
合共進收滙項銀二十五萬六千一百五十八元一毛九仙
今年由總公司支交滙項銀二十五萬六千弍百五十八元一毛九仙
（核計收支香港分局滙項漏進銀一百元由下年進數）

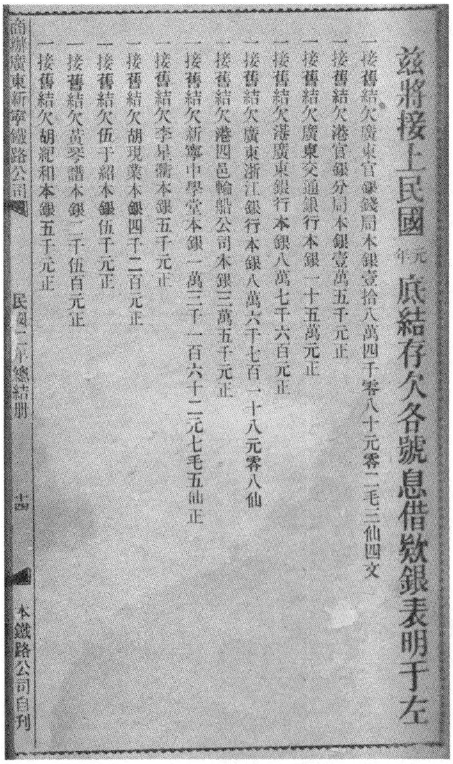

茲將接上民國元年底結存欠各號息借欵銀表明于左

一接舊結欠廣東官銀錢局本銀壹拾八萬四千零八十元零二毛三仙四文
一接舊結欠港官銀分局本銀壹萬五千元正
一接舊結欠廣東交通銀行本銀一十五萬元正
一接舊結欠港廣東銀行本銀八萬七千六百元正
一接舊結欠廣東浙江銀行本銀八萬六千七百一十八元零八仙
一接舊結欠港四邑輪船公司本銀三萬五千元正
一接舊結欠新寧中學堂本銀一萬三千一百六十二元七毛五仙正
一接舊結欠李星衢本銀五千元正
一接舊結欠胡現業本銀四千二百元正
一接舊結欠伍于紹本銀伍千元正
一接舊結欠黃琴譜本銀二千伍百元正
一接舊結欠胡紀和本銀五千元正

商辦廣東新寧鐵路公司 民國二年總結冊 十四 本鐵路公司自刊

商办广东新宁铁路公司民国二年（1913）总结册（节选）（3）

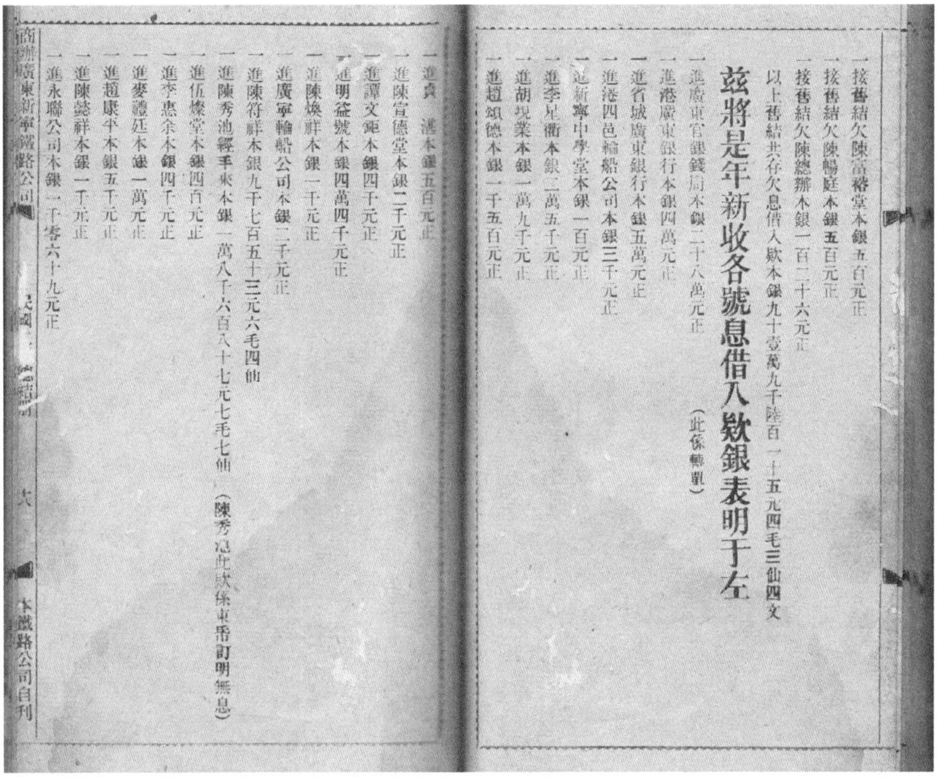

一接舊結欠陳富裕堂本銀五百元正
一接舊結欠陳暢庭本銀五百元正
一接舊結欠陳總辦本銀一百二十六元正
以上舊結共存欠息借入欵本銀九十壹萬九千陸百一十五元九四毛三仙四文

茲將是年新收各號息借入欵銀表明于左（此係無單）

一進廣東官銀錢局本銀二十八萬元正
一進港廣東銀行本銀四萬元正
一進省城廣東銀行本銀五萬元正
一進港四邑輪船公司本銀三千元正
一進新寧中學堂本銀一百元正
一進李星衢本銀二萬五千元正
一進胡境業本銀一萬九千元正
一進趙頌德本銀一千五百元正

一進貞　濂本銀五百元正
一進陳宣德堂本銀二千元正
一進譚文鉅本銀四千元正
一進明益號本銀四萬四千元正
一進陳煥祥本銀一千元正
一進廣寧輪船公司本銀二千元正
一進陳符祥本銀九千七百五十三元六毛四仙
一進陳秀池經手來本銀一萬八千六百八十七元七毛七仙（陳秀池此欵係東帋訂明無息）
一進伍燦堂本銀四百元正
一進李惠余本銀四千元正
一進麥禮廷本銀一萬元正
一進趙康平本銀五千元正
一進陳懿祥本銀一千元正
一進永聯公司本銀一千零六十九元正

商辦廣東新寧鐵路公司　民國二年總結冊　十八　本鐵路公司自刊

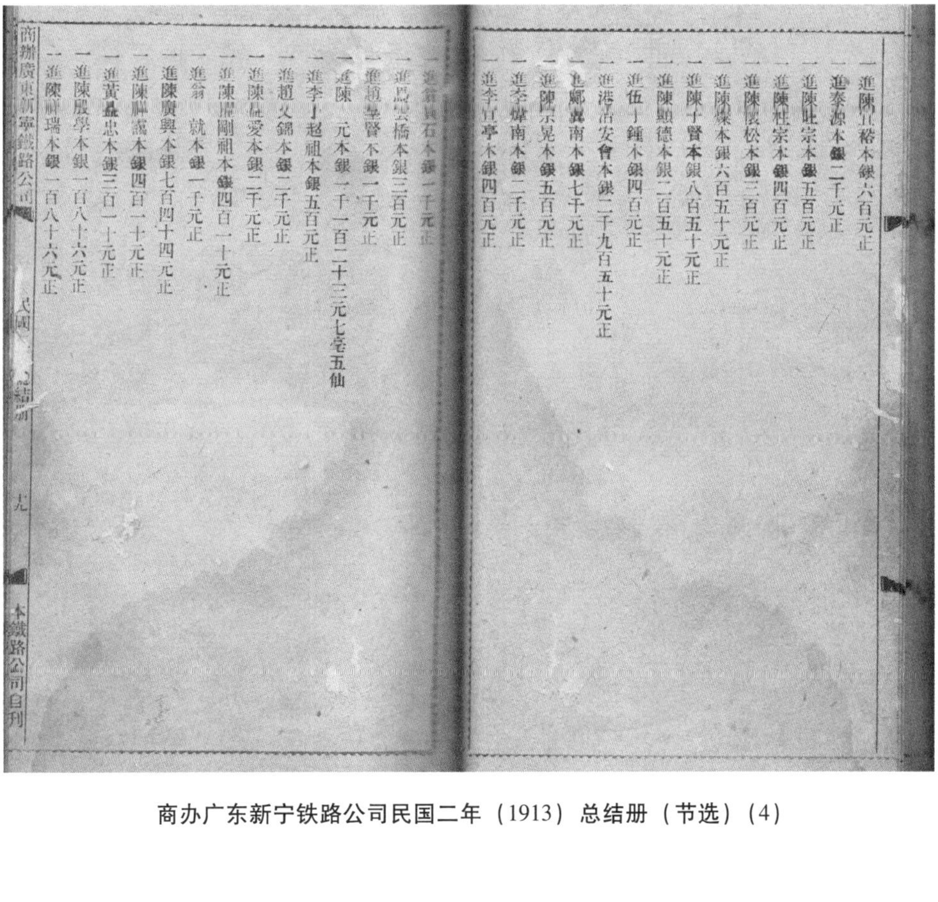

一進陳廿裕本銀六百元正
一進李源本銀二千元正
一進陳吐宗本銀五百元正
一進陳杜宗本銀四百元正
一進陳懷松本銀三百元正
一進陳燦本銀六百五十元正
一進陳十賢本銀八百五十元正
一進陳顯德本銀二百五十元正
一進伍十鍾本銀四百元正
一進港沾安會本銀二千九百五十元正
一進鄺冀南本銀七千元正
一進陳宗晃本銀五百元正
一進李煒南本銀二千元正
一進李宜亭本銀四百元正

一進翁寶石本銀一千元正
一進馬雲橋本銀三百元正
一進趙學賢本銀一千元正
一進陳　元本銀一千一百二十三元七毫五仙
一進李丁超祖本銀五百元正
一進趙文錦本銀二千元正
一進陳起愛本銀二千元正
一進陳擢剛祖本銀四百一十元正
一進翁　就本銀一千元正
一進陳賡興本銀七百四十四元正
一進陳漸靄本銀四百一十元正
一進黃蟲忠本銀三百一十元正
一進陳履學本銀一百八十六元正
一進陳祥瑞本銀一百八十六元正

商辦廣東新寧鐵路公司　民國二年總結冊　十九　本鐵路公司自刊

商办广东新宁铁路公司民国二年（1913）总结册（节选）（4）

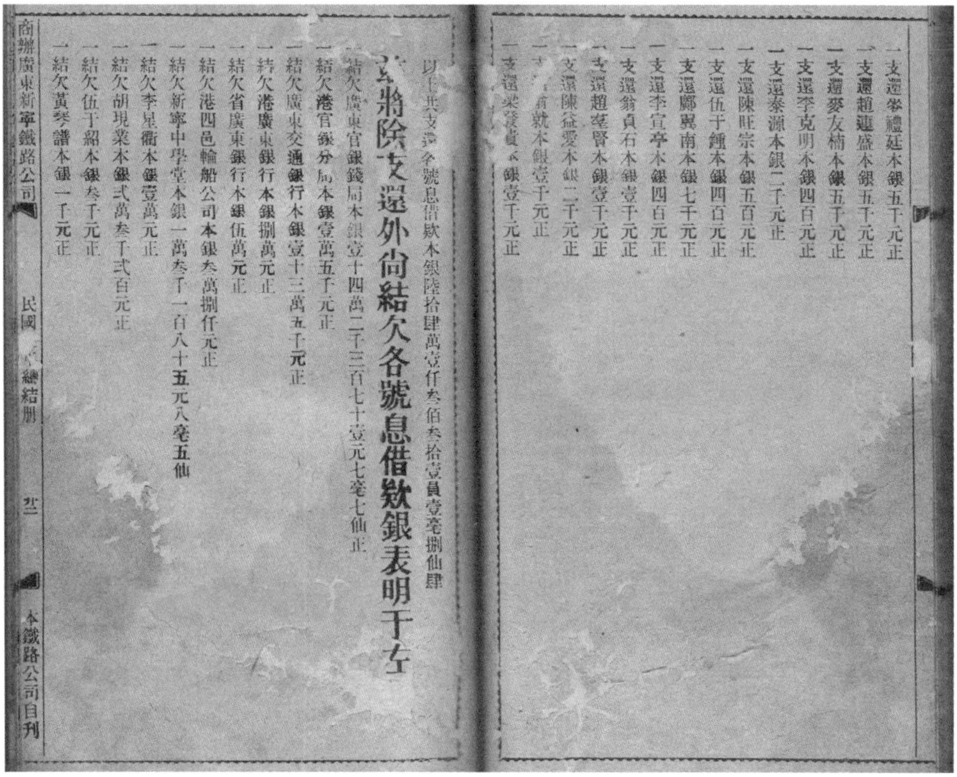

一支還麥禮廷本銀五千元正
一支還趙蓮盛本銀五千元正
一支還麥友楠本銀五千元正
一支還李克明本銀四百元正
一支還秦源本銀二千元正
一支還陳旺宗本銀五百元正
一支還伍于鍾本銀四百元正
一支還鄺翼南本銀七千元正
一支還李宣亭本銀四百元正
一支還翁貞石本銀壹千元正
一支還趙莝賢本銀壹千元正
一支還陳益愛本銀二千元正
一支[illegible]就本銀壹千元正
一支還梁發貴[illegible]銀壹千元正

以上共支還各號息借欵本銀陸拾肆萬壹仟叁佰叁拾壹員壹毫捌仙肆

[illegible]將除支還外尚結欠各號息借欵銀表明于左

一結欠廣東官銀錢局本銀壹十四萬二千三百七十壹元七毫七仙正
一結欠港官銀分局本銀壹萬五千元正
一結欠廣東交通銀行本銀壹十三萬五千元正
一結欠港廣東銀行本銀捌萬元正
一結欠省廣東銀行本銀伍萬元正
一結欠港四邑輪船公司本銀叁萬捌仟元正
一結欠新寧中學堂本銀一萬叁千一百八十五元八毫五仙
一結欠李星衢本銀壹萬元正
一結欠胡現業本銀弍萬叁千弍百元正
一結欠伍于紹本銀叁千元正
一結欠黃琴譜本銀一千元正

商辦廣東新寧鐵路公司　民國[illegible]總結册　廿二　本鐵路公司自刊

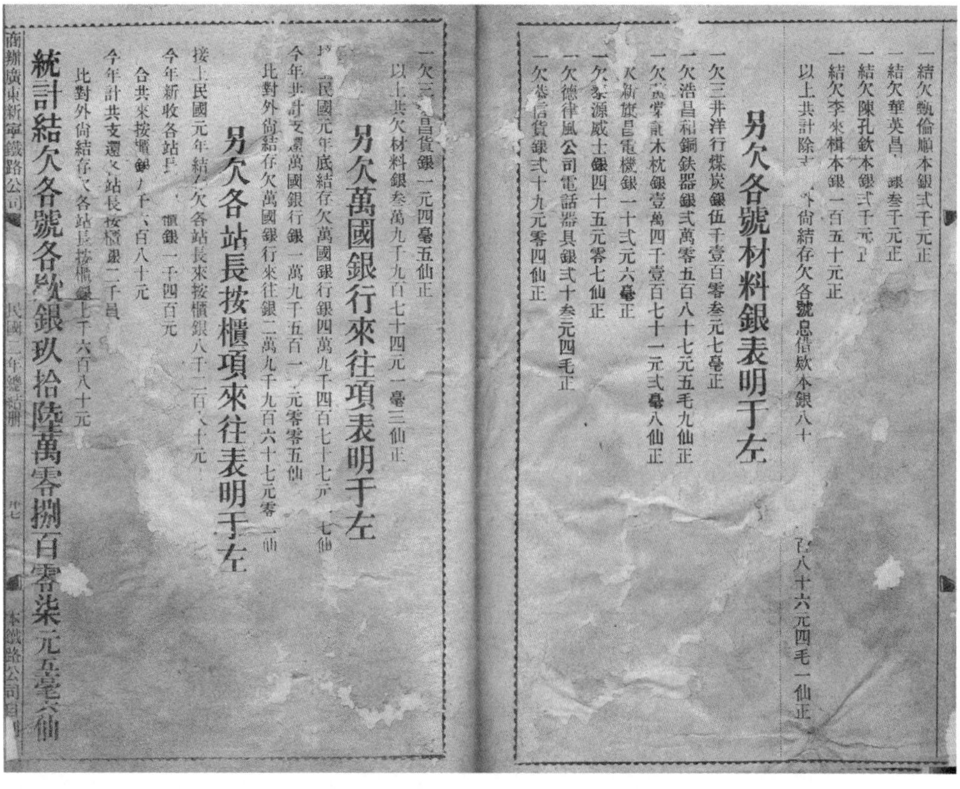

一結欠執倫順本銀弍千元正
一結欠華英昌[illegible]銀叁千元正
一結欠陳孔欽本銀弍千元正
一結欠李來楫本銀一百五十元正
以上共計除支[illegible]外尚結存欠各號息借欵本銀八十[illegible]百八十六元四毛一仙正

另欠各號材料銀表明于左

一欠三井洋行煤炭銀伍千壹百零叁元七毫正
一欠浩昌裕銅鉄器銀弍萬零五百八十七元五毛九仙正
一欠[illegible]棠記木枕銀壹萬四千壹百七十一元弍毫八仙正
一欠新旗昌電機銀一十弍元六毫正
一欠[illegible]源威士銀四十五元零七仙正
一欠德律風公司電話器具銀弍十叁元四毛正
一欠[illegible]信貨銀弍十九元零四仙正
一欠三[illegible]昌貨銀一元四毫五仙正
以上共欠材料銀叁萬九千九百七十四元一毫三仙正

另欠萬國銀行來往項表明于左

接[illegible]民國元年底結存欠萬國銀行銀四萬九千四百七十七元[illegible]七仙
今年共計支還萬國銀行銀一萬九千五百一[illegible]元零零五仙
比對外尚結存欠萬國銀行來往銀二萬九千九百六十七元零[illegible]仙

另欠各站長按櫃項來往表明于左

接上民國元年結存欠各站長來按櫃銀八千二百八十元
今年新收各站[illegible]按櫃銀一千四百元
合共來按櫃銀九千六百八十元
今年計共支還各站長按櫃銀二千員
比對外尚結存欠各站長按櫃銀七千六百八十元

統計結欠各號各欵銀玖拾陸萬零捌百零柒元五毫六仙

商辦廣東新寧鐵路公司　民國二年總結册　廿七　本鐵路公司自刊

商办广东新宁铁路公司民国二年（1913）总结册（节选）(5)

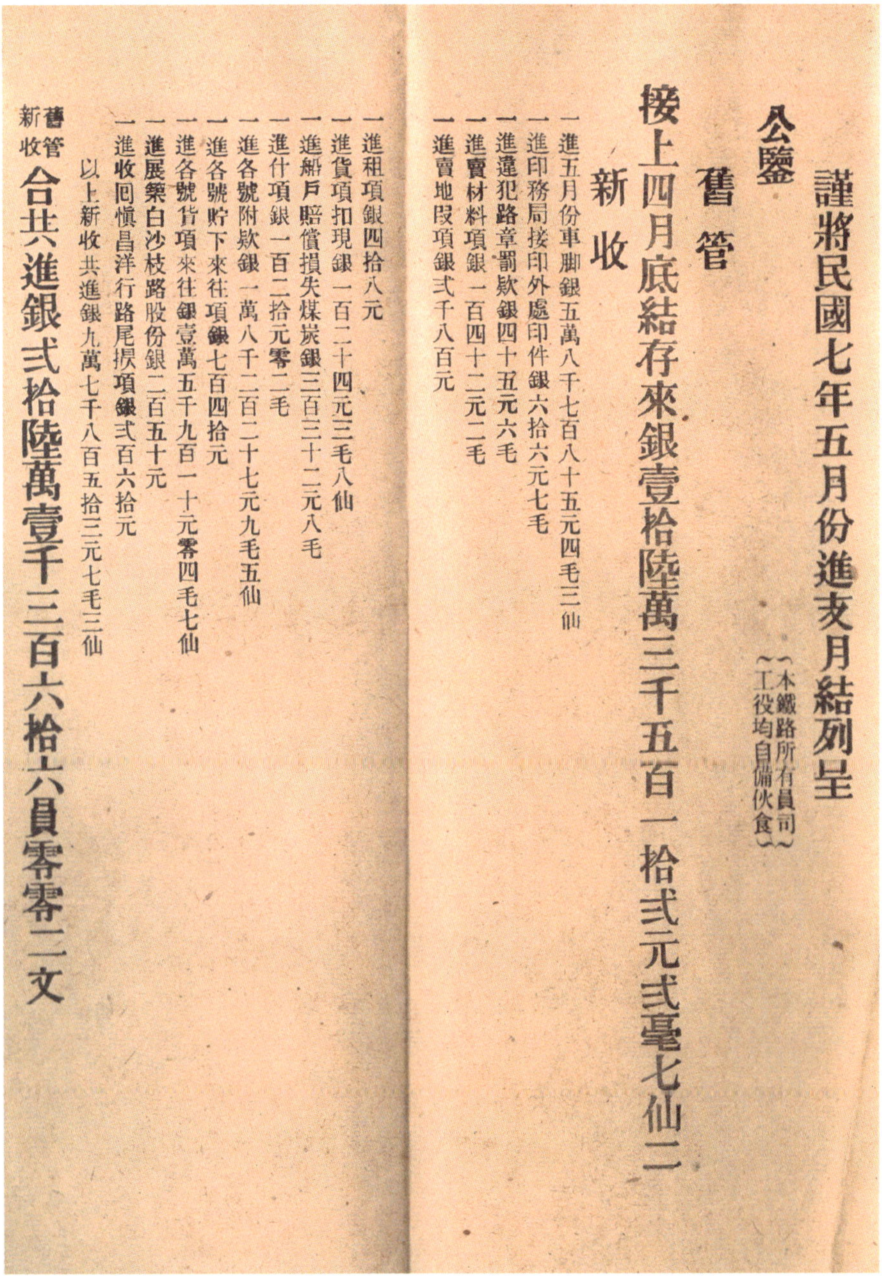

謹將民國七年五月份進支月結列呈
（本鐵路所有員司工役均自備伙食）
公鑒
舊管
接上四月底結存來銀壹拾陸萬三千五百一拾弍元弍毫七仙二
新收
一進五月份車脚銀五萬八千七百八十五元四毛三仙
一進印務局接印外處印件銀六拾六元七毛
一進違犯路章罰欵銀四十五元六毛
一進賣材料項銀一百四十二元二毛
一進賣地段項銀弍千八百元
一進租項銀四拾八元
一進貨項扣現銀一百二十四元三毛八仙
一進船戶賠償損失煤炭銀三百三十二元八毛
一進什項銀一百二拾元零二毛
一進各號附欵銀一萬八千二百二十七元九毛五仙
一進各號貯下來往項銀七百四拾元
一進各號貨項來往銀壹萬五千九百一十元零四毛七仙
一進展築白沙枝路股份銀二百五十元
一進收冏愼昌洋行路尾摂項銀弍百六拾元
以上新收共進銀九萬七千八百五拾三元七毛三仙
舊管新收合共進銀弍拾陸萬壹千三百六拾六員零零二文

商办新宁铁路公司民国七年（1918）五月份进支月结（节选）（1）

開除

還欵門

一支還各號附欵本銀七千三百六十九元四毛一仙
一支還各號貯下來往項銀七百四拾元
一支還各號貨項來往銀三萬四千二百二十元零八毛四仙
一支還附欵利息銀一千三百四十六元九毛
以上還欵項下共支銀四萬三千六百七十七元一毛五仙

銀水門

一支補港銀帋水銀一千三百一十二元八毛七仙
一支沽銅仙虧水銀五百八十四元
以上銀水項下共支銀一千八百九十六元八毛七仙

總務門

一支陳總辦薪水銀四百元
一支董事局七人薪水銀二百二十五元
一支查賬處二人薪水銀六十元
一支總文案薪水銀弍百元
一支書記處二人薪水銀五十五元
一支收支處二人薪水銀一百一十元
一支賬務處八人薪水銀二百五十三元
一支庶務處三人薪水銀八十五元
一支股册處一人薪水銀弍十五元
一支材料處四人薪水銀八十六元
一支電話處一十四人薪工銀二百八十九元
一支總局分局更夫伙夫什役辛工銀一百八十八元
一支警務處管帶及警察三十一人薪餉銀三百五十四元
一支駐港執事員役三人薪工銀七十六元
一支總局分局添置傢具什物銀一十四元九毛

商办新宁铁路公司民国七年（1918）五月份进支月结（节选）（2）

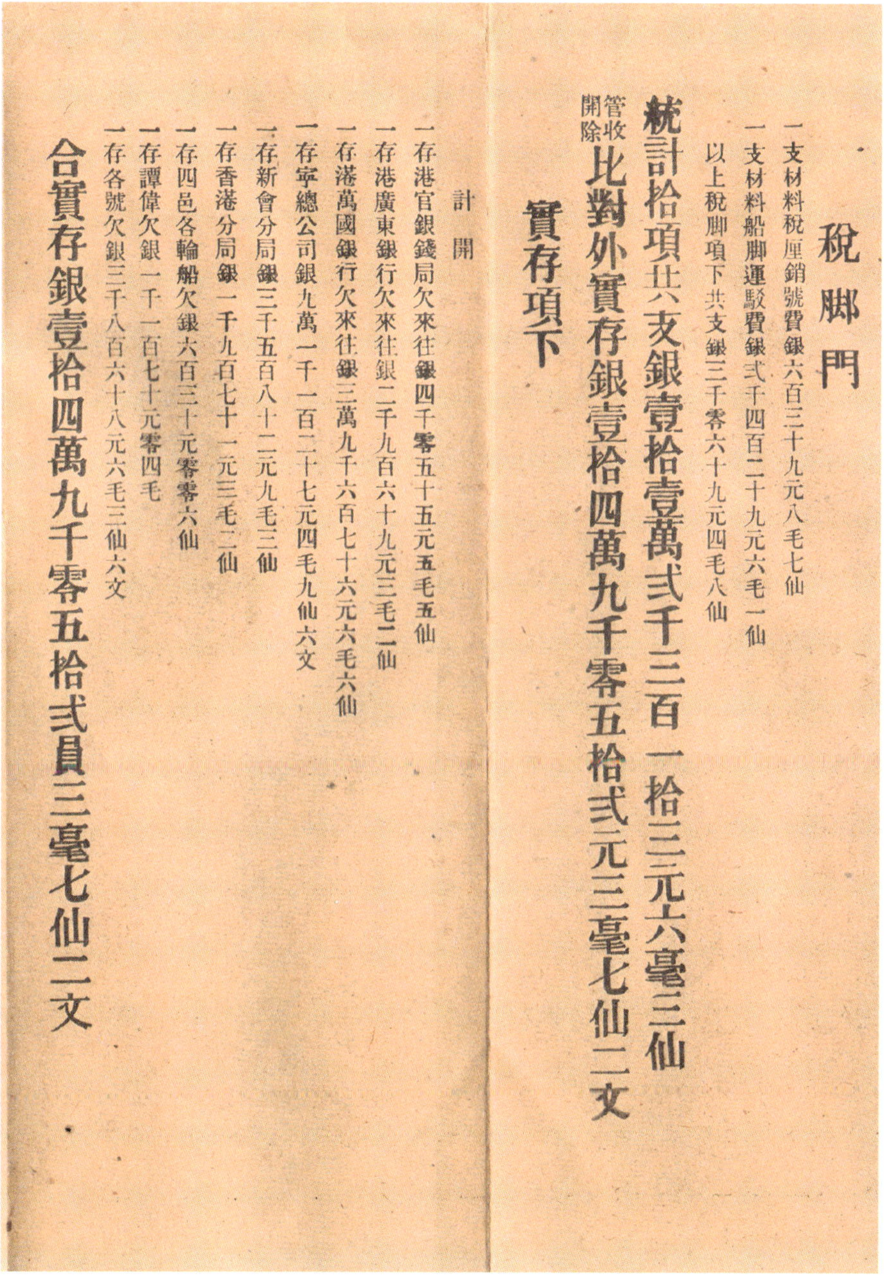

稅脚門

一支材料稅釐銷號費銀六百三十九元八毛七仙

一支材料船脚運駁費銀弍千四百二十九元六毛一仙

以上稅脚項下共支銀三千零六十九元四毛八仙

統計拾項廿六支銀壹拾壹萬弍千三百一拾三元六毫三仙

管收開除比對外實存銀壹拾四萬九千零五拾弍元三毫七仙二文

實存項下

計開

一存港官銀錢局欠來往銀四千零五十五元五毛五仙

一存港廣東銀行欠來往銀二千九百六十九元三毛二仙

一存港萬國銀行欠來往銀三萬九千六百七十六元六毛六仙

一存寧總公司銀九萬一千一百二十七元四毛九仙六文

一存新會分局銀三千五百八十二元九毛三仙

一存香港分局銀一千九百七十一元三毛二仙

一存四邑各輪船欠銀六百三十元零零六仙

一存譚偉欠銀一千一百七十元零四毛

一存各號欠銀三千八百六十八元六毛三仙六文

合實存銀壹拾四萬九千零五拾弍員三毫七仙二文

中华民国七年（1918）五月份结商办新宁铁路公司布告（1）

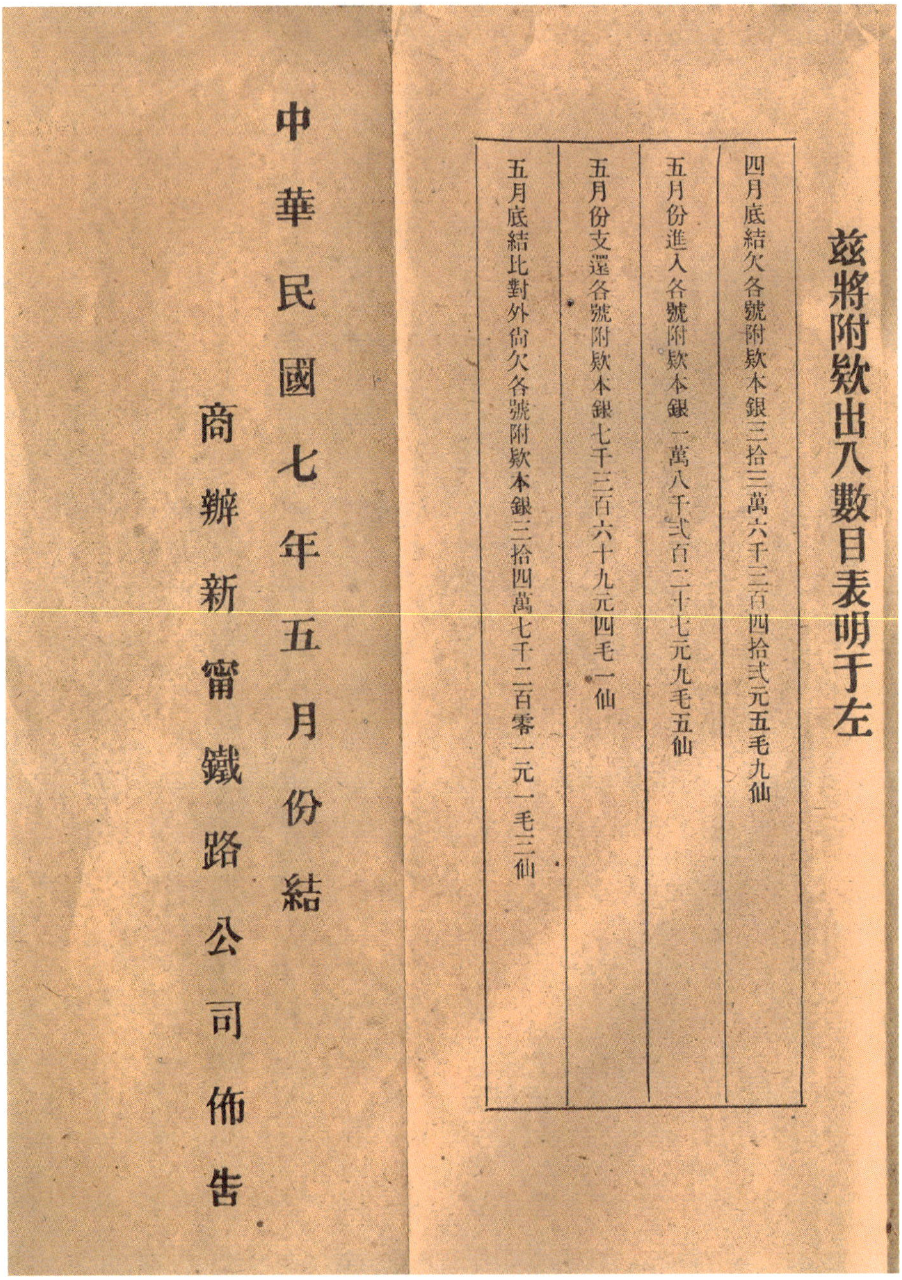

兹將附欵出入數目表明于左

四月底結欠各號附欵本銀三拾三萬六千三百四拾弍元五毛九仙

五月份進入各號附欵本銀一萬八千弍百二十七元九毛五仙

五月份支還各號附欵本銀七千三百六十九元四毛一仙

五月底結比對外尚欠各號附欵本銀三拾四萬七千二百零一元一毛三仙

中華民國七年五月份結

商辦新甯鐵路公司佈告

中华民国七年（1918）五月份结商办新宁铁路公司布告（2）

广东新宁铁路股份有限公司民国十年份（1921）总结册（节选）（1）

民國十年年結序

商塲之有年結所以明收支別存欠結束終歲之數以報告股東實言之每歲營業之决算表而已然此第就普通商店言之耳若夫鐵路年結其作用固不止此曷言乎爾蓋鐵路營業除自身盈虧問題外其於地方上商務上尤具種種之關係是故覘客商往來之衆寡而知交通事業之興衰觀貨物運輸之盈朒而識地方商務之隆替他如物價之消長也可於煤料支費之多少而窺其漲落爲工人生活程度之高低也可於新工之增減而得其狀况焉雖年結之內容僅列數目不加議論僅言本路不涉其他然明眼人循是而考覈之按年而比較之溯流尋源灼然可見則是冊也作年結觀可也作地方商務調查表觀無不可也茲試就本路十年份結冊內容而論列之查是年收入客貨車脚共銀一百一十四萬餘元較之九年份實增三十七萬餘元塞爲向所少見除開銷各項經費八十九萬餘元外尚盈二十五萬餘元此無他地方治安漸復商務行旅漸臻興盛故本路營業亦隨之而漸就發展耳又查是年支銷經費中如煤炭油料等雖價格畧低比九年份減支三萬餘元而如購入煤炭材料等港紙水之增漲稅厘船脚及養路材料等費之增加又造鐵卡十壹架並車房車站舖屋橋磬等之添設與夫工人等之要求加薪統計比九年份增支二十二萬餘員增減比對仍增支一十九萬餘員設無此種種特別增加則開銷斷無八十九萬餘員之巨盈餘亦不止二十五萬餘員之數今開銷之巨既如此盈餘之數尚如彼以覘九年份其進步爲何如耶願或謂既有盈餘曷不派息不知本路前築新會白沙等綫股本不足迭借商欵以充建築費自不能不撥還年車利以爲償還除歷年已還外九年結欠付欵不下七十萬員故本年卽於盈餘項內支還各號及銀行付欵本息共銀一十八萬餘員又支補港紙水約四萬八千員股息緩派蓋由於此然與其藉盈餘以派息祗分目前之微利曷若以盈餘而還欵免增日後之負擔 股東明達必有深諒斯議者操此計畫以往惟望車利年有增進則完了債務分派股息之期夫豈遠耶是冊既成送監察人覆核無異將付剞劂謹述其梗概如此手是冊者庶有以知本路最近營業之狀况并以窺地方商務之一斑乎

中華民國十一年四月一日新甯鐵路總理陳宜禧謹序

廣東新甯鐵路股份有限公司　民國十年份總結冊　序　本鐵路公司自刊

新甯鐵路統一收支簡明一覽表

民國十年份（照陽歷計）

收入

- 接上民國九年底存銀九萬三千四百七十七元一毫[illegible]仙七文
- 本年客貨車脚銀一百一十四萬八千一百三十四元五毛七仙
- 印務局接印外處印件銀一百四十二元九毫
- 違犯路章罰欵銀一百一十二元五毫三仙
- 賣材料項銀四千四百一十三元二毛七仙
- 賣地段項銀二千八百二十三元一毛五仙
- 租項銀壹萬二千零三十九元六毫三仙
- 貨項扣現銀一千四百八十六元零五仙
- 銀紙水項銀一萬四千零七十六元七毫九仙
- 存欵生息銀三百陸十七元六毛四仙
- 電話費項銀一千三百四十一元八毛六仙
- 雜項銀一千二百六十五元九毫九仙
- 各號貯下來往項銀二十四萬七千九百零五元四毫八仙
- 各號過來貨項銀四十七萬零六百七十二元六毫六仙
- 各站長按櫃項銀六百五十元
- 展築白沙枝路股份銀五萬九千一百一十五元
- 賣江門三合舖位三間銀一千二百元
- 船戶賠償損失煤炭銀二百八十二元一毛
- 材料處退回各號材料銀七百九十一元四毛二仙
- 共銀壹百九拾三萬一千六百一十六元三毫九仙七文

支出

- 還各號附欵比對附入外直還本銀九萬六千零二十七元九毛六仙
- 還各號附欵利息銀五萬四千八百九十元零六毫八仙
- 還各站長按櫃項銀三百元
- 還各號貯下來往銀一十萬零八千九百一十四元六毛七仙
- 還各號貨項銀四拾六萬九千八百八十一元零一毛
- 還萬國銀行前年存欵銀三萬三千五百廿四元六毛九仙
- 交回公益公和購地定銀二百元
- 銀水項下銀一拾三萬九千八百四拾九元五毫七仙
- 總務項下銀五萬六千九百捌拾九元五毛三仙
- 車務項下銀四萬五千零四拾六元零三仙
- 運務項下銀五萬七千六百五十四元九毫
- 廠務項下銀三萬三千四百九十元零八毛五仙
- 工務項下銀一十三萬七千零零八元七毫九仙
- 購材料項下銀四十八萬二千一百七拾三元五毫九仙
- 稅脚項下銀六萬三千七百八十六元一毫八仙
- 白沙路購田地項銀四萬七千一百一十元零六毛
- 新昌路補田租項銀一千零七十一元
- 購廣東公債票銀一千九百元
- 共銀壹百捌拾弍萬八千九百六拾九元一毫七仙

收支比對外實存銀九萬弍千六百四拾九元二毫二仙七文

广东新宁铁路股份有限公司民国十年份（1921）总结册（节选）（2）

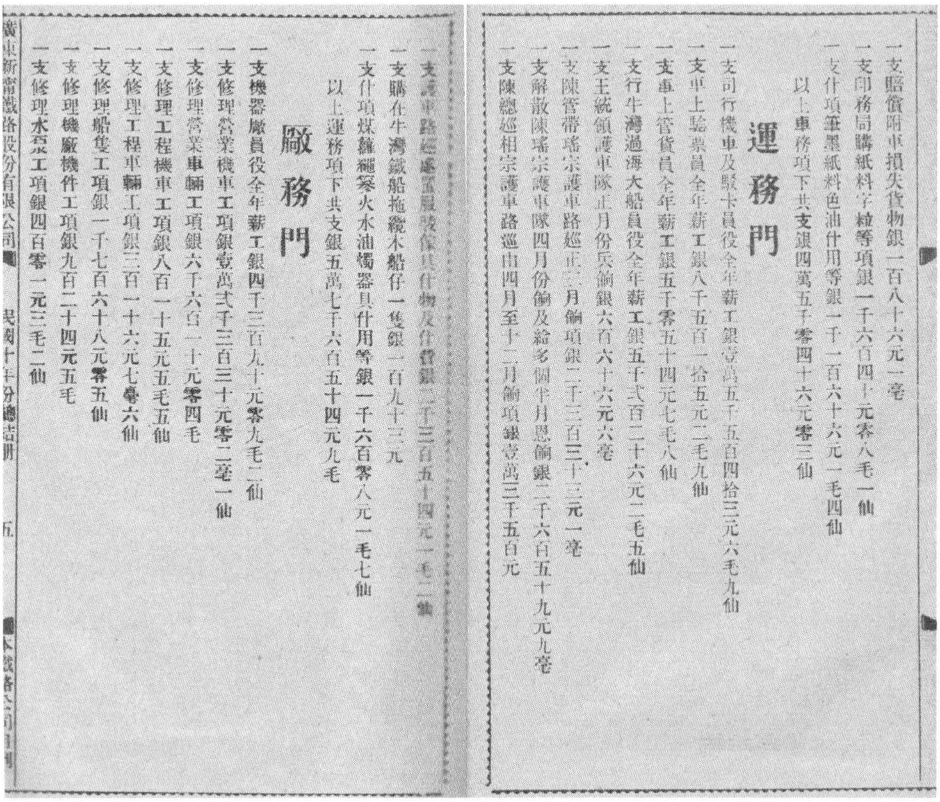

一支賠償附車損失貨物銀一百八十六元一毫
一支印務局購紙料字粒等項銀一千六百四十元零八毛一仙
一支什項筆墨紙料色油什用等銀一千一百六十六元一毛四仙
以上車務項下共支銀四萬五千零四十六元零三仙

運務門

一支司行機車及騐卡員役全年薪工銀壹萬五千五百四拾三元六毛九仙
一支車上騐票員全年薪工銀八千五百一拾五元二毛九仙
一支車上管貨員全年薪工銀五千零五十四元七毛八仙
一支行牛灣過海大船員役全年薪工銀五千弍百二十六元二毛五仙
一支王統領護車隊正月份兵餉銀六百六十六元六毫
一支陳管帶瑤宗護車路巡正二月餉項銀二千三百三十三元一毫
一支解散陳瑤宗護車隊四月份餉及給多個半月恩餉銀二千六百五十九元九毫
一支陳總巡相宗護車路巡由四月至十二月餉項銀壹萬三千五百元

一支護車路巡警置服裝傢俱什物及什費銀二千三百五十四元一毛二仙
一支購在牛灣鐵船拖艔木船仔一隻銀一百九十三元
一支什項煤鑪纜篸火水油燭器具什用等銀一千六百零八元一毛七仙
以上運務項下共支銀五萬七千六百五十四元九毛

廠務門

一支機器廠員役全年薪工銀四千三百九十元零九毛二仙
一支修理營業機車工項銀壹萬弍千三百三十元零二毫一仙
一支修理營業車輛工項銀六千六百一十元零四毛
一支修理工程機車工項銀八百一十五元五毛五仙
一支修理工程車輛工項銀三百一十六元七毫六仙
一支修理船隻工項銀一千七百六十八元零五仙
一支修理機廠機件工項銀九百二十四元五毛
一支修理水泵工項銀四百零一元三毛二仙

廣東新甯鐵路股份有限公司　民國十年份總結册　五　本鐵路公司自刊

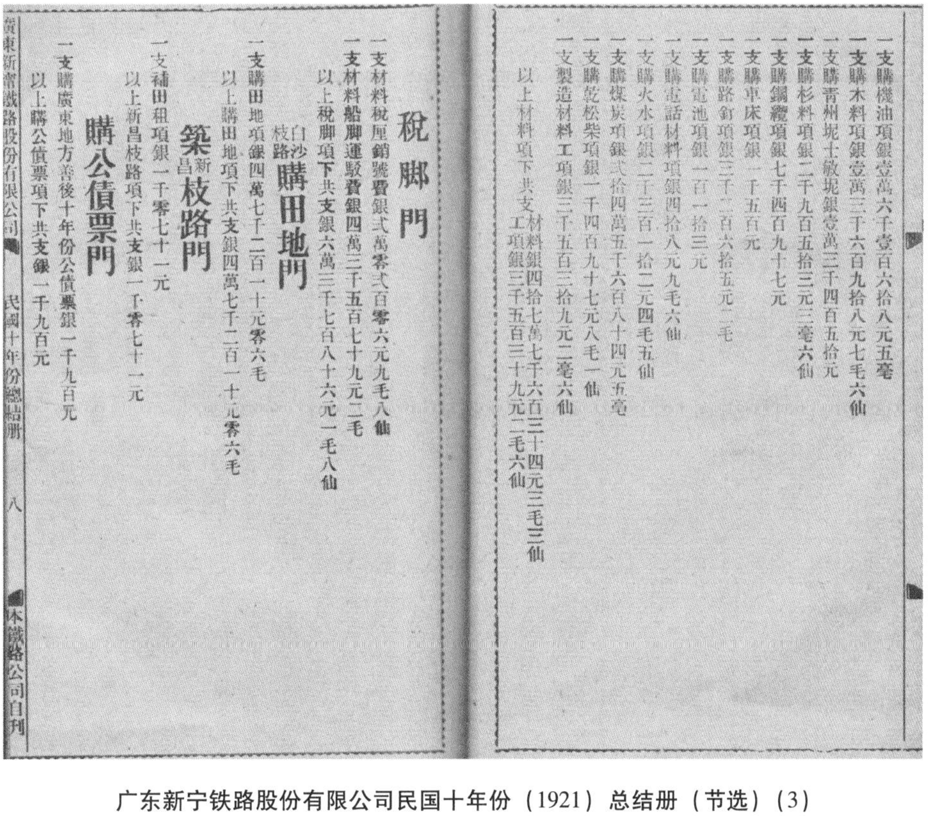

一支購機油項銀壹萬六千壹百六拾八元五毫
一支購木料項銀壹萬三千六百九拾八元七毛六仙
一支購青州坭士敏坭銀壹萬三千四百五拾元
一支購杉料項銀二千九百五拾三元三毫六仙
一支購鋼鐵項銀七千四百九十七元
一支購車床項銀一千五百元
一支購路釘項銀三千二百六拾五元二毛
一支購電池項銀一百一拾三元
一支購電話材料項銀四拾八元九毛六仙
一支購火水項銀二千三百一拾二元四毛五仙
一支購煤炭項銀弍拾四萬五千六百八十四元五毫
一支購乾松柴項銀一千四百九十七元八毛一仙
一支製造材料工項銀三千五百三拾九元二毫六仙
以上材料項下共支材料銀四拾七萬七千六百三十四元三毛三仙
工項銀三千五百三十九元二毛六仙

稅脚門

一支材料稅厘鋪號費銀弍萬零弍百零六元九毛八仙
一支材料船脚運駁費銀四萬三千五百七十九元二毛
以上稅脚項下共支銀六萬三千七百八十六元一毛八仙

白沙枝路購田地門

一支購田地項銀四萬七千二百一十元零六毛
以上購田地項下共支銀四萬七千二百一十元零六毛

築新昌枝路門

一支補田租項銀一千零七十一元
以上新昌枝路項下共支銀一千零七十一元

購公債票門

一支購廣東地方善後十年份公債票銀一千九百元
以上購公債票項下共支銀一千九百元

廣東新甯鐵路股份有限公司　民國十年份總結册　八　本鐵路公司自刊

广东新宁铁路股份有限公司民国十年份（1921）总结册（节选）（3）

民國十年底結欠各號附欵清册

本鐵路公司

（印字機）

在台城總公司左傍

印務局

以上七柱廿六支材料值銀弍仟壹百陸拾二元

進支比對外實存材料值銀壹仟七百五拾壹元五毫八仙五文

存材料總數開列

一存公益材料處材料值銀一十九萬零三百一十七元八毫七仙

一存公益機器廠材料值銀三百零二元四毫弍仙

一存甯城電話處材料值銀壹仟七百五十一元五毫八仙五文

合實存材料值銀壹拾九萬二千一百七十二元八毫七仙五文

廣東新甯鐵路股份有限公司 民國十年份總結册 卅五 本鐵路公司自印

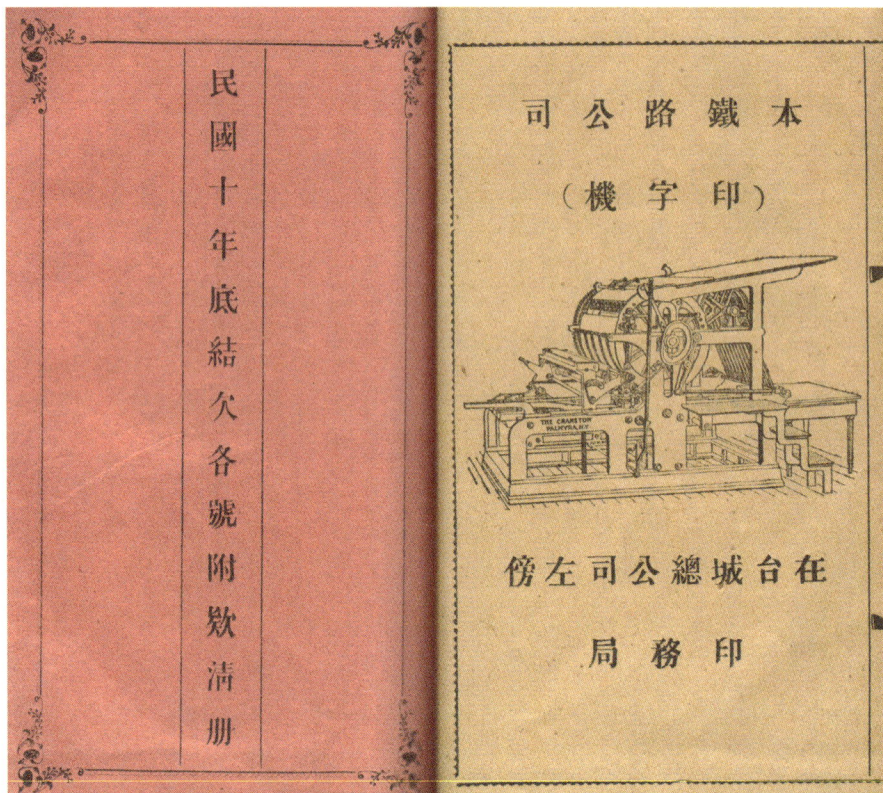

广东新宁铁路股份有限公司民国十年份（1921）总结册（节选）(4)

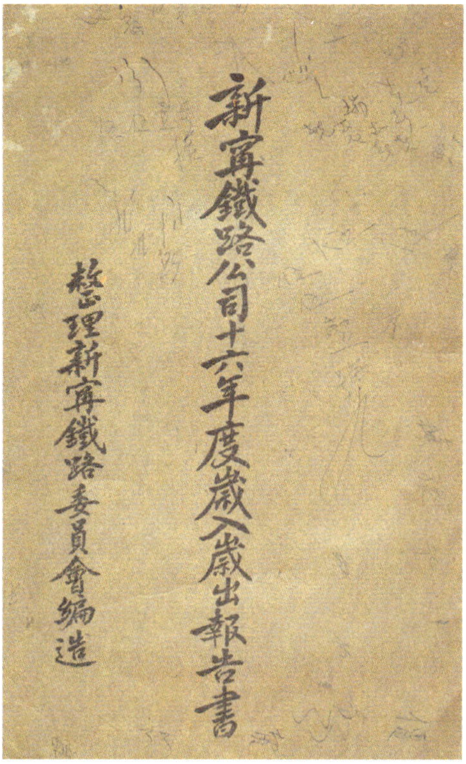

新寧鐵路公司十六年度歲入歲出報告書

整理新寧鐵路委員會编造

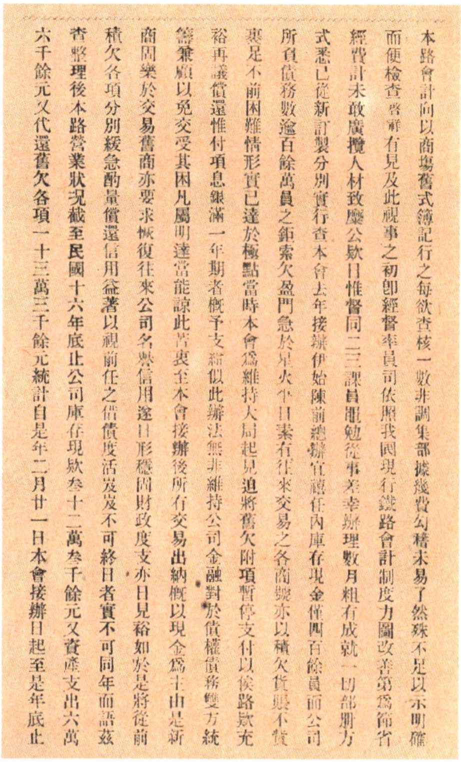

本路會計向以商場舊式簿記行之每欲查核一數非調集部據幾費勾稽未易了然殊不足以示明確而便檢查啓辭有見及此視事之初卽經督率員司依照我國現行鐵路會計制度力圖改善第爲節省經費計未敢廣攬人材致糜公欵日惟督同二三課員黽勉從事差幸辦理數月粗有成就一切部册方式悉已從新訂製分別實行查本會去年接辦伊始陳前總辦宜禧任內庫存現金僅四百餘員而公司所負債務數逾百餘萬員之鉅索欠盈門急於星火平日素有往來交易之各商號亦以積欠貨價不貸裹足不前困難情形實已達於極點當時本會爲維持大局起見追將舊欠附項暫停支付以俟路欵充裕再議償還惟付項息銀滿一年期者槪予支給似此辦法無非維持公司金融對於債權債務雙方統籌兼顧以免交受其困凡屬明達當能諒此苦衷至本會接辦後所有交易出納概以現金爲主由是新商固樂於交易舊商亦要求恢復往來公司名譽信用遂日形穩固財政度支亦日見裕如於是將從前積欠各項分別緩急酌量償還信用益著以視前任之借債度活岌岌不可終日者實不可同年而語茲查整理後本路營業狀況截至民國十六年底止公司庫存現欵叁十二萬叁千餘元又資產支出六萬六千餘元又代還舊欠各項一十三萬三千餘元統計自是年二月廿一日本會接辦日起至是年底止

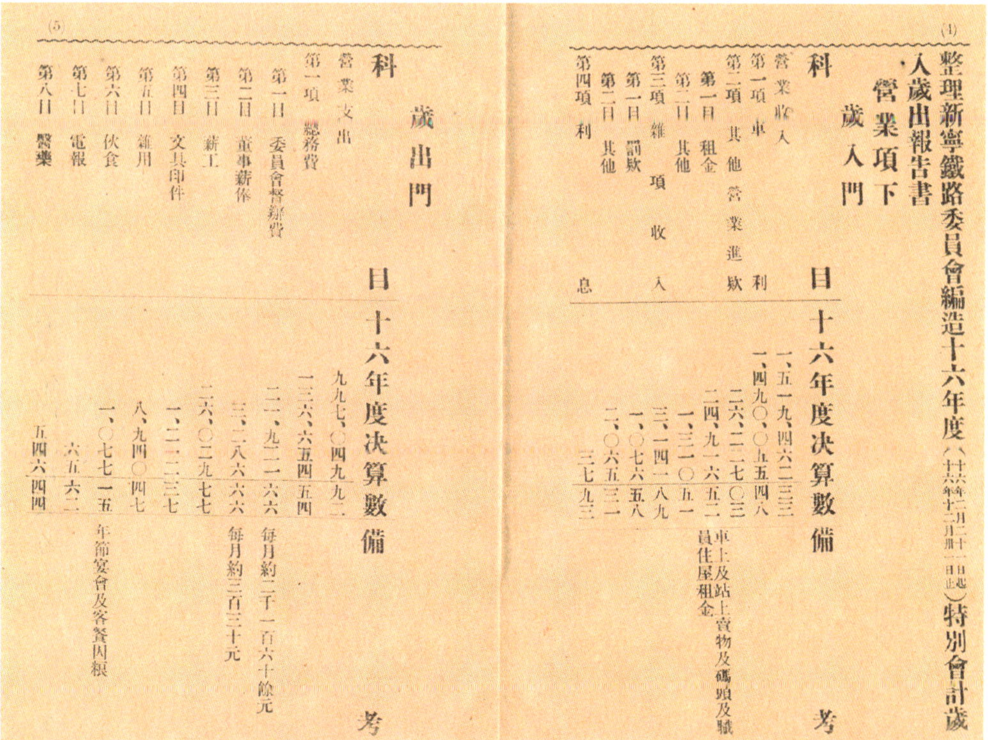

(4)

整理新寧鐵路委員會編造十六年度（十六年二月二十一日起　十六年十二月卅一日止）特別會計歲入歲出報告書

營業項下

歲入門

科目	十六年度决算數		備考
營業收入	一、五一九、四六二	三三	
第一項　車利	一、四九〇、〇五五	四八	
第二項　其他營業進欵	二六、二二七	〇三	
第一目　租金	二四、九一六	五二	車上及站上賣物及碼頭及職員住屋租金
第二目　其他	一、三一〇	五一	
第三項　雜項收入	三、一四一	八九	
第一目　罰欵	一、〇七六	五八	
第二目　其他	二、〇六五	三一	
第四項　利息	三七	九三	

(5)

歲出門

科目	十六年度决算數		備考
營業支出	九九七、〇四九	九二	
第一項　總務費	一三六、六五四	五四	
第一目　委員會督辦費	二一、九二一	六六	每月約二千一百六十餘元
第二目　董事薪俸	三、二八六	六六	每月約三百三十元
第三目　薪工	二六、〇二九	七七	
第四目　文具印件	一、二二二	三七	
第五目　雜用	八、九四〇	四七	
第六目　伙食	一、〇七七	一五	年節宴會及客餐因粮
第七目　電報	六五	六二	
第八目　醫藥	五四六	四四	

整理新宁铁路委员会编造新宁铁路公司十六年度（1927）岁入岁出报告书（节选）（1）

實其獲溢利五拾二萬餘員雖此項溢利尚須分配於整理及建設之種種必要用途然就其贏餘之數論之實爲本路向所未覩不可謂非整理後營業之進步也啓祥此次復任本路會計職務以上年營業之經過不可無所報告爰率員司編成斯冊以備股東省覽至全路各項資產則因陳前總辦并未交代無從攷核編入姑付闕如書成付梓謹誌崖畧股東諸君幸垂察焉

中華民國十七年　月　日　會計委員鍾啓祥謹識

(1)

整理新寧鐵路委員會編造十六年度（十六年一月一日起 十六年十二月三十一日止）特別會計歲入歲出報告書

營業項下

歲入門

科目	十六年度決算數	備考
營業收入	一、五一九、四六二三三	
第一項 車利	一、四九〇、〇五五四八	所有旅客業務貨運業務概括此科目內
第二項 其他營業進款	二六、二二七〇三	
第三項 雜項收入	三、一四一八九	
第四項 利息	三七九三	

(2)

歲出門

科目	十六年度決算數	備考
營業支出	九九七、〇四九九二	
第一項 總務費	一三六、六五四五四	
第二項 車務費	七一、六〇四五四	
第三項 運務費	四二三、八六〇七〇	
第四項 設備品維持費	一八八、四二〇一四	
第五項 工務維持費	一七六、五一〇〇〇	
以上營業收入支出比對淨利	五二二、四一二四一	
資產支出	六六、六一二〇五	
第一項 房屋及車站	六一、二四四九八	
第二項 機器及器具	五、三六七〇七	
以上營業淨利資產支出比對	四五五、八〇〇三六	

(3)

科目	十六年度決算數	備考
還各項舊欠	一三三、一三二八二	
統計營業歲入歲出對照盈餘淨利之數	三二二、六六七五四	
連前任移交	四五四〇一	
共計實存	三三三、一二一五五	

整理新宁铁路委员会编造新宁铁路公司十六年度（1927）岁入岁出报告书（节选）(2)

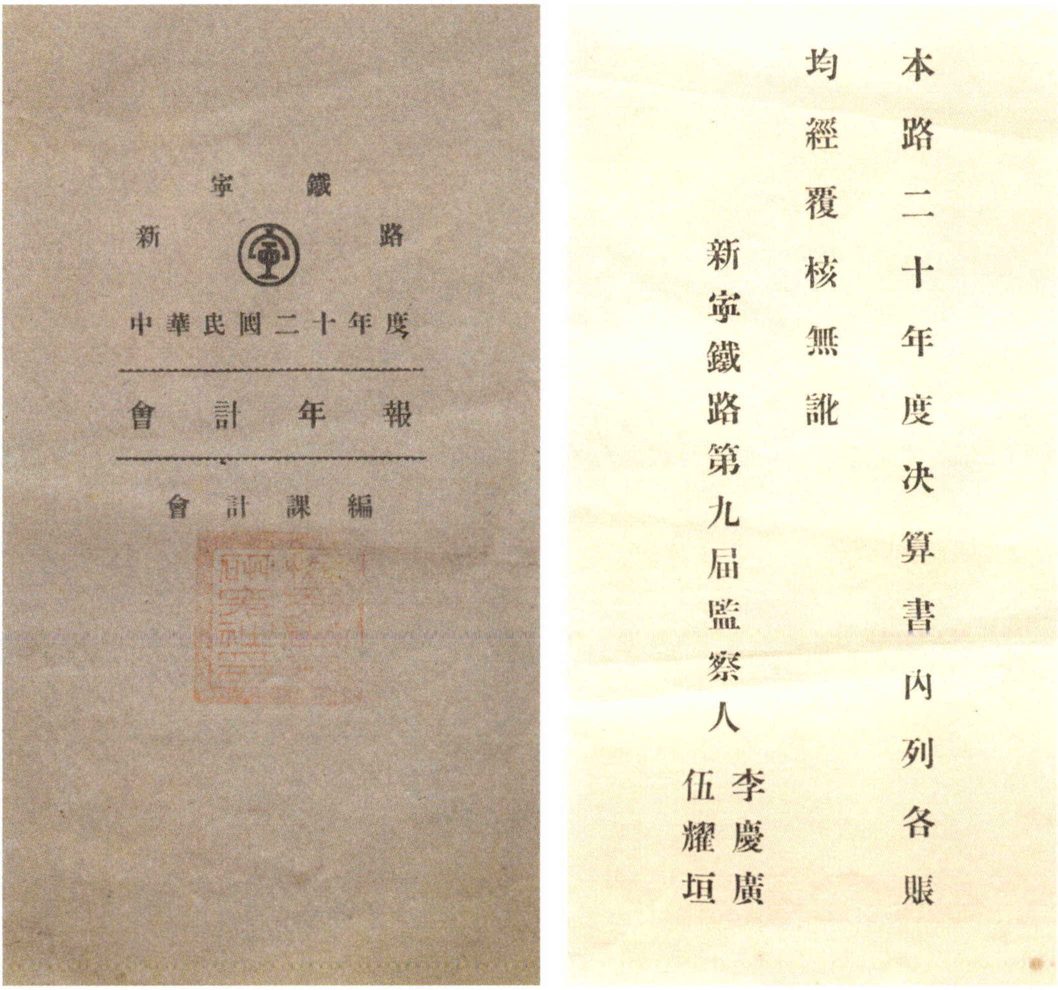

新寧鐵路

中華民國二十年度

會計年報

會計課編

本路二十年度決算書內列各賬

均經覆核無訛

新寧鐵路第九屆監察人

李慶廣

伍耀垣

新宁铁路中华民国二十年度（1931）会计年报（节选）（1）

營業用欵詳細計算書

中華民國二十年度　13

類別	合計 節	合計 目	合計 項
1	2	3	4
	元	元	元
接前頁		144,262.61	293,960.12
用-1-11 警務		67,053.68	
用-2-11-1 薪餉	58,941.99		
用-2-11-2 公費	189.90		
用-2-11-3 服裝及設備品	3,503.21		
用-2-11-4 雜費	4,418.58		
用-1-12 教育經費		6,362.40	
用-1-12-1 附屬學校	362.40		
用-1-12-2 教育捐助金	6 000.00		
用-1-13 租金		2,111.60	
用-1-14 賠償		3,559.44	
用-1-14-1 人民死傷	3,270.84		
用-1-14-2 損失	166.30		
用-1-14-3 其他	122.30		
用-1-15 捐欵獎金		62,367.20	
用-1-15-1 救濟金	5,804.50		
用-1-15-2 獎勵金	54,798.00		
用-1-15-3 撫恤金	1,764.70		
用-1-16 其他		8,243.19	
用-1 共計		293,960.12	
用-2 車務費			163,484.90
用-2-1 車務課		50,788.07	
用-2-1-1 薪俸	47,512.74		
用-2-1-2 公費	420.70		
用-2-1-3 辦公室費用	2,854.63		
用-2-2 車站員役		92,578.13	
用-2-2-1 站長及事務員薪工	65,181.72		
用-2-2-2 站長及事務員公費	14,082.73		
用-2-2-3 工資	13,313.68		
用-2-3 服裝		1,418.20	
用-2-4 車站消耗品及傢具		8,330.90	
用-2-4-1 消耗品	6,577.76		
用-2-4-2 傢具	1,753.14		
用-2-5 印刷品文具及車票		6,369.45	
用-2-6 裝卸費		3,819.56	
用-2-7 招攬用金			
接後頁		163,299.31	457,445.02

營業用欵詳細計算書

12　中華民國二十年度

類別	合計 節	合計 目	合計 項
1	2	3	4
	元	元	元
用-1 總務費			
第一欵 管理			140,185.54
用-1-1 督辦經費			
用-1-1-1 總管理經費			
用-1-1-2 聯運處經費			
用-1-1-3 其他			
用-1-2 管理處		50,000.95	
用-1-2-1 薪俸	42,800.00		
用-1-2-2 公費	2,091.57		
用-1-2-3 辦公室費用	1,561.32		
用-1-2-4 傢具	3,548.06		
用-1-3 總務課		31,370.91	
用-4-1-1 薪俸	28,158.26		
用-4-1-2 公費	186.34		
用-4-1-3 辦公室費用	3,026.31		
用-1-4 會計課		25,780.13	
用-1-4-1 薪俸	23,720.91		
用-1-4-2 公費	11.40		
用-1-4-3 辦公室費用	2,047.82		
用-1-5 材料股		12,293.76	
用-1-5-1 薪俸	11,791.26		
用-1-5-2 公費	156.34		
用-1-5-3 辦公室費用	346.16		
用-1-6 總公司費用		18,585.86	
用-1-7 其他			
用-1-7-1 保險費		2,153.93	
用-1-7-2 廣告費	1,969.07		
用-1-7-3 材料損失			
用-1-7-4 材料運費	3.20		
用-1-7-5 看守費			
用-1-7-6 雜費	181.66		
用-1-8 外國費用			
第二欵 特別			153,774.58
用-1-9 醫藥及衛生		3,965.94	
用-1-9-1 薪俸及公費	771.24		
用-1-9-2 藥品及醫院	3,194.70		
用-1-9-3 衛生			
用-1-10 法律事務		111.13	
接後頁		141,262.61	293,960.12

新宁铁路中华民国二十年度（1931）会计年报（节选）（2）

式十年各月份營業盈虧比較圖

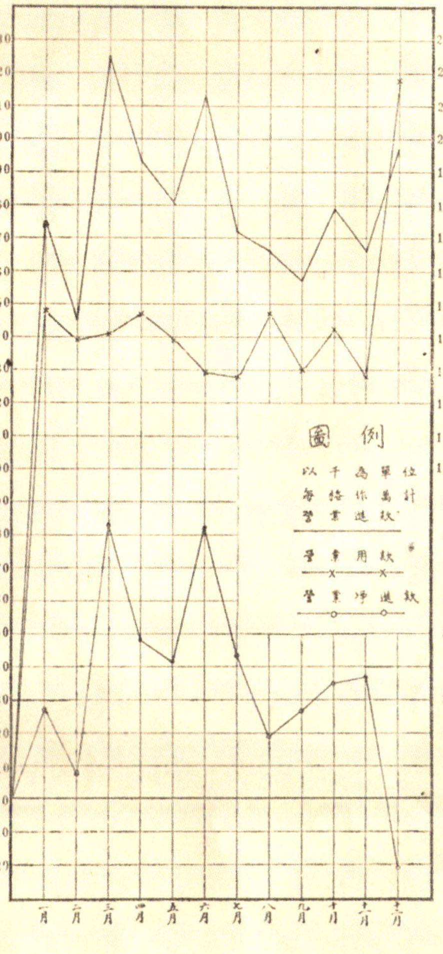

款别 \ 月份	一　月	二　月	三　月	四　月	五　月	六　月
營業進款	175,402.56	145,450.09	225,697.56	194,574 13	181,559.6	213,243.30
業營用款	148,998.71	139,313.00	141,286.58	146,077.93	139,260.77	129,483.05
盈或虧	26,403.85	6,137.09	84,410.98	48,496.20	42,298.88	83,760.25

七　月	八　月	九　月	十　月	十一月	十二月	總　計
172,768.52	19,081.80	157,381.89	179,545,38	166,460.29	196,662.73	2,174,751.27
128.222.32	146,923.37	130,520.47	143,564.25	128,870 51	218,355.02	1,740,875.98
44,546.20	166,005.17	26,261,42	35,981 13	37,589.78	虧 21,692.29	433,875.20

新宁铁路中华民国二十年度（1931）会计年报（节选）（3）

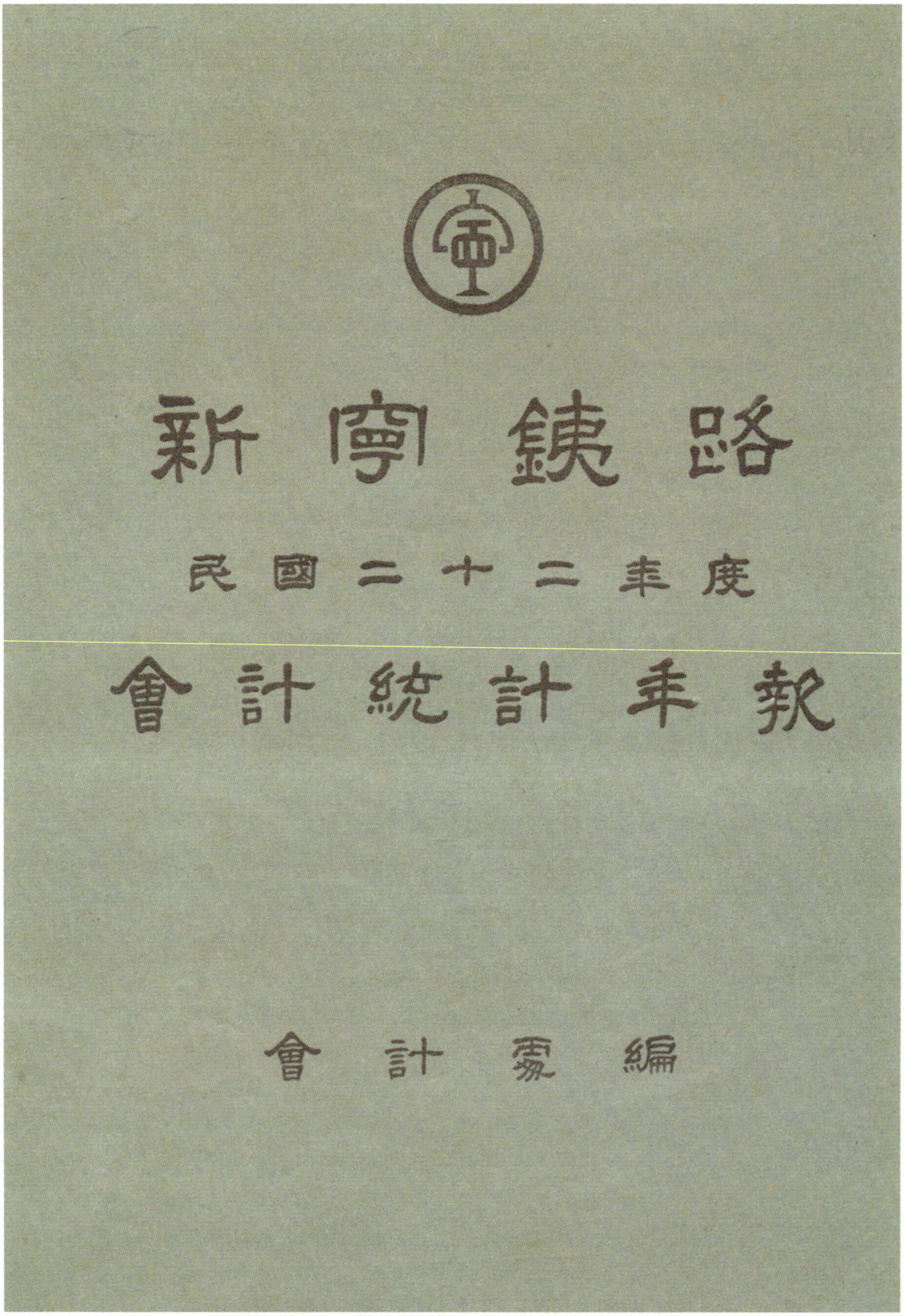

新寧鐵路

民國二十二年度

會計統計年報

會計處編

新宁铁路民国二十二年度（1933）会计统计年报封面

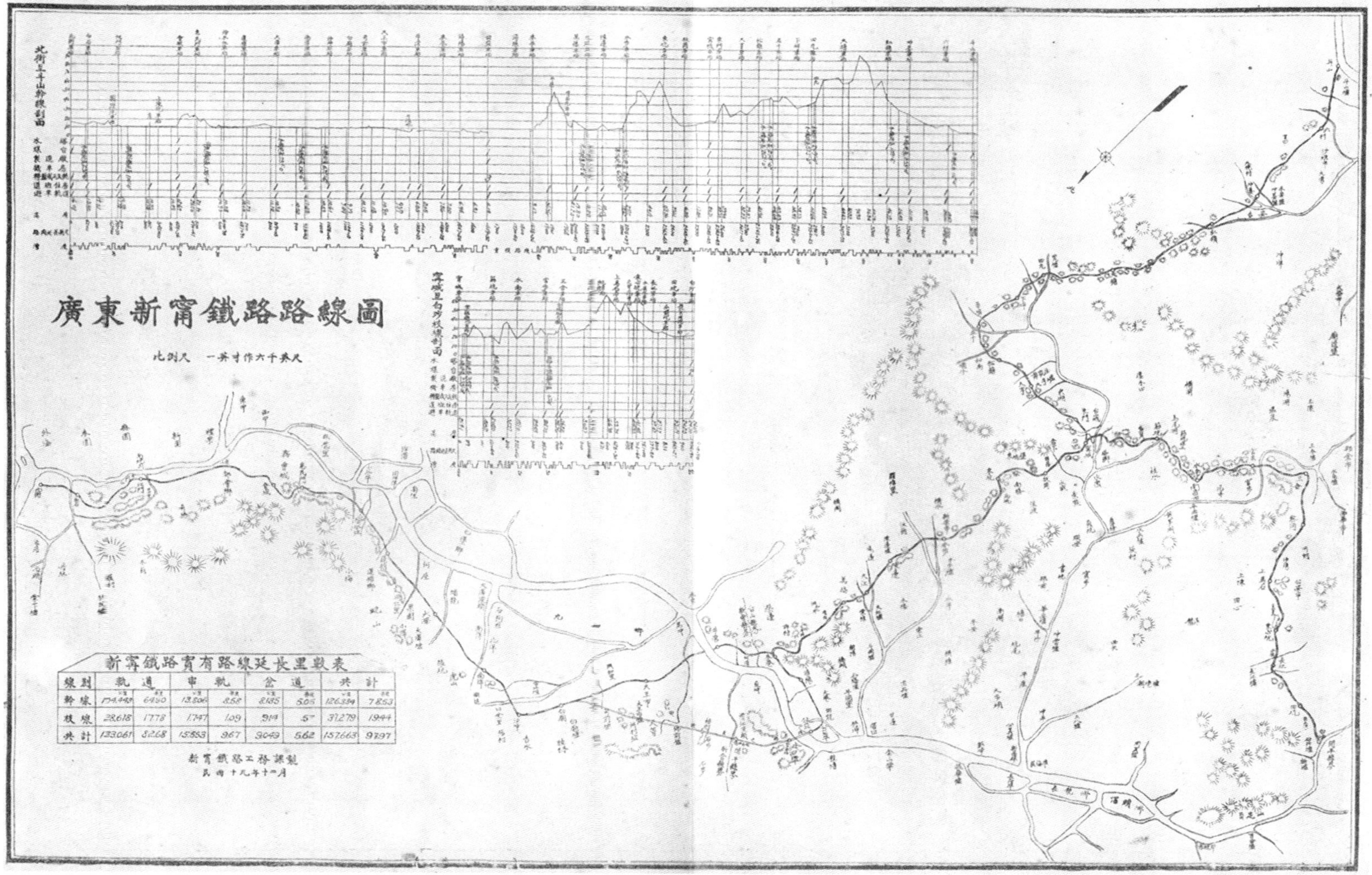

新甯鐵路實有路線延長里數表

線別	軌道		岔軌		岔道		共計	
幹線	104.443	6490	13.806	858	8135	505	126.384	7853
枝線	28.618	1778	1.747	109	914	57	31.279	1944
共計	133.061	8268	15.553	967	9049	562	157.663	9797

新宁铁路民国二十二年度（1933）会计统计年报—广东新宁铁路路线图

會計報告

民二十二年度

甲• 本年度營業概況

本路自民十七年以來，一切業務，加以整理，百廢以次舉行，營業漸臻繁榮，頗有蒸蒸日上景象，凡關心本路情況者，每省覽統計會計年報，莫不欣欣然爲之色喜，其前途之光明，未來之發展，信可預期•不圖年來世界經濟不景，中外商業，一落千丈，本路當此險惡潮流，自難例外，客貨運輸，因而銳減，至其他直接間接之損失，有形無形之虧耗，俱非淺鮮，但是，雖於此險惡潮流當中，仍能上下一心，羣策羣力，共維巨艱，故運輸業務，雖未能與上年度相頡頏，而以與十七年度相比較，尙能有等量之發展，未嘗非當局人員努力服務，以尅制斯不良環境，有以致之•查民二十二年度，客運人數爲二百八十三萬六千，貨運噸數本爲九萬五千餘，較於民十七年度客運人數，逾一百零八萬餘人，貨運噸數，僅短收三千餘噸，營業收入共一百七十三萬八千零七十六元一角，比之民十七年度增一十二萬餘元，於此掀天動地之經濟不景中，仍能有此運輸成績，非戮力維持之功而何，茲將近年運輸數額，表列於次：

近年客貨運輸表

年度	客運		貨運	
	人數	進款	噸數	進款
民十七年	1,754,384	1,150,876.25	93,084	462,441.29
民十八年	2,062,527	1,140,028.88	113,533	404,996.44
民十九年	2,453,219	1,351,698.88	128,865	443.016.45
民二十年	2,644,857	1,555,995.19	149.364	524,254.69
民廿一年	3,119,078	1,453,781.99	146,667	479,343.44
民廿二年	2,836,000	1,259,665.24	95,342	332,882.45

乙• 公益鐵橋及新路綫

本路路綫所經之牛灣河面，寬度一千七百餘尺，當建築之初，以限於財力故，未建橋樑，僅從簡便設置，備有大鐵船一艘於此，以航渡機車車輛，接駁兩岸，歷數十年來，雖未有若何危險發生，然行旅往還，每於車列船上，鼓輪渡河之際，莫不慄慄危懼，若大禍之將至，且鉄船容積無多，僅能載運一機車，三客車，一貨車，如逾此數，必須脫去，方能登船，是以貨物旅客，皆不能盡量運載，損失殊非淺鮮•况兩岸接駁，頗需時間，加以船行遲緩，每次車行

新宁铁路中华民国二十二年度（1933）会计统计年报（节选）（1）

至是，必經數十分時之久，全列車輛，始能遵軌進行，時間不經濟，旅客不安寧，車利受損失，誠爲發展路務之一大障礙，乃於民十九年決定在公益河面建築大鐵橋一座，並修改路綫，以便往來，查建橋工程，除於民二十一年度以前，支出數十萬元外，本年上半年度，雖於不景當中，仍努力繼續進行，同時並購入新路綫地畝，建築路基，建橋築路併力舉行，計購地支出一十萬餘元，築造路基支出七萬餘元，公益鉄橋支出二十二萬餘元，此外測勘等費亦有相當支出，以期迅速完成，無奈承建鐵橋之馬克敦公司因經濟不景，不能接濟，致下半年度工程進行，爲之延滯，未能依期完成，以利交通，誠爲路政之大憾事。孫總理云「行之非艱知之爲艱」夫旣知之，自能行之，理所固然。吾人當本其不懈之精神，鼓其不撓之勇氣，務於最短期間，基此心理建設，以完成橋路建設，爲行旅謀便利與安全也。

丙。台冲公路與台東公路

台冲公路係由台山縣城起，至冲蔞墟止，路綫長約三十四華里，除起止兩端，與本鐵路同一地點，並在四九墟與本路路綫相交互外，沿途與本鐵路相距離，約由半華里至六華里半，其時已有一部分通車，台東公路由台山縣城起至五十墟止，路綫長約十五。七華里，起訖兩端，亦與本鉄路同一地點，沿途復與本鉄路平行，其相距最遠處，僅二。二華里，其時尙在建築之中，尙未行車，第自台冲公路行車以後，本鉄路自台城至冲蔞一段，收入較平時銳減，該公路營業收入，亦不敷支出之需，以理勢言，倘不設法善其後，以補救將來，則本鉄路受累固多，仍不至有重大影響，該公路資本微薄，難堪長期虧耗，勢必至於破產而後已。況鐵路公路，同爲交通運輸事業，同爲地方人民資本，愛護鉄路與愛護公路，其關繫原無次等，且鐵道部曾有公路應居啣接或分歧地位，不能與鉄路平行之規定，本鐵路乃本其愛護地方交通事業初衷，分呈鐵道部及廣東建設廳，請予以限制，隨由廳派員會縣履勘，旋奉飭由台山縣政府轉着本鉄路備價收買台冲公路，將欵發還該路股東，台東公路准繼續建築，俟完成後，仿照台冲辦法，由本鐵路收買，或由本鉄路行車，每月納回路租，撥爲公路股東本息，其租額由雙方訂妥呈核，等因，迭經本鉄路去函及派員，與台冲公路台城段路股董事會冲蔞段勸辦處四九五堡段管理田丁橋梁路股董事會台東公路勸辦處等，會商接洽，並由台山縣政府定期召集開會，協商租批辦法，時四九五堡管理田丁橋梁路股董事會表示同意，將由田坑岑山橋起至小旗山止，共一十四華里半，由本鐵路承租，乃於二十二年七月五日雙方簽訂批約，其批約內容，大要「台冲公路所有大小車輛及建築物等，共値銀四萬八千元，由本鐵路完全備價承買。自簽約之日起，該公路完全歸與本鉄路，永遠自由管理設施

— 4 —

新宁铁路中华民国二十二年度（1933）会计统计年报（节选）（2）

，及行駛車輛，與夫一切收益處分。全路修養費，由本鐵路支理。每年納回公路租銀四千二百元，按月淸交。」自承租以來，平均每天車利收入，不滿五十元，而汽油機件修理各費，站上車上員司工資，養路工程費等，平均每天需費約九十元，收支相較，每天約虧損不少。計是年由承租之日起，至十二月底止，本鉄路所受損失，達數千元。換言之，此數千元之損失，實代該公路股東賠累而已。

丁。憑票之發行與銷燬

本路縱貫台會兩屬，鄰接恩開鶴赤各邑，經濟狀況，交易往還，與本路有密切關繫，向者五邑各都市流通應用之毫洋，銀質純雜不一，旅客到本路購票乘車，每因轉換低銀故，常與站上或車上員司發生爭執，甚至延誤行程，不及登車，貽誤行旅不鮮，且本路每月發放員司薪金，達五萬餘元，（現經裁員減薪，每月節省萬餘元）爲數旣鉅，每當發薪之期，輾轉挑換，固感困難，而於選擇交收，耗費時間，曠誤工作，其無形之損失殊巨，本路爲避免上述情形起見，曾於二十二年一月間，印製一元五元十元五十元憑票数種，於發薪時，搭發一部，或給發全數，各員司領受後，隨時携交會計處或各站掉換毫洋，商旅爲謀自己便利，免交收挑換麻煩計，每當本路發薪之期，紛向員司購換憑票，以備需用，信用之孚洽，商場之樂用如此，故自發行後，不匝月間，已發出者共三十二萬九千九百四十五元，其流通區域，不僅遍於五邑各大小都市，且遠及港澳，其珍重價値，駸駸乎與香港鈔票並駕齊驅，誠非始料所及，至五月間，政府以妨碍幣政故，限期本路於一月內將已發出之憑票收回，其未發者則連同庫內所有，悉数截角銷燬，但信用深入人心，經一月之久，僅收回少數，一月復一月，屢次延限，至今仍有些少票数，存諸社會人士之手。持向本路會計處易取毫洋，或換其他銀幣者，時有其人，信譽效用，非政治力量所能轉移，誠然。

會　計　處　長

李　袞　宸

新宁铁路中华民国二十二年度（1933）会计统计年报（节选）（3）

產業所擔之債務

債務之識別	股份		借款		政府長期資金		共計	
	規定數	已發數	規定數	已發數	規定數	已發數	規定數	已發數
1	2	3	4	5	6	7	8	9
	元	元	元	元			元	元
股份	3,676,282.91	3,676,282.91					3,676,282.91	3,676,282.91
尋常借欵(附項)			2,712,400.00	2,505,082.21			2,712,400.00	2,505,082.21
合計	3,676,282.91	3,676,282.91	2,712,400.00	2,505,082.21			6,388,682.91	6,181,365.12

說明「產業所擔負之債務」

1．本路股本，原無定額。在建築之初，政府曲爲通融，事事力予扶助，故路線長短，資本多寡，完全自由處理，未有規定之限制。及至斗山至北街與由台城至白沙兩線完成，共收入股本銀三百六十七萬六千二百八十二元九角一分，始以此數具報政府備案，作爲股本額定數。

2．本路籌建之始，由美僑集資二百萬両，內地十七萬両，其後展築北街段，招股五十萬元，展築白沙段，招股三十萬元，並先後向商行息借二百萬元。今者前時所借二百萬元，已先後由車利項下撥欵清還。惟自民二十年，起因感牛灣渡船過河之不便，決議創建公益鐵橋，修改路線，預算需欵二百七十一萬二千四百元，先向商行息借足數，隨後由車利項下提撥清還，現已借得二百五十萬零五千零八十二元二角一分，卽表內尋常借欵項下所列之數也。

新宁铁路民国二十二年度（1933）会计统计年报（节选）（4）

本年度內之擴充改良

工程或所置設備品之名稱	工程或所置設備之原價	廢棄產業登入資產支出帳貸方之數	欵項來源		
			借欵	政府長期資金	盈餘
1	2	3	4	5	6
	元.		元.		
新路線工程管理人員公費	1,175.26		1,175.26		
測勘公益鉄橋兩端新路線	145.00		145.00		
購置公益車站附近地段	97,528.29		97,528.29		
購買寧城車站附近地段	400.00		400.00		
購買寧東站地段	67.50		67.50		
購置新會縣屬新路線地段	16,008.94		16,008.94		
購買平逕地段	600.00		600.00		
築造新線路基	72,404.04		72 404.04		
建築公益車站過河鉄橋本年度支出	220,840.23		220,840.23		
三合界址工料	3,797.65		3,797.65		
架設沿路電話雙線工料	23 562.08		23,562.08		
購置電力發動機	16,680.78		16,680.78		
鋼軌及配件等(新路線)	36,926.93		36,926.93		
閃口鉄等(新路線)	41,455.39		41,455.39		
建造北街員工住屋及公益路警住屋	8,651,16		8,651.16		
建築公益電機房本年度支出	1,932.90		1,932.90		
收買台冲公路傢私機件建築物等	2,235.15		2,235.15		
合計	5,44.411.30		544,411.30		

— 29 —

新宁铁路民国二十二年度（1933）会计统计年报（节选）（5）

百分之幾	民廿一年度	用—1	總務費	薪俸	公費	辦公室費用	民廿二年度	占營業進欵百分之幾
1	2	3	4	5	6	7	8	9
	元.		第一段 管理	元.	元.	元.	元.	
.41	8,698.87	用-1-1	督辦經費				17,341.33	1.00
			1. 總管理經費					
			2. 聯運處經費					
			3. 其他		17,341.33			
2.07	43,601.79	用-1-2	總管理處				41.096.60	2.36
			1. 薪俸	38.760.00				
			2. 公費		866.99			
			3. 辦公室費用			986.02		
			4. 傢具			483.59		
1.43	30,281.41	用-1-3	總務處	22,801.34	147.66	3.467.28	26,416.28	1.52
1.44	30,358.25	用-1-4	會計處	30,162.28	45.82	3,482.30	33,690.40	1.94
.78	16,377.51	用-1-5	材料課	13,128,40	16.00	412.57	13,556.97	.78
.90	19,075.49	用-1-6	總公司費用				19,478.42	1.12
.15	3,144.85	用-1-7	其他				3,284.91	.19
			1. 火險費			1,890.37		
			2. 廣告費					
			3. 材料損失					
			4. 材料運費					
			5. 看守費					
			6. 雜費			1,394.54		
		用-1-8	國外費用					
7.18	151 538.17		第一段 共計				154 864.91	8.91

— 46 —

百分之幾	民廿一年度	用—1	總務費	民二十二年度		百分之幾
1	2	3	4	5	6	7
	元		第二段 特別	元	元	
.25	5,176.81	用-1-9	醫葯及衛生費		3 249.44	.19
			1. 薪俸及公費	604.16		
			2. 葯品及醫院	2.645 28		
			3. 衛生			
.24	5,100.22	用-1-10	法律事務		400.40	.03
3.18	67 265.40	用-1-11	警務		73,189.37	4.21
			1. 薪餉	64,189.43		
			2. 公費	246.85		
			3. 服裝及設備品	5,079 84		
			4. 雜費	3.673.25		
29	6,047.97	用-1-12	教育費		5, 500.00	.32
			1. 附屬學校			
			2. 教育捐助金	5 500 00		
.13	2,618.66	用-1-13	租金		2,482.65	.14
.26	5,318.88	用-1-14	賠償		7,155.25	.41
			1. 民死傷人	7 075.22		
			2. 損失			
			3. 其他	80.03		
4 60	97,046.76	用-1-15	捐欵及奬金		90,215.46	5.19
			1. 捐助金	14,870.55		
			2. 奬勵金	74,264.31		
			3. 恤金	1,080.60		
.34	7 313 43	用-1-16	其他		6,411.00	.36
9.29	195,888.13		第一段 共計		188 604.45	10.85
16.47	347,426.30		總務費總計		343,469.36	19.76

— 47 —

新宁铁路民国二十二年度（1933）会计统计年报（节选）（6）

各項費用之分配及統計

第三段 雜費

二十一年度		二十二年度
元		元
3 696.59	1. 每機車每年之平均修理費	4 147.89
	2. 每機車公里每輛機車平均修理費	.005
876.15	3. 每客車一輛每年平均之修理費	717.02
165.33	4. 每貨車一輛每年平均之修理費	142.66
	5. 平均每機車行一公里機車所消之油脂費	.0025
	6. 平均每列車行一公里客貨車所耗之油脂費	.005

第四段 每一公里路線之維持費

公里數 二十一年度	由進款項下開支維持費之平均公里數	公里數 二十二年度
133.061	單軌	133.061
11.268	第二軌道	11.268
8.566	串道	8.566
5.778	岔道	5.778
	實業枝線	
158.673	軌道共計	158.673

243 606.15 用-55 軌道維持費共計 221 318.41

廿一年度	每路維一公里之維持費	廿二年度
元		元
1 541.80		1 400.75

— 64 —

新宁铁路民国二十二年度（1933）会计统计年报（节选）（7）

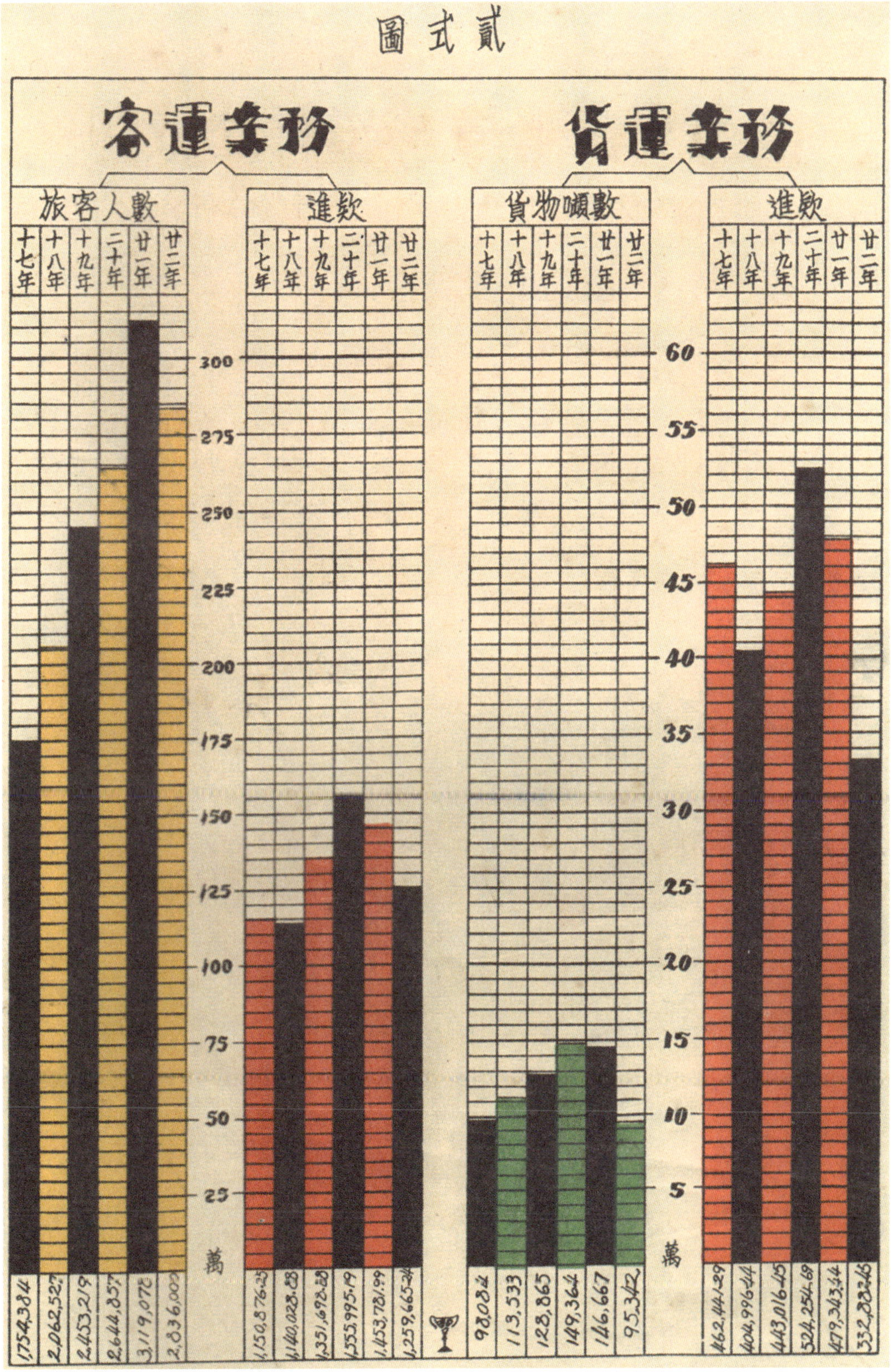

圖式貳
客運業務
旅客人數
進款
貨運業務
貨物噸數
進款
十七年
十八年
十九年
二十年
廿一年
廿二年
300
275
250
225
200
175
150
125
100
75
50
25
萬
60
55
50
45
40
35
30
25
20
15
10
5
萬
1,754,384
2,062,527
2,453,219
2,644,857
3,119,078
1,150,876.25
1,140,028.58
1,351,692.88
1,555,995.19
1,453,781.99
1,259,665.24
98,084
113,533
128,865
149,364
146,667
95,342
462,441.29
404,996.44
443,016.45
524,254.69
479,343.44
332,383.65

新宁铁路民国二十二年度（1933）会计统计年报（节选）（8）

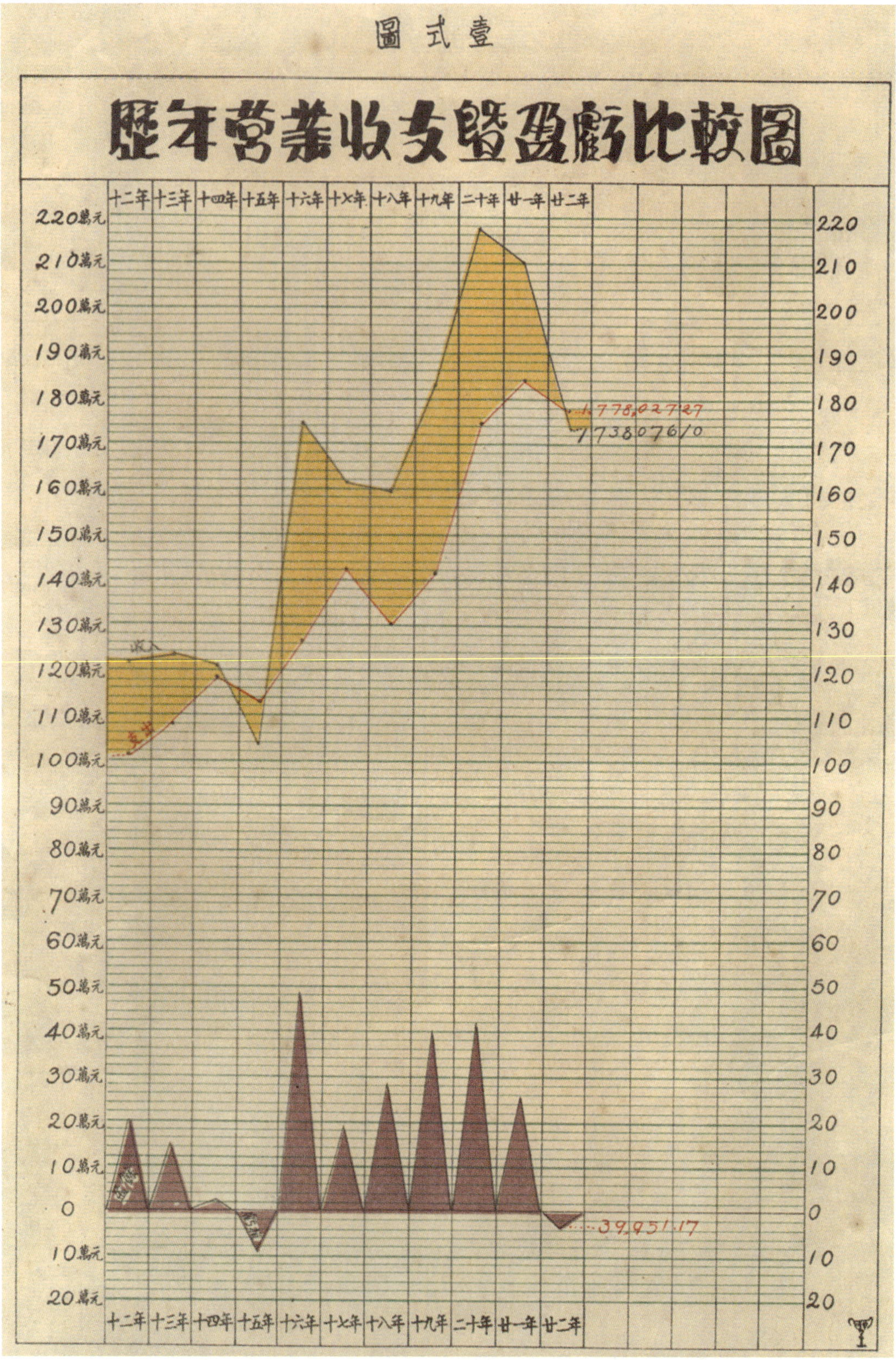

新宁铁路民国二十二年度（1933）会计统计年报（节选）(9)

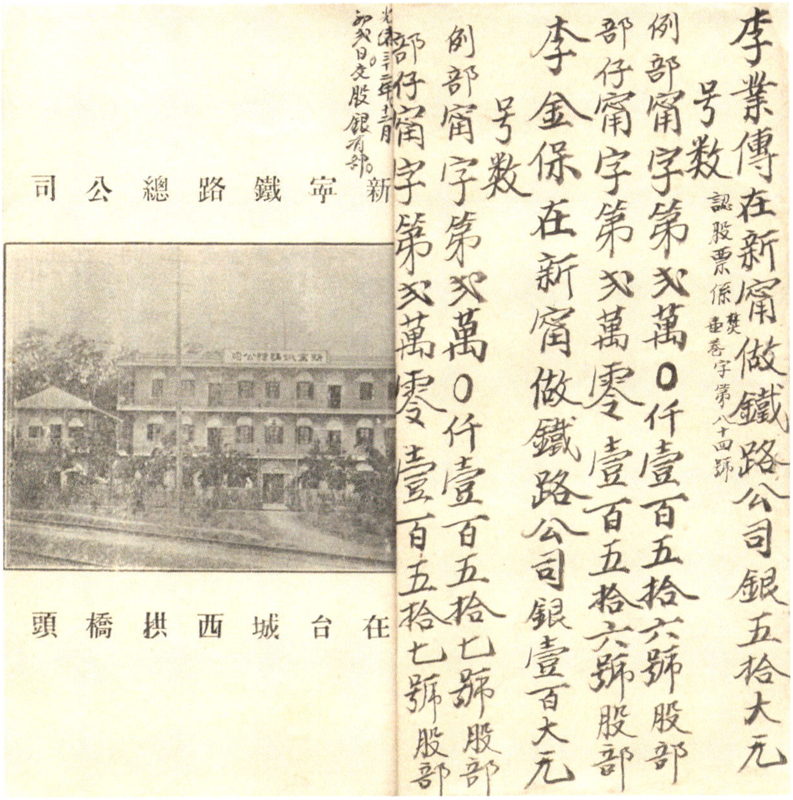

新寍鐵路股份有限公司年結小序

鐵路生利事業也至於盈虧問題則與時局之治亂地方商務之興替有密切之關係焉　鄙人　忝總斯路不敢謂措施悉當然路務之力謀發展經費之力謀撙節賬目之出納必慎管理之勞怨弗辭刻刻以顧存股東血本爲念此心此志差敢自信當亦爲衆股東所共諒茲查本路民國九年份營業收入車利七拾七萬餘元除支銷經費外得餘利陸萬七千七百餘元

廣東新寍鐵路股份有限公司　民國九年份總結冊　序　本鐵路公司自刊

广东新宁铁路股份有限公司民国九年份（1920）总结册（节选）(1)

新寧鐵路統一收支簡明一覽表

民國九年份 照陽歷計

收入

接上民國八年底存來銀四萬九千三百八十三員五毫三仙七文
本年客貨車脚銀七十七萬零七百三十五員零一仙
印務局接印外處印件銀三百五十六員六毫
罰犯路章罰欵銀三百員零零三毫七仙
賣材料項銀二千七百九十五員一毫五仙
賣地段項銀三百六十三員三毫五仙
租項銀一萬一千三百七十九員三毫一仙
貨項扣現銀六百四十員零零九仙
銀紙水項銀六千一百零捌員二毫捌仙
存欵生息銀一百七十捌員二毛
電話費銀一千三百六十捌員三毫三仙
雜項銀一千六百五十一員二毫四仙
各號附欵比對還外尚入附銀三萬五千四百零一員九毛一仙
各號貯下來往項銀二十萬零四千三百二十五員九毫四仙
各號過來貨項銀三十六萬六千零四十一元七毫九仙
各站長及收票員按櫃銀六百元
萬國銀行比對實來長銀一千二百七十九元六毛
展築白沙枝路股份銀六千六百六十五員
中央政府來五年份公債票本銀七百員
中央政府來五年份公債票息銀九百員
船戶賠償損失煤炭銀五百五十一員三毫
收回鋪領白沙枝路田價銀一百九十四員四毛三仙
材料處退回各號材料銀捌百三十捌元
共銀壹百三拾五萬三千七百五十七員四毫三仙七文

支出

還各號貯下來往銀壹十萬零三千九百八十二元九毛
還各號貨項銀三拾捌萬五千五百四拾六員五毫三仙
還附欵利息銀六萬一千三百一拾三員三毫七仙
還站長按櫃銀五百員
補回伍尚信租項銀三拾三員三員
交回陳藻宜購地定銀一千員
銀水項下銀四萬二千六百一拾四員三毫三仙
總務項下銀四萬捌千五百一拾員零零五仙
車務項下銀三萬捌千零四拾四員捌毫捌仙
運務項下銀四萬捌千九百零捌員捌毫捌仙
廠務項下銀弍萬一千七百零五員六毛三仙
工務項下銀九萬三千四百一拾四員四毫八仙
築路建設項下銀四萬一千七百一拾三員九毫三仙
購材料項下銀三拾六萬三千六百八十七員一毫六仙
製造舊料鑄料工銀弍千二百一十九員
稅脚項下銀四萬七千零五十七員七毫五仙
購公債票項下銀十元
共銀壹百弍拾九萬九千三百八拾員零三毫八仙

收支比對外實存銀伍萬三千四百七拾七員一毫五仙七文

一存陳藻宜欠銀壹萬五千零三十四元一毫六仙五文
一存各號欠銀一萬零三百零零壹毫五仙一文

合實存銀五萬三千四百七十七元一毫伍仙七文

另存

附廣寧輪船股份票銀二千元
附永聯輪船股份票銀二千員
購存三年份中央政府公債票除收回外尚存票銀三千九百四十五元（民國六年派回本銀六百元）
購存四年份中央政府公債票除收回外尚存票銀一千六百五十五員
購存五年份中央政府公債票除收回外尚存票銀五千三百元

監察員 馬受之 陳勵如

廣東新寧鐵路股份有限公司 民國九年份總結冊 十 本鐵路公司自刊

广东新宁铁路股份有限公司民国九年份（1920）总结册（节选）（2）

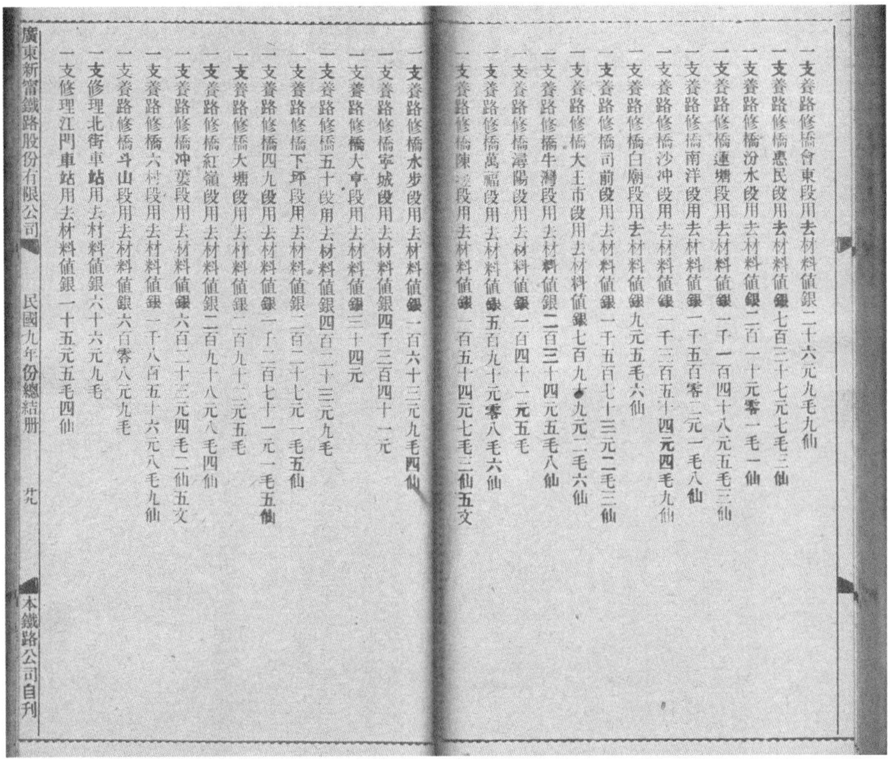

一支養路修橋會東段用去材料值銀二十六元九毛九仙
一支養路修橋惠民段用去材料值銀七百三十七元七毛三仙
一支養路修橋汾水段用去材料值銀二百一十元零一毛一仙
一支養路修橋蓮塘段用去材料值銀一千一百四十八元五毛三仙
一支養路修橋南洋段用去材料值銀一千五百零二元一毛八仙
一支養路修橋沙冲段用去材料值銀一千三百五十四元四毛九仙
一支養路修橋白廟段用去材料值銀九元五毛六仙
一支養路修橋司前段用去材料值銀一千五百七十三元二毛三仙
一支養路修橋大王市段用去材料值銀七百九[illegible]九元二毛六仙
一支養路修橋牛灣段用去材料值銀二百三十四元五毛八仙
一支養路修橋潯陽段用去材料值銀一百四十一元五毛
一支養路修橋萬福段用去材料值銀五百九十元零八毛六仙
一支養路修橋陳[illegible]段用去材料值銀一百五十四元七毛三仙五文

一支養路修橋水步段用去材料值銀一百六十三元九毛四仙
一支養路修橋寧城段用去材料值銀四千三百四十一元
一支養路修橋大亨段用去材料值銀三十四元
一支養路修橋五十段用去材料值銀四百二十三元九毛
一支養路修橋下坪段用去材料值銀二百二十七元一毛五仙
一支養路修橋四九段用去材料值銀一千二百七十一元一毛五仙
一支養路修橋大塘段用去材料值銀一百九十二元五毛
一支養路修橋紅嶺段用去材料值銀二百九十八元八毛四仙
一支養路修橋冲蔞段用去材料值銀六百二十三元四毛二仙五文
一支養路修橋六村段用去材料值銀一千八百五十六元八毛九仙
一支養路修橋斗山段用去材料值銀六百零八元九毛
一支修理北街車站用去材料值銀六十六元九毛
一支修理江門車站用去材料值銀一十五元五毛四仙

廣東新甯鐵路股份有限公司　民國九年份總結冊　廿九　本鐵路公司自刊

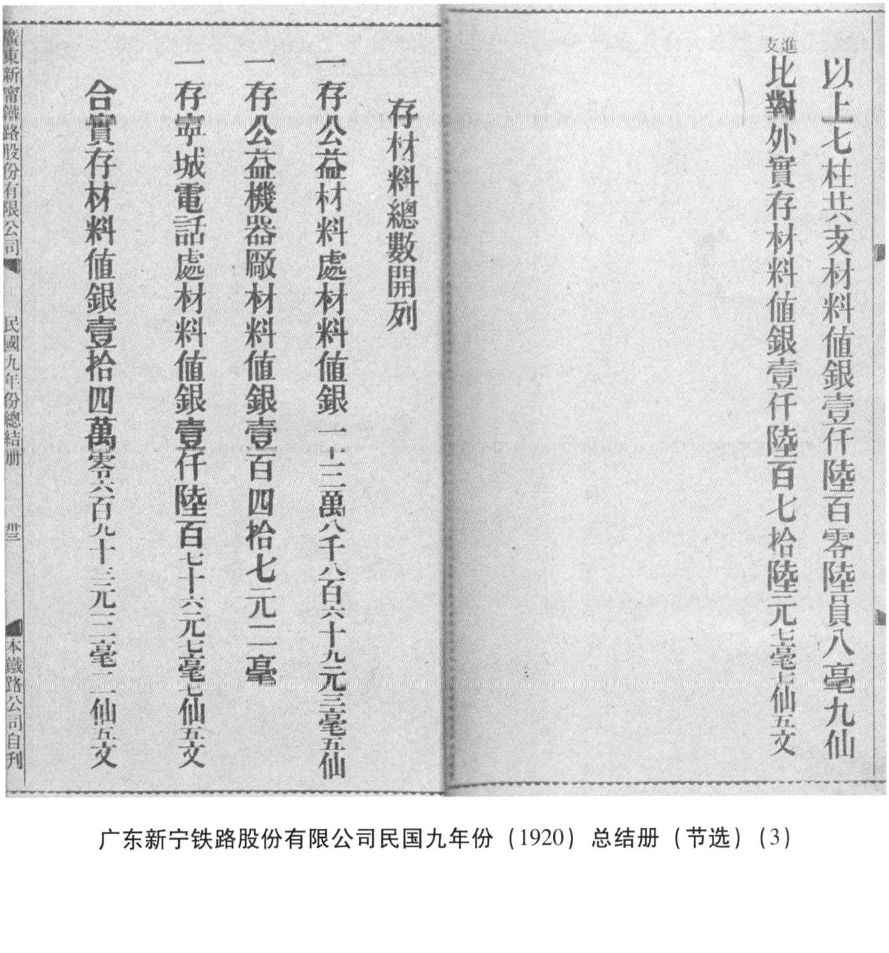

以上七柱共支材料值銀壹仟陸百零陸員八毫九仙

進支比對外實存材料值銀壹仟陸百七拾陸元七毫七仙五文

存材料總數開列

一存公益材料處材料值銀一十三萬八千八百六十九元三毫五仙
一存公益機器廠材料值銀壹百四拾七元二毫
一存寧城電話處材料值銀壹仟陸百七十六元七毫七仙五文
合實存材料值銀壹拾四萬零六百九十三元三毫一仙五文

廣東新甯鐵路股份有限公司　民國九年份總結冊　卌三　本鐵路公司自刊

广东新宁铁路股份有限公司民国九年份（1920）总结册（节选）（3）

股东常会入座券及存根

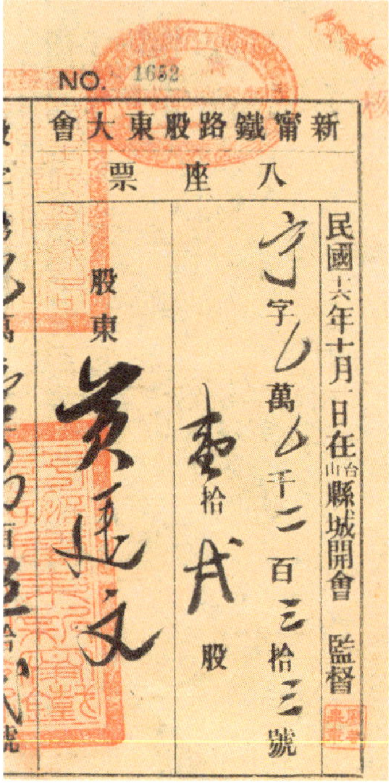
NO. 1632
新甯鐵路股東大會
入座票
民國十六年十月一日在台山縣城開會 監督
寧字[illegible]號
股東 黄廷文
壹拾貳股

1927 年新宁铁路股东大会入座票

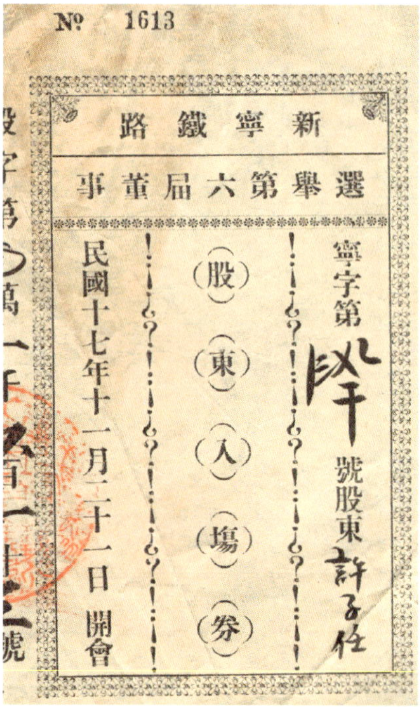
№ 1613
新寧鐵路
選舉第六屆董事
寧字第 號股東許子任
(股)(東)(入)(場)(券)
民國十七年十一月二十一日開會

1928 年许子任的新宁铁路选举第六届董事股东入场券

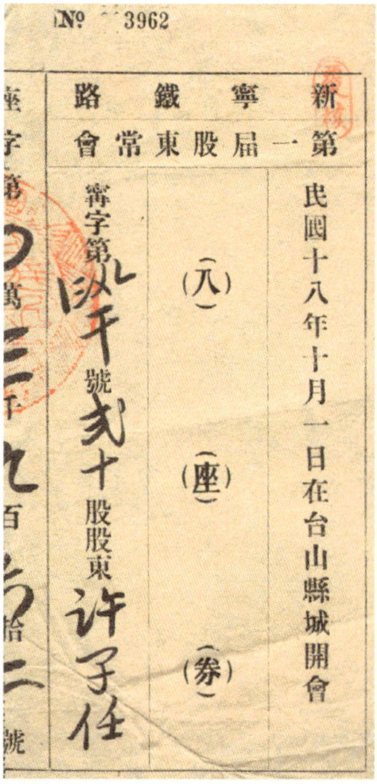
№ 3962
新寧鐵路
第一屆股東常會
民國十八年十月一日在台山縣城開會
(入)(座)(券)
寧字第 號貳十股股東许子任

1929 年许子任的新宁铁路第一届股东常会入座券

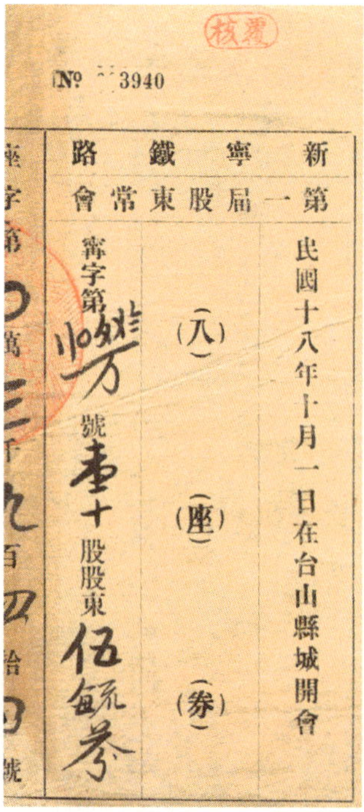
№ 3940
新寧鐵路
第一屆股東常會
民國十八年十月一日在台山縣城開會
(入)(座)(券)
寧字第 號壹十股股東伍毓芬

1929 年伍毓芬的新宁铁路第一届股东常会入座券

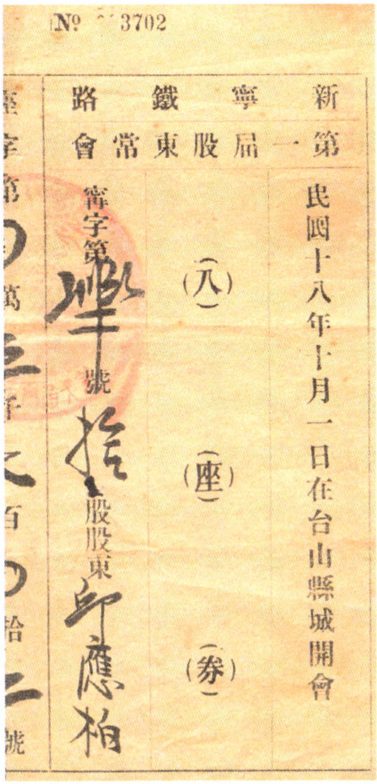

1929 年邱应柏的新宁铁路第一届股东常会入座券

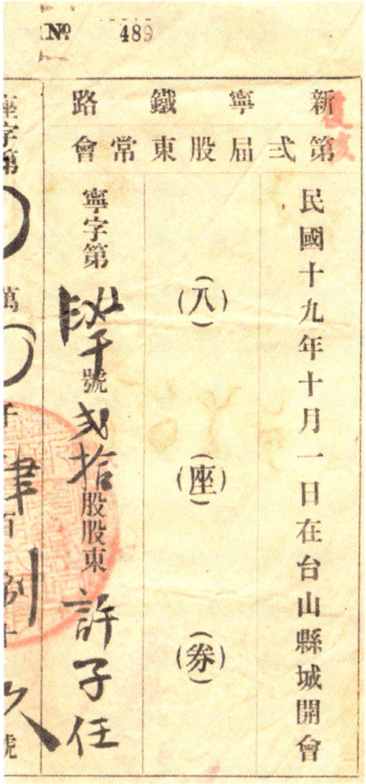

1930 年许子任的新宁铁路第二届股东常会入座券

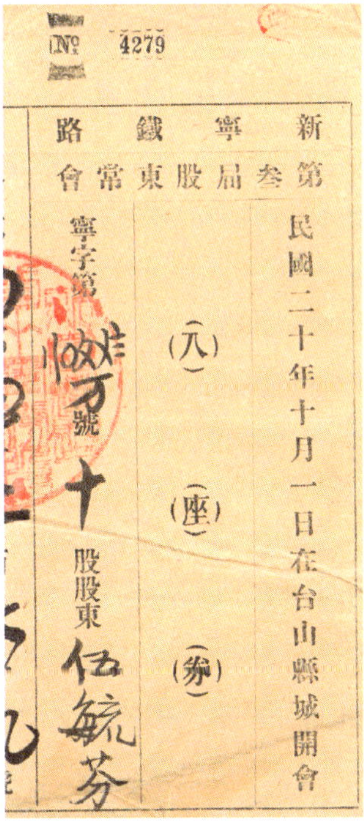

1931 年伍毓芬的新宁铁路第三届股东常会入座券

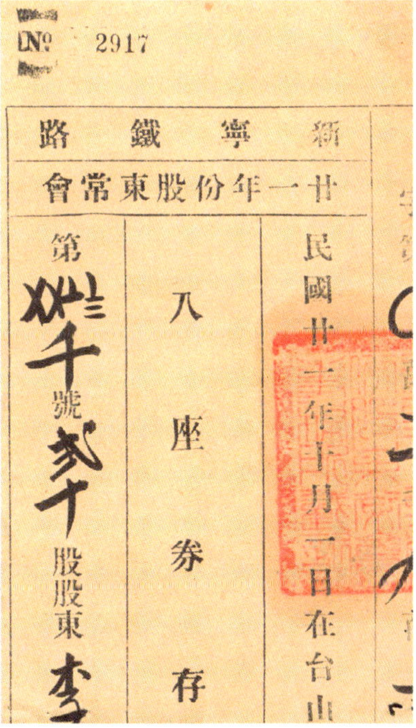

1932 年新宁铁路廿一年份股东常会入座券存根

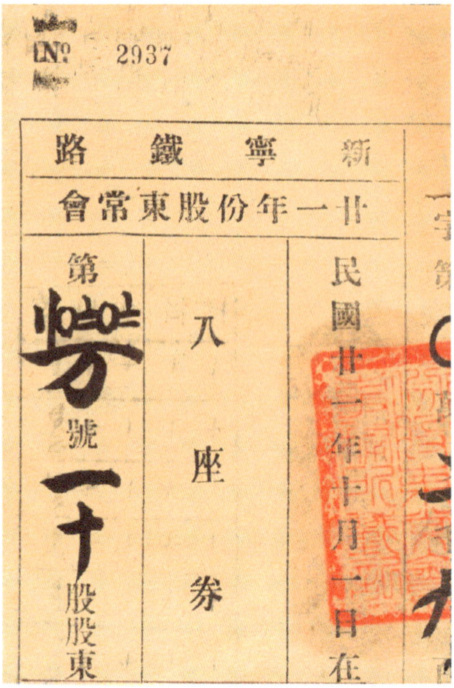

1932 年新宁铁路廿一年份股东常会入座券

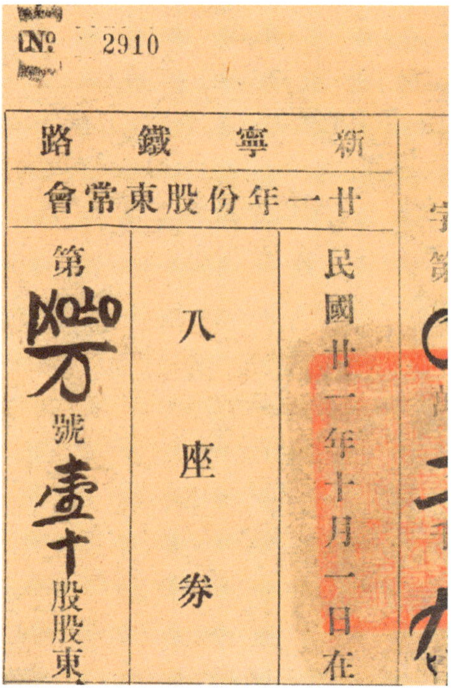

1932 年新宁铁路廿一年份股东常会入座券

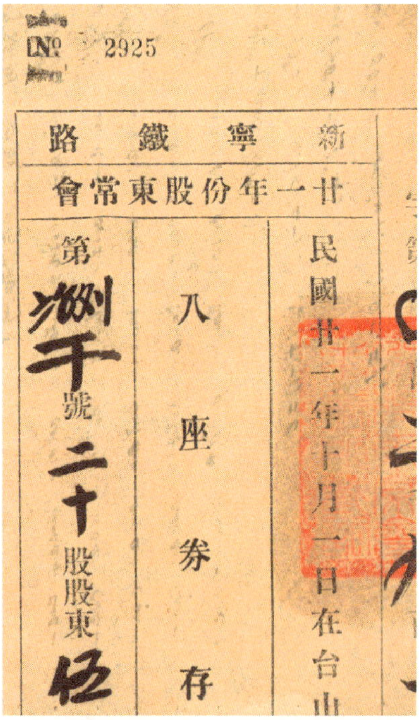

1932 年新宁铁路廿一年份股东常会入座券存根

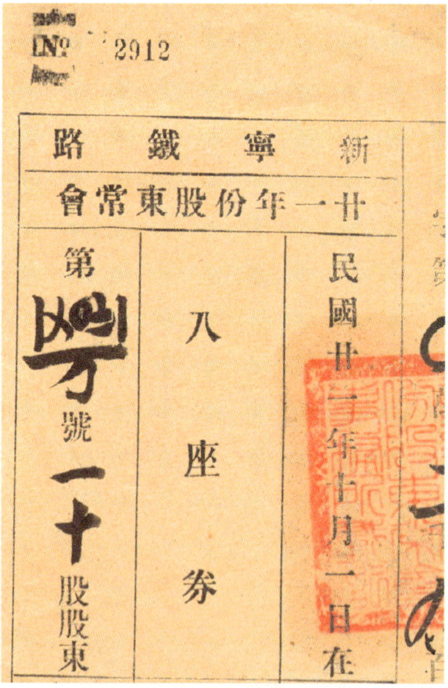

1932 年新宁铁路廿一年份股东常会入座券

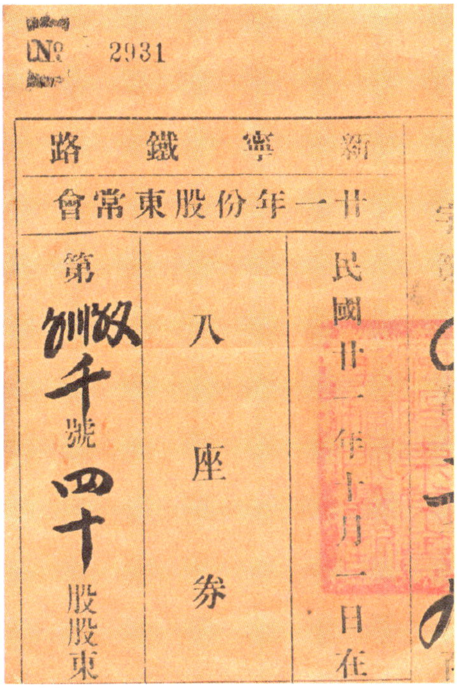

1932 年新宁铁路廿一年份股东常会入座券

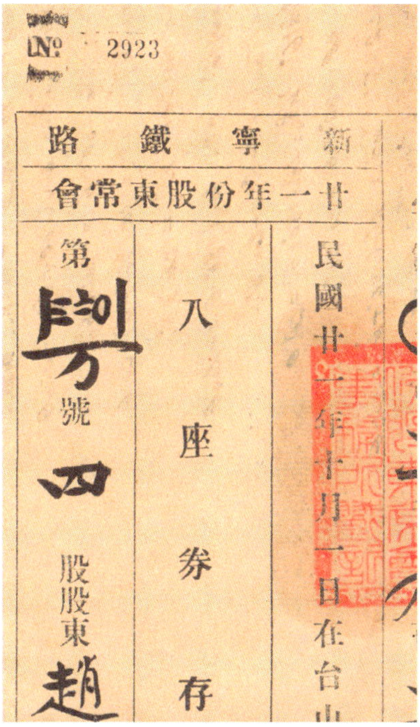

1932 年新宁铁路廿一年份股东常会入座券存根

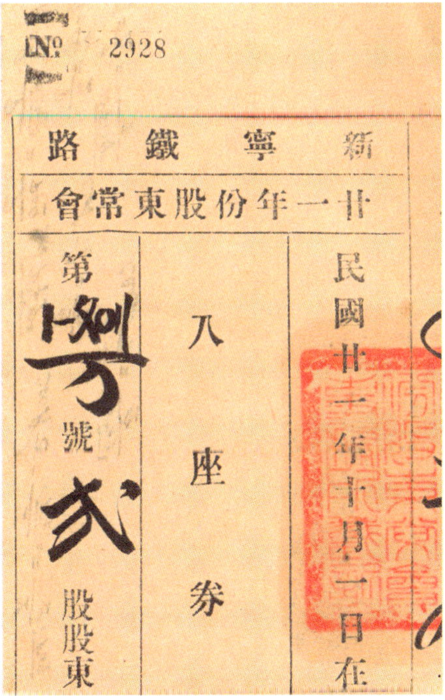

1932 年新宁铁路廿一年份股东常会入座券

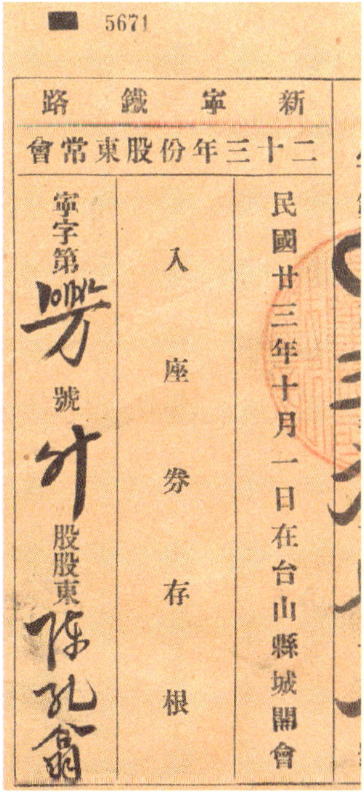

1934 年陈孔翕的新宁铁路二十三年份股东常会入座券存根

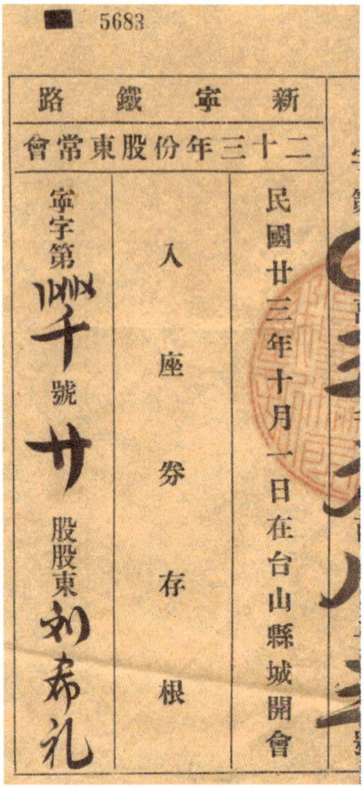
5683
新寧鐵路
二十三年份股東常會
民國廿三年十月一日在台山縣城開會
入座券存根
寧字第　號　股股東

1934 年刘希礼的新宁铁路二十三年份股东常会入座券存根

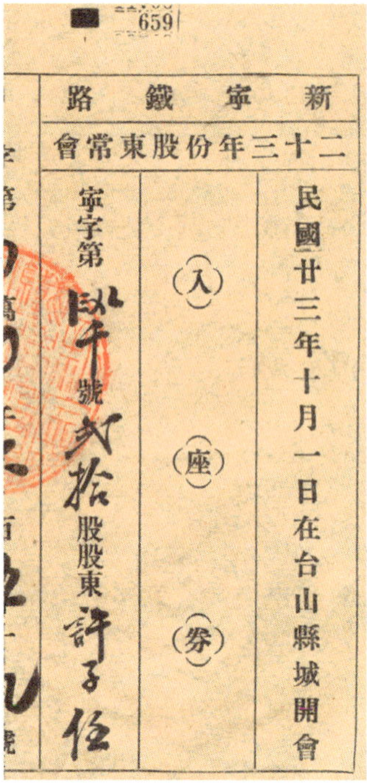
[illegible]
新寧鐵路
二十三年份股東常會
民國廿三年十月一日在台山縣城開會
入座券
寧字第　號　股股東

1934 年许子任的新宁铁路二十三年份股东常会入座券

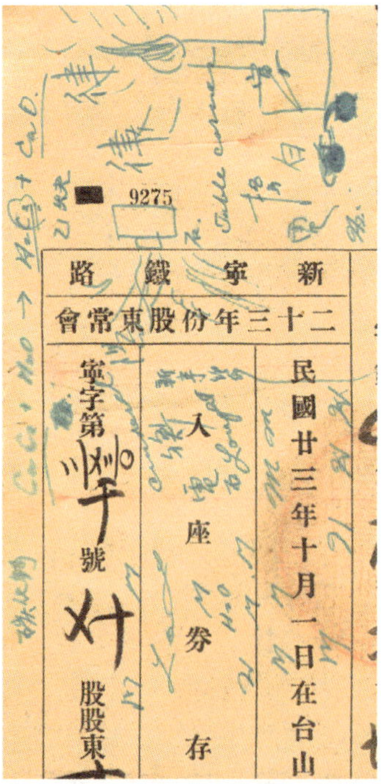
9275
新寧鐵路
二十三年份股東常會
民國廿三年十月一日在台山
入座券存
寧字第　號　股股東

1934 年新宁铁路二十三年份股东常会入座券存根

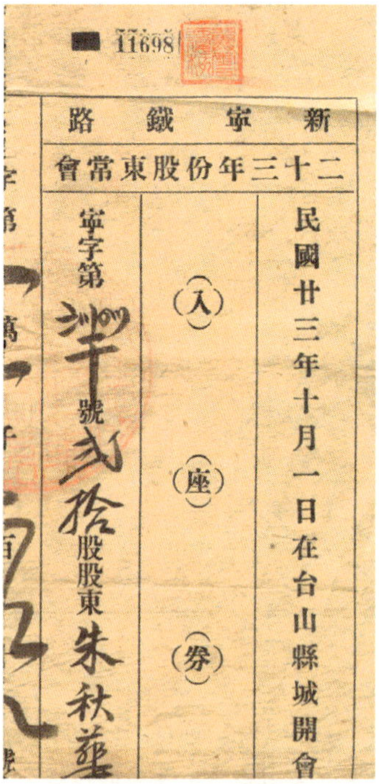
11698
新寧鐵路
二十三年份股東常會
民國廿三年十月一日在台山縣城開會
入座券
寧字第　號　股股東

1934 年新宁铁路二十三年份股东常会入座券

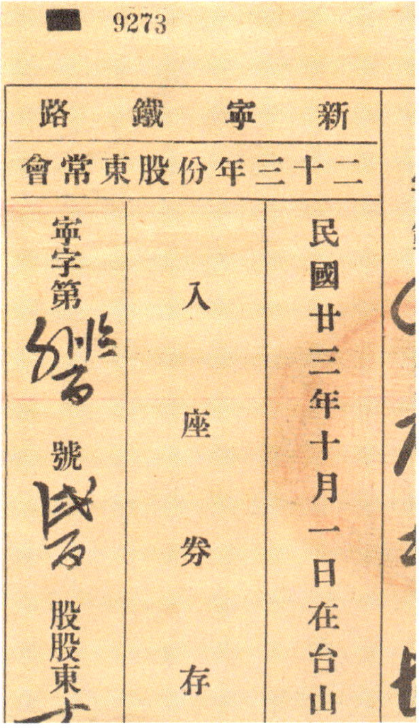

1934 年新宁铁路二十三年份股东常会入座券存根

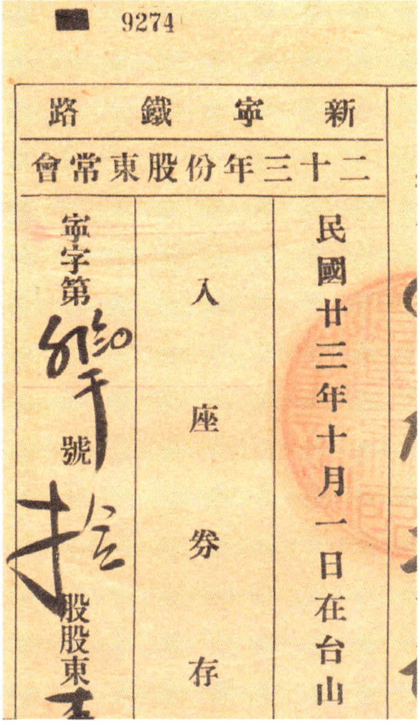

1934 年新宁铁路二十三年份股东常会入座券存根

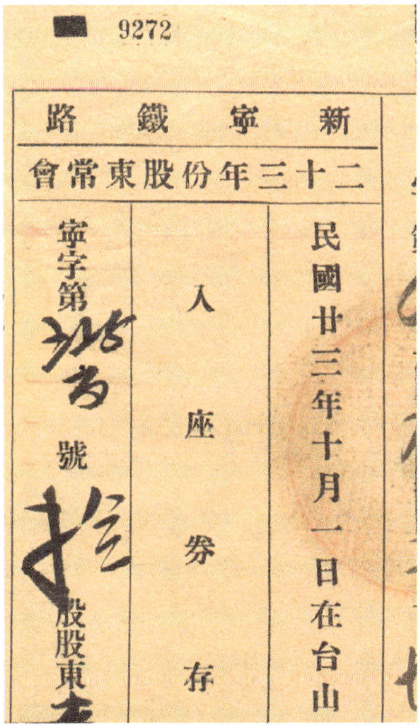

1934 年新宁铁路二十三年份股东常会入座券存根

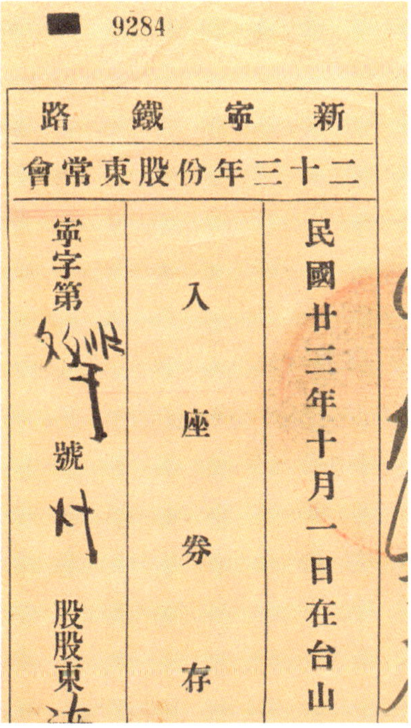

1934 年新宁铁路二十三年份股东常会入座券存根

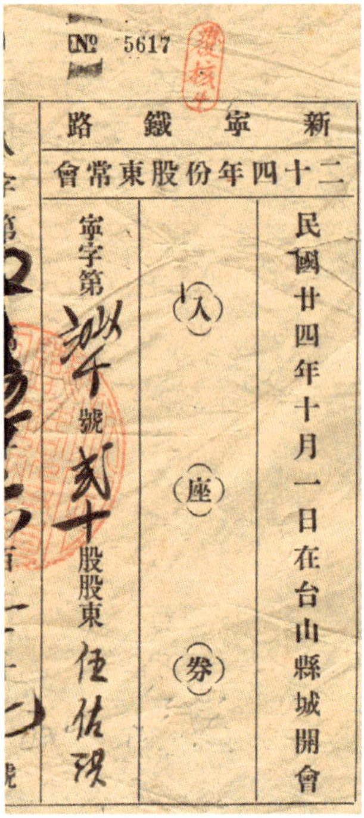
№ 5617
新寧鐵路
二十四年份股東常會
民國廿四年十月一日在台山縣城開會
寧字第　號
股股東　伍佐洪
入座券

1935 年伍佐洪的新宁铁路二十四年份股东常会入座券

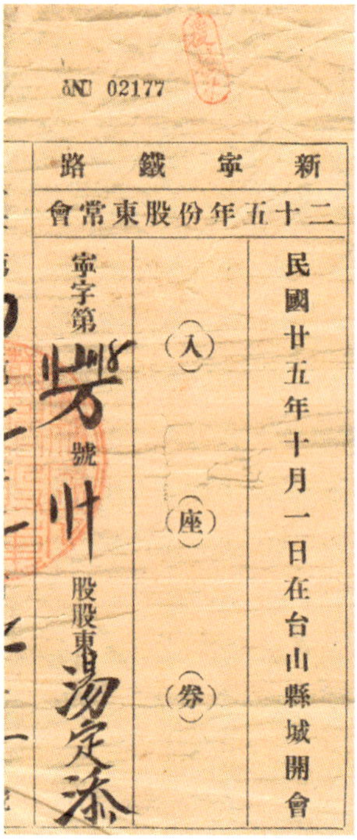
№ 02177
新寧鐵路
二十五年份股東常會
民國廿五年十月一日在台山縣城開會
寧字第　號
股股東　湯定添
入座券

1936 年汤定添的新宁铁路二十五年份股东常会入座券

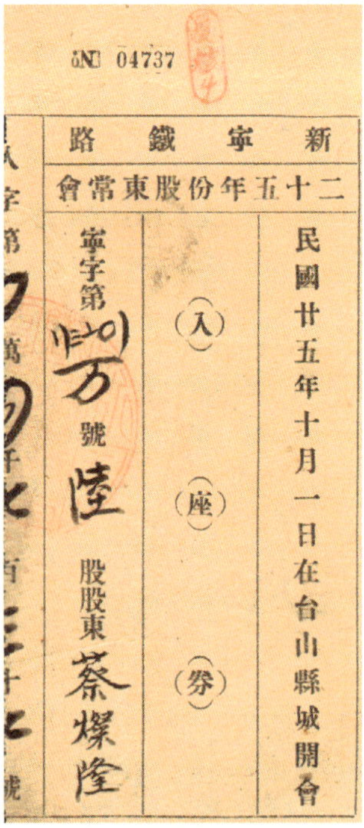
№ 04737
新寧鐵路
二十五年份股東常會
民國廿五年十月一日在台山縣城開會
寧字第　號
股股東　蔡燦隆
入座券

1936 年蔡灿隆的新宁铁路二十五年份股东常会入座券

其他

新寧鐵路辨誣

廬墓衆情果否允洽云云是軌道所經尙當考核求詳況安置車站需田多而佔地廣一或不愼貽害無窮是以連月磋商始由新昌埠値年正主席人舉人黃蓉第及六街商董二十餘名于前三月十五日看明地勢酌就合約各姓紳商均簽弁畫有新昌商會公所及留濟醫院名籤爲據又會歃于闔埠善堂以昭愼重然後將約分執乃昨閱報端竟有譚培英李英挺等三名出詞妄議謂此約係甄姓僞造當作廢約云云不知譚培英當經簽時有事回鄉特託李宇南代理而李宇南卽着新昌値理劉韻紳代簽李英挺謂年老手震面着伊嫡侄現充商會貯庫人李金鍊代簽豈能飾卸今就其詞之謬妄言之甄姓老幼因車站近廬墓太逼欲其稍遠而免害故久商未定何云欲其近村而專利若田租則照新昌埠舊章每畝四斗每斗每年租銀六兩亦係平情今鐵路總辦陳宜禧議發三兩田主欲求多些儘可通融辦理何云每畝五斗兼抬高田價至謂不許上埠渡船裝載則埠貨物查約內並無此說只謂上埠貨物係歸上埠渡船裝載其餘任從各便而已且查　京都永定門外與漢口天津及省佛各處鐵路均離埠外并不逼近村庄始安車站若不顧地宜而徒負氣求勝猶美其名曰公益試思五方混雜而使一方獨遭蹂躪公益安在況此約實係正主席舉人黃蓉第及六街商董所定而甄姓不過聽從已耳今乃混詞圖賴謂爲僞造將一切簽名者概謂不公認獨不思有各人親筆可據豈飾說所能掩乎又正月時突有十數工人不問地主遽將甄姓之雙廟霸佔至各村送神回廟工人遂各星散爾時并無工廠又安有毀燒之事已上所言孰虛孰實　天地鬼神實昭鑒之但譚培英等旣簽復卸誣詞惑衆不可以不辨用登告白尙幸垂靑

丙午年閏四月吉日　　甄姓旺北鄉甄登雲等謹白

丙午年閏四月廿九日　安雅報刋印　九九

新法　知新　痰飲咳喘丸

經云形寒飲冷則傷肺是寒飲二字爲咳嗽大主腦自滋水制火之說出而二地二冬二皮等藥世醫奉爲秘旨不知水盛而寒飲日增火弱而眞陽愈壞旋至陰霾四布火用不宣而津液血液精液盡化痰水遂成不治咳症矣獨不思津液與痰飲是二是一有元氣以統攝之則爲眞津元氣稍弱水津停滯卽爲痰飲高明如費伯雄尙未見到此義況其下者乎夫飲水患也培土而水患乃消飲陰邪也扶陽而陰邪乃散此本堂立方之旨也統治咳逆氣喘倚息不得臥時吐白痰稀飲胸脅滿痛甚至胃減肌削神疲力倦頭眩心悸筋惕肉瞤心腹脹滿面目手足浮腫等症　每兩銀二毫半　雙料四毫

痰欬一症方書以燥濕黃白四字爲辨寒熱金針然更有精義焉夫痰由水化水爲陰類陰邪上僭陽位法宜

粵路議事人員表

○辦事員四人　主持應議應辦之事或分任或合任未議事之先須將應議之事研究清楚或自己之法或衆人獻議之法定爲問題呈諸主席經認可然後發議以一人主發議之事以三人主檢查法律及前後文件與章程等凡有駁議涉及者檢查宣佈於衆俾資研究其人格以向來擔任最力熟悉情形而又洽衆情者舉之擔任後有不守法律則黜退○書記　書記錄議員駁議之大意○繕校　繕校幫同鈔錄文件○宣佈員　居議堂之中左亦辦事員右顧書記員　其人格以事理通達文字清通聲音清亮爲合格○

丙午年閏四月廿九日　安雅報刋印　九八

糾儀員四人　左右前後各一人左面向右右有失儀者糾正之右面向左左有失儀者糾正之評議員討論旣畢各代表有欲駁議而站立者糾儀員當延引之到駁議所駁議有要事欲離位而站立者舉右手示意糾儀員點首認可方許其離位○評議員　擬先由衆代表輪班擔任每班十人輪勻始行舉定○裁判員　擬以總副坐辦爲之○副裁判員　擬以代表員中之老成者爲之○稽察員　稽察員有稽察全堂各事之責如有事機不合及各員不守規律之處皆得向主席陳說以匡救之其人以精明強幹熟悉路事之始末爲合格○招待員四人　凡來賓必有行商代表爲之介紹由招待員告知主席諸台再由書記登之號部注明何人介紹始許入座凡所出入均由招待員招待其人以應接和平爲合格○議事權限(甲)主席　主裁判　而以副裁判輔之　有提議而無駁議(乙)議席　主討論　而以衆代表輔之　有駁議而無硬斷(丙)發議之辦事員　有與主席研究發議之責可提議而不能駁議(丁)檢查文件之辦事員　只任檢查有未明之處宜交宣佈解釋之(戊)宣佈　只任佈告(已)糾儀　只任糾正儀節無坐位或嫌耐久則換人輪替亦可(庚)招待　只任招待來賓(辛)稽察　凡事皆可稽查有不合者皆當陳說惟須經主席認可然後交發議之辦事員研究妥當再行提議○議事堂用物　鋼筆板　印議案及文件用　鉛筆　議員記錄文件用　番紙　號鐘　開議散議鳴號用　筒　黑白珠　機密投筒用　議事大簿　忠言錄　所有獻議盡行附列如攻擊者另附一門統交稽察員查核無論有無其事及攻擊者有無姓名均皆息心考究所謂止謗莫如自修斯言不我欺也　名牌板　與議各員如已到場卽將自己名牌挂正俾宣佈員一望而知與議人數之多寡並知是日議員爲何人俾得聆其議論以物色吾商界之人才如遇大集議時卽可將其竹牌分送各代表作爲傳單可省紙費　名牌　用竹籌　布幕爲遮蔽機密投筒所之用　駁議所　設板檯俾得高立長闊約兩堦磚位高約六七十寸爲合　議堂圖另紙繪呈

1906 年《新宁铁路辨诬》剪报

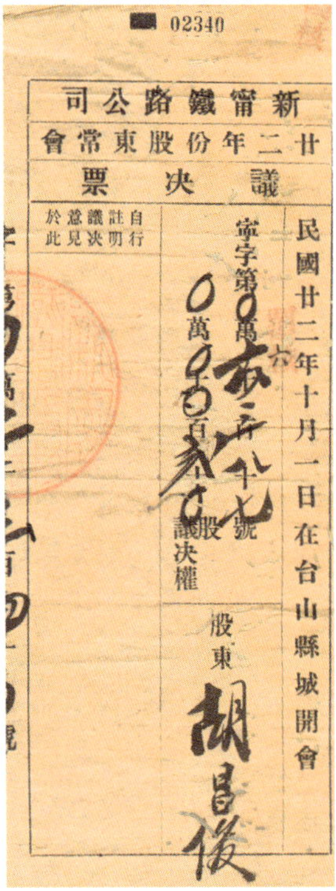
02340

新甯鐵路公司
廿二年份股東常會
議決票

民國廿二年十月一日在台山縣城開會

甯字第 號 股 議決權

股東 胡昌俊

自行註明議決意見於此

1933 年胡昌俊的新宁铁路公司廿二年份股东常会议决票

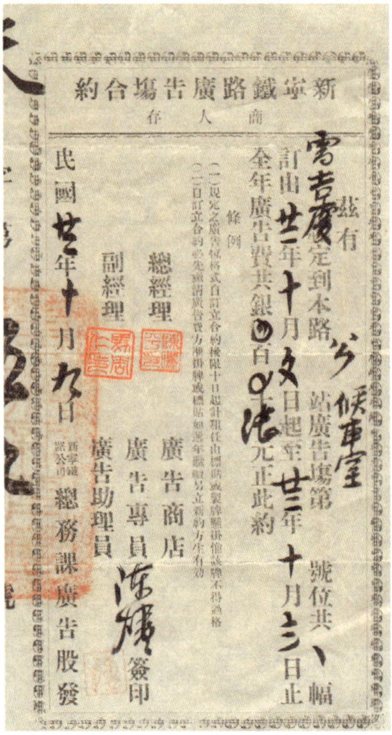
新寧鐵路廣告場合約
商人存

茲有 雷吉慶 定到本路 候車室 站廣告場第 號位共 八 幅
訂由 廿二年十月 日起至 廿三年 十月 日止
全年廣告費共銀 元正此約

條例

總經理
副經理

廣告商店
廣告專員
廣告助理員 簽印

新寧鐵路公司總務課廣告股發

民國廿二年十月九日

1933 年雷吉庆的新宁铁路广告场合约存单

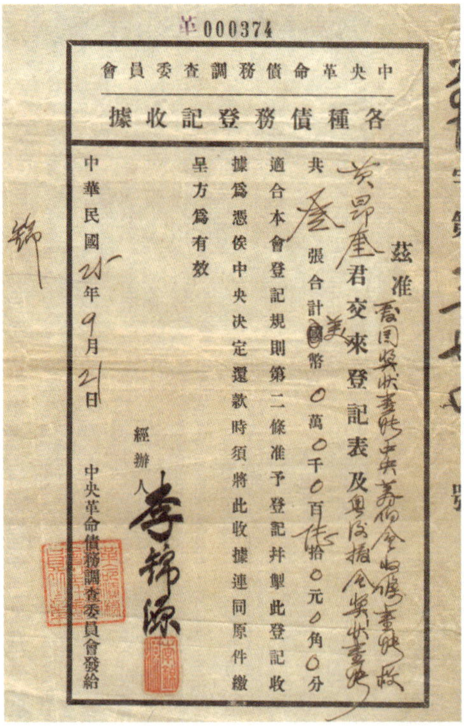
革000374

中央革命債務調查委員會
各種債務登記收據

茲准 黃昂奎 君交來登記表及 共 叁 張合計 美 幣 0萬0千0百 拾 0元0角0分

適合本會登記規則第二條准予登記并掣此登記收據為憑俟中央決定還款時須將此收據連同原件繳呈方為有效

經辦人 李錦源

中華民國 廿五 年 9 月 21 日

中央革命債務調查委員會發給

1936 年中央革命债务调查委员会发给黄昂奎的各种债务登记收据

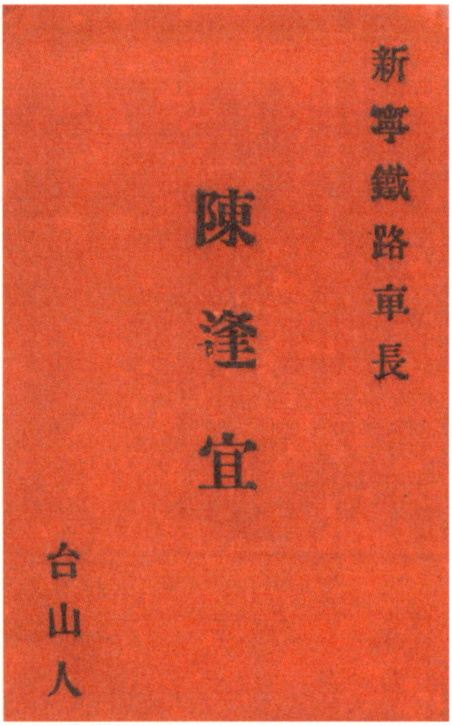
新寧鐵路車長

陳逢宜

台山人

陈逢宜的新宁铁路车长名片

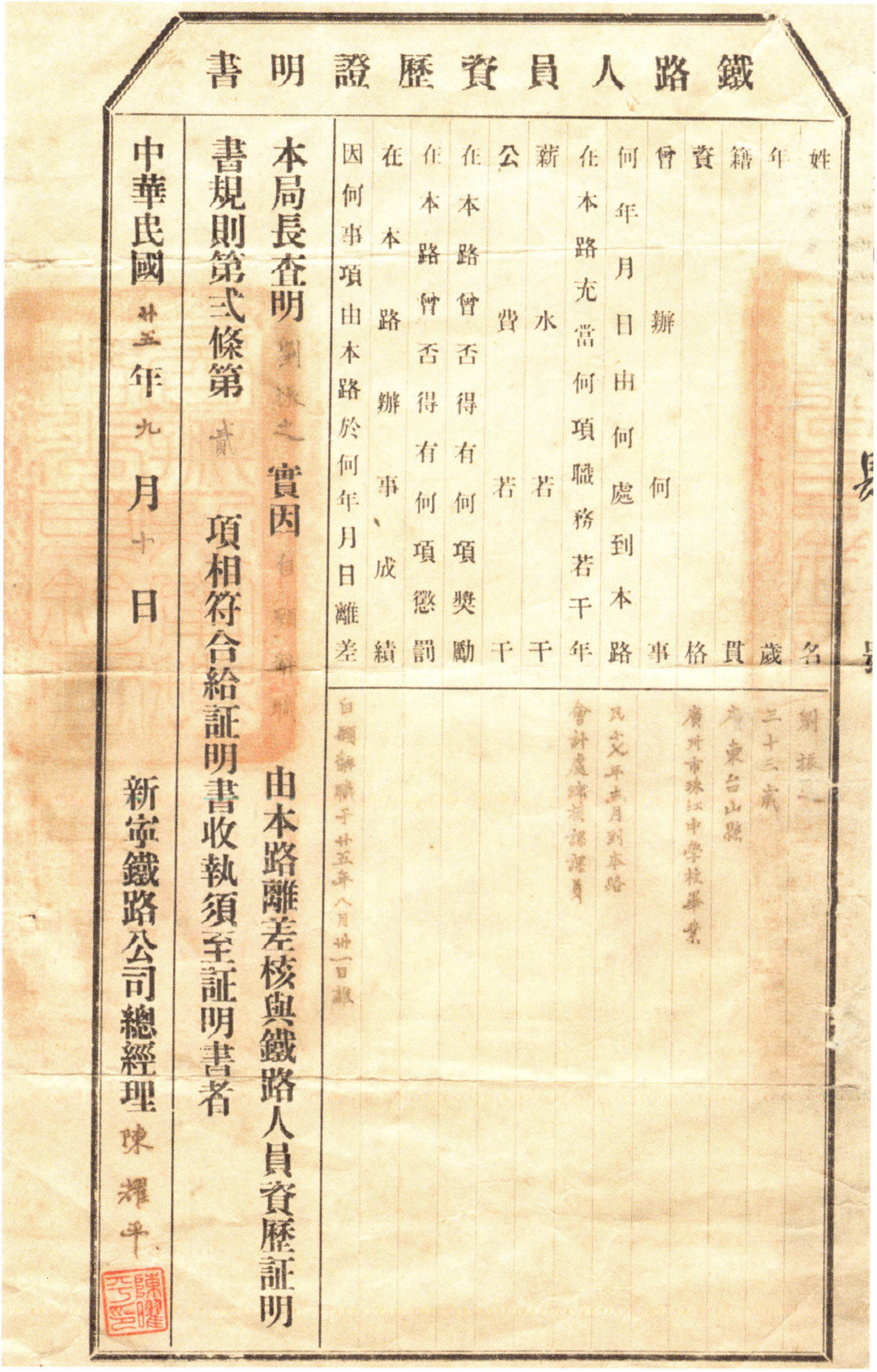

鐵路人員資歷證明書

姓名　劉振之
年歲　二十三歲
籍貫　廣東台山縣
資格　廣州市珠江中學校畢業
曾辦何事
何年月日由何處到本路　民廿[illegible]年五月到本路
在本路充當何項職務若干年　會計處稽核課課員
薪水若干
公費若干
在本路曾否得有何項獎勵
在本路曾否得有何項懲罰
在本路辦事、成績
因何事項由本路於何年月日離差　自願辭職于廿五年八月卅一日離

本局長查明　劉振之　實因　自願辭職　由本路離差核與鐵路人員資歷証明書規則第弍條第　貳　項相符合給証明書收執須至証明書者

中華民國　廿五　年　九　月　十　日

新寧鐵路公司總經理　陳耀平

1936 年新宁铁路公司发给刘振之的铁路人员资历证明书

参考文献

一、古籍

［1］谭镳. 新会乡土志［M］. 香港：冈州学会，1908.

［2］雷泽普. 新宁乡土地理［M］. 台山：台山市图书馆藏，1909.

［3］台山县地方志编纂委员会. 台山县志［M］. 广州：广东人民出版社，1998.

［4］蒋良骐. 光绪朝东华续录［M］. 上海：上海古籍出版社，2003.

二、著作

［1］梅伟强，关泽锋. 广东台山华侨史［M］. 北京：中国华侨出版社，2010.

［2］梅伟强，张国雄. 五邑华侨华人史［M］. 广州：广东高等教育出版社，2001.

［3］台山交通志编纂委员会. 台山交通志［M］. 台山：台山交通志编纂委员会，2000.

［4］金士宣. 铁路与抗战及建设［M］. 北京：商务印书馆，1947.

［5］《广东台山华侨志》编纂委员会. 广东台山华侨志［M］. 香港：香港台山商会有限公司，2005.

［6］林金枝. 近代华侨投资国内企业概论［M］. 厦门：厦门大学出版社，1988.

［7］凌鸿勋. 中华铁路史［M］. 北京：商务印书馆，1981.

［8］中国铁路工会广州铁路分局委员会. 广州铁路分局工人运动史稿（1898—1950）［M］. 广州：广州铁路集团公司工会，1994.

［9］吴广义，范新宇. 中国民族资本家列传［M］. 广州：广东人民出版社，1999.

［10］洪钧. 国际大通道：陇海兰新亚欧大陆桥纵横［M］. 北京：中国铁道出版社，1992.

［11］苏生文. 中国早期的交通近代化研究（1840—1927）［M］. 上海：学林出版社，2014.

［12］宓汝成. 帝国主义与中国铁路（1847—1949）［M］. 北京：经济管理出版社，2007.

［13］马里千. 中国铁路建筑编年简史（1881—1981）［M］. 北京：中国铁道出版社，1983.

［14］司徒尚纪. 侨乡三楼：华侨华人之路的丰碑［M］. 广州：广东经济出版社，2015.

［15］台山县政协文史委员会. 台山文史：第9辑·陈宜禧与新宁铁路［M］. 台山：台山县政协文史委员会，1987.

［16］新会县政协文史资料研究工作组. 新会文史资料选辑：第29辑［M］. 新会：新会县政协文史资料研究工作组，1988.

［17］江门市政协文史资料研究委员会. 江门文史：第15辑［M］. 江门：江门市政协文史资料研究委员会，1988.

［18］新宁铁路委员会. 整理经过及计划报告书［M］. 台山：新宁铁路印务局，1927.

［19］新宁铁路会计处. 民营新宁铁路会计统计年报全编（民国二十四年一月至十二月）［M］. 台山：新宁铁路印务局，1928.

［20］新宁铁路总务课. 新宁铁路整理之经过［M］. 台山：新宁铁路印务局，1928.

［21］交通、铁道部交通史编纂委员会. 交通史路政编：第16册［M］. 南京：中华民国交通部，1937.

［22］政协广东广州委员会文史资料研究委员会. 广州文史资料：第25辑［M］. 广州：广东人民出版社，1982.

［23］铁道部秘书厅. 铁道年鉴：第三卷［M］. 上海：商务印书馆，1936.

［24］李少军. 武昌起义前后在华日本人见闻集［M］. 武汉：武汉大学出版社，2011.

［25］广东省地方史志编纂委员会. 广东省志·铁路志［M］. 广州：广东人民出版社，1996.

［26］黄小坚，编著，李忠杰，主编. 抗战时期海外华侨及归国华侨人口伤亡和财产损失［M］. 北京：中共党史出版社，2010.

［27］台山百科全书编辑委员会，中国县镇年鉴社编辑部. 台山百科全书［M］. 北京：中国县镇年鉴社出版部，2008.

［28］广州政协委员会文史资料研究委员会. 广州文史资料：第3辑［M］. 广州：广州政协委员会文史资料研究委员会，1961.

［29］谭国渠，胡百龙，黄伟红. 台山历史文化集：陈宜禧与新宁铁路［M］. 北京：中国华侨出版社，2007.

［30］谢彬. 中国铁道史［M］. 上海：中华书局，1929.

［31］宓汝成. 近代中国铁路史资料（1863—1911）［M］. 北京：中华书局，1963.

［32］张国雄. 五邑文化源流［M］. 广州：广东高等教育出版社，1998.

［33］郑德华，成露西. 台山侨乡与新宁铁路［M］. 广州：中山大学出版社，1991.

［34］张雨才. 中国铁道建设史略1876—1949［M］. 北京：中国铁道出版社，1997.

［35］国家文物局文保司，无锡市文化遗产局. 中国工业遗产保护论坛文集［M］. 南京：凤凰出版社，2007.

三、期刊

［1］罗海麟，吴兴帜. 滇越铁路遗产化道路研究［J］. 怀化学院学报，2013（2）.

［2］杨玲. 中国铁路文化遗产现状与保护对策研究［J］. 中国文物科学研究，2011（3）.

［3］刘玉遵，成露西，郑德华. 华侨，新宁铁路与台山［J］. 中山大学学报（哲学社会科学版），1980（4）.

［4］冯铁宏，陈舒. 铁路遗产保护研究——以中东和滇越铁路为例［J］. 遗产与保护研究，2016（4）.

［5］唐琦，陈易. 浅析铁路遗产保护［J］. 住宅科技，2014（12）.

［6］唐琦. 铁路遗产的内涵与价值评判［J］. 南方建筑，2016（2）.

［7］任建强，李文. 近代铁路建设对沿线城镇发展的影响——以新宁铁路为例［J］. 华中建筑，2011（3）.

［8］李丽娜. 新宁铁路的修建与沿线经济社会发展［J］. 河北广播电视大学学报，2014（4）.

［9］龚礼茹. 台山侨墟与侨乡经济近代化转型［J］. 五邑大学学报（社会科学版），2017（2）.

［10］何舸，肖毅强. 近代台山侨墟的集镇化演变研究［J］. 南方建筑，2011（2）.

［11］叶玉芳. 台山华侨近代建筑的现状及其保护的建议［J］. 商业文化（下半月），2012（6）.

［12］许桂灵，司徒尚纪. 广东华侨文化景观及其地域分异［J］. 地理研究，2004（3）.

［13］凤群. 民国时期台山侨墟的崛起与衰落［J］. 五邑大学学报（社会科学版），2017（1）.

［14］陈海玉. 试论滇越铁路遗产的建档保护［J］. 兰台世界，2017（15）.

［15］王志芳，孙鹏. 遗产廊道——一种较新的遗产保护方法［J］. 中国园林，2001（5）.

［16］彭翔华. 宜昌川汉铁路遗迹的历史价值和保护利用研究［J］. 三峡论坛（三峡文学·理论版），2012（1）.

［17］段海龙，冯立昇，姜红军. 京绥铁路在内蒙古地区的修建［J］. 哈尔滨工业大学学报（社会科学版），2010（6）.

［18］于春英. 中东铁路与近代牡丹江地区城镇的兴起［J］. 东北亚论坛，2008（1）.

［19］梅伟强. 五邑华侨对江门建省辖市的重要贡献——纪念江门建市 80 周年［J］. 五邑大学学报（社会科学版），2006（2）.

［20］张冬宁. 世界铁路遗产研究及其对我国铁路遗产保护的启示［J］. 郑州轻工业学院学报（社会科学版），2012（4）.

［21］国际工业遗产保护协会. 工业遗产之下塔吉尔宪章［J］. 建筑创作，2006（8）.

［22］吴杰，张永志. 国外铁路工业遗产保护研究与启示［J］. 兰州教育学院学报，2013（7）.

［23］董一平，侯斌超. 工业遗产价值认知拓展——铁路遗产保护回顾［J］. 新建筑，2012（2）.

［24］佟玉权．中东铁路工业遗产的分布现状及其完整性保护［J］．城市发展研究，2013（4）．

［25］单霁翔．关于保护工业遗产的思考［J］．中国文物报，2006（6）．

［26］单霁翔．关注新型文化遗产——工业遗产的保护［J］．中国文化遗产，2006（4）．

［27］王建波，阮仪三．作为遗产类型的文化线路——《文化线路宪章》解读［J］．城市规划学刊，2009（4）．

［28］李伟，俞孔坚．世界文化遗产保护的新动向——文化线路［J］．城市问题，2005（4）．

［29］刘伯英．对工业遗产的困惑与再认识［J］．建筑遗产，2017（1）．

［30］刘伯英，李匡．工业遗产的构成与价值评价方法［J］．建筑创作，2006（9）．

［31］王天雪，江海涛．基于工业考古学方法的铁路工业遗产价值分析——以胶济铁路济南段为例［J］．山东建筑大学学报，2018（3）．

［32］林金枝．旧中国的广东华侨投资及其作用［J］．南洋问题，1982（2）．

［33］李飞，宋金平．廊道遗产：概念、理论源流与价值判断［J］．人文地理，2010（2）．

［34］隽成军．中东铁路支线四平段文化遗产资源保护状况和存在问题［J］．博物馆研究，2015（2）．

［35］刘丽华．中东铁路线性工业遗产的整体性保护与利用［J］．沈阳师范大学学报（社会科学版），2013（6）．

［36］崔卫华，杨成林．中国近代铁路遗产的时空分布与遗产价值研究［J］．中国文化遗产，2018（1）．

［37］张冀飞．文化遗产视角下滇越铁路的现状与保护［J］．郑州铁路职业技术学院学报，2017（4）．

［38］尹铁．晚清商办铁路公司的集资问题［J］．浙江学刊，2007（4）．

［39］姜铎．调查散记——旧中国民族资本史料集锦［J］．近代史研究，1983（2）．

四、学位论文

［1］柴栋梁．工业遗产中铁路文化遗产的保护与开发研究［D］．开封：河南大学，2014.

［2］罗菁．滇越铁路工业遗产廊道的构建［D］．昆明：云南大学，2012.

［3］贾超．文化线路视角下胶济铁路建筑遗产的研究与保护［D］．济南：山东建筑大学，2014.

［4］李毓美．区域遗产网络视角下南满铁路文化遗产廊道构建［D］．南京：东南大学，2017.

［5］张波．近代粤中四邑村镇建成环境特征研究［D］．广州：华南理工大学，2016.

［6］何舸．台山近代城市建设发展研究（1854—1941）［D］．广州：华南理工大学，2009.

［7］董罗彬．近代台山墟镇发展研究［D］．广州：华南理工大学，2016.

［8］孙蕾. 近代台山庐居的建筑文化研究［D］. 广州：华南理工大学，2011.

［9］刘桔红. 晚清华侨投资国内行业状况分析［D］. 厦门：厦门大学，2007.

［10］姜鑫. 工业考古学视角下中东铁路工业遗产的研究策略与方法［D］. 哈尔滨：哈尔滨工业大学，2011.

［11］王晓健. 基于工业主题博物馆模式的铁路工业遗产再生研究［D］. 北京：北京建筑大学，2017.

［12］吕承朔. 工业遗产与历史记忆——聚焦淞沪铁路［D］. 上海：上海社会科学院，2013.

［13］范玉洁. 滇越铁路滇段沿线车站区域景观系统研究［D］. 昆明：昆明理工大学，2008.

［14］高飞. 遗产廊道视野下的中东铁路工业遗产价值评价研究［D］. 哈尔滨：哈尔滨工业大学，2018.

［15］黄明玉. 文化遗产的价值评估以及记录建档［D］. 上海：复旦大学，2009.

［16］唐灵. 近代广东铁路研究（1927—1937）——以报刊为主要研究资料［D］. 广州：暨南大学，2014.

［17］任建强. 华侨作用下的江门侨乡建设研究［D］. 广州：华南理工大学，2011.

后　记

新宁铁路是五邑侨乡近代史上华侨实业的一个奇迹，是展示铁路建设发展史和侨乡历史文化的标志之一。新宁铁路的发展在一段时期贯穿了侨乡台山的历史发展，承载着珍贵的历史文化信息以及集体记忆。

本书系统梳理了新宁铁路的修建背景及发展历史，对中国近代铁路建设以及华侨奋斗史有了初步的认识；呈现了新宁铁路的管理与经营状况，展现了当时先进、创新的生产管理理念；分析了新宁铁路在当时特定的历史时期下所发挥的巨大作用，呈现出新宁铁路的多重价值。笔者希望通过对新宁铁路历史的梳理，对新宁铁路价值的不断挖掘，使越来越多的人能关注新宁铁路，使新宁铁路文化遗产能永续保留。

逝者如斯夫，不舍昼夜。新宁铁路这项伟大的工程已结束其历史使命，退出浩瀚的历史长河，但华侨华人心系祖国、爱国爱乡、智慧勤劳、无私奉献的精神，激励着一代又一代的侨乡儿女，为促进家乡的经济富饶、为实现中华民族伟大复兴“中国梦”继续奋进。

作　者

2020年11月